상업사

History of Commerce

상업사

History of commerce

조명계 지음

Table of Contents

서설 _ 8

1장 중세 상업의 전개

중세 이전의 상업 _ 14
알렉산더 대왕 _ 17
로마 멸망 이후의 세계 _ 21
부활하는 상업 _ 26
도시의 등장과 역할 _ 33
도시의 대변화 _ 38
길드 _ 40
중세 무역 _ 44
바이킹 무역 _ 47
한자동맹 _ 49
상파뉴의 정기시 _ 54
베네치아의 상업 _ 57

2장 첫 세계화

근대를 향한 대항해 시대 _ 66
포르투갈의 동인도 항로 발견 _ 68
포르투갈의 동인도 무역 _ 72
스페인의 미국 발견 _ 74
상업혁명과 자본주의의 길 _ 78
스페인의 미국 지배 _ 80
미국산 은과 세계화의 출발 _ 84
삼각무역 _ 88
포르투갈, 스페인의 쇠퇴 _ 89

3장 동서무역로

실크로드 _ 94
해상 실크로드 _ 96
말라카의 위상 _ 99
향신료와 향료무역 _ 102

4장 무역전쟁 시대와 네덜란드

대양무역의 접점 앤트워프	_ 108	동인도 회사	_ 124
영불의 각축	_ 110	네덜란드의 황금시대	_ 130
네덜란드의 독립	_ 112	네덜란드의 쇠퇴	_ 133
네덜란드의 경제 상황	_ 115	프랑스의 노력	_ 137
튤립 열풍	_ 120		

5장 근세 유럽의 사회사상적 배경

르네상스 전개 과정	_ 140	부르주아 문화의 대두	_ 153
주권체제	_ 143	계몽전제정치	_ 158
종교개혁의 사회 경제적 파장	_ 146	계몽사상의 대두	_ 161

6장 프랑스 혁명

사회제도의 모순	_ 170	혼돈 속의 혁명	_ 182
국가 재정의 위기	_ 173	귀족과 시민의 다른 희망	_ 185
계몽사상의 영향	_ 175	혁명의 결과와 한계	_ 187
혁명의 시작	_ 177	보나파르트 나폴레옹	_ 190
바스티유 습격	_ 179	미국에서의 혁명	_ 193

7장 혁명 후 사회 경제

유럽의 경제성장 _ 198 사회의 변화 _ 206
산업환경의 변화 _ 202 부르주아지 _ 210

8장 영국의 상업화

영국의 근대무역 _ 221 운하 _ 247
동인도 무역 _ 226 산업자본과 자본주의 _ 250
캐리코와 차 무역 _ 230 중상주의의 비판 _ 253
식민지 전략과 항해조례 _ 233 철도의 등장 _ 255
산업혁명의 시작 _ 238 근대 회사의 탄생 _ 260
잉글랜드 은행 _ 240 해상보험제도 _ 262
기계의 등장 _ 242 영 제국 _ 264
산업혁명의 시작 _ 238

9장 미국의 산업화

미국의 독립 배경 _ 273 남북전쟁 _ 290
독립전쟁 _ 280 산업화 과정 _ 294
미국의 독립과 그 영향 _ 283 산업화의 그늘 _ 299
미국의 상업화 과정 _ 286 새로운 미국 _ 300
독립 후 대영 무역 _ 288

10장 세기말 산업문명

또 다른 20세기	_ 306	노동계급	_ 321
공업경제 시대	_ 309	충돌	_ 323
과학기술과 산업문명	_ 313	국민국가	_ 326
새로운 계급사회	_ 318	경제 제국주의	_ 329
부르주아 계급	_ 319		

에필로그 _ 331

서설

1800년, 1900년이 과연 먼 옛날인가. 모든 학문의 이론도, 생물의 삶도 결국에는 종말을 맞이하고 다른 이론과 다른 생명으로 교체된다. 국가도, 도시도 해체되고 심지어 가족도 해체되고 새로이 구성되는 것이 삶이며 오늘의 시대이다. 역사는 돌고 돈다고 한다. 사실이다. 옛것이 다시 새것이 되고 새것은 느낌도 느끼지 못하는 순간 교체된다.

유사 이래 인간은 상행위를 영위해 왔다. 상업이란 이윤을 동반한다. 이윤의 정도에 따라 상업은 필요악도 되고 사회 경제순환에 도움도 되어왔다. 상업의 규모가 커져 국가 간의 교역에서도 과거와 달리 요즈음은 무차별적으로 상업파워의 확대를 누구나 추구한다. 때문에 전쟁도 불사하곤 했다.

서양의 상업사는 유럽의 자본주의를 만들어냈다. 대한민국, 나아가 아시아는 늘 서구 침탈의 대상이 되어왔으며 가해자는 늘 서구였다. 시간이 흘렀음에도 아시아는 아직도 유럽을 받아들이고 서구화를 지향한다. 서구식 자본주의에 깊게 물들어 있기 때문이다. 아시아에 등장하는 양극화, 저출산, 고령화 복지문제들은 이미 서구 사회에서 겪었던 바다. 자본가 계급과 노동자 계급이 대립해 온 서구의 양상이 아시아로 확대된 것이다.

조선시대, 정조대왕의 문화정치 시대를 제외한 대부분의 왕들이 폐쇄 정치를 펴는 동안, 유럽은 지식을 깨우치고 가치관을 수립하고 상업이라는 틀을 확대하여 지난 500년간 세계를 호령했다. 과학의 혁명은 19세기 말 새로운 문명을 창조해 냈으며 서구의 발전은 비서구의 눈물 위에서 이룩했다고 할 수 있다. 그럼에도 비서구는 아직도 그들을 따라가려고 애쓰며 서구인들은 스스로 자신들의 사고가 우월하다고 믿고 비서구에게 따르라고 한다. 자유무역과 보호무역 논쟁은 100년 전에도 있었다.

18세기 초, 영국은 제조업을 보호하고 수출을 장려하기 위해 강력한 보호무역주의를 채택하고 실행에 옮겼다. 덕분에 영국의 제조업은 당시 세계 최고에 올랐다. 미국도 자국의 제조업을 발전시키기 위해 18세기 말 보호무역주의를 채택하고 20세기 중반까지 그 기조를 유지했다. 이들 두 나라는 가장 강력한 보호무역주의 국가였다. 그러나 이제는 그들이 자유무역주의를 내세우고 있다.

자유무역에 대한 영국의 과잉홍보는 세기 전에도 있었다. 그들은 상대의 성장을 막고자 할 땐 보호무역을 주장했으며 필요하면 다시 자유무역을 주장하며 말을 바꾸어 왔다. 힘이 있으니 가능했다.

FTA가 왜 좋은 건지 사실 잘 모르겠다. 언젠가 다시 문을 닫아버릴지도 모르는데. 다만 한 가지, 당장은 FTA가 구축되면 시장이 커져서 사고팔 것이 많아지는 것은 맞다. 즉, 상업력이 커지는 것이다. 누구의 상업력이 커지는 것일까? 서구는 상업력이 더 커질 데가 없으니 우리와 FTA를 하자고 하는 것이다.

16세기부터 17세기에 걸쳐 유럽의 상업과 무역에 대변혁을 가져오고 상업자본의 급속한 발전 즉, 상업혁명을 일으킨 최대 요인은 15세기 말에 있었던 지리상의 2대 발견이다. 그 지리상의 대발견이 첫 번째 세계화 과정이었다. 동방항로를 발견함으로써 서구 유럽은 새로운 부의 원천을 얻게 되었고 자본의 축적이 이루어졌으며 이로 인해 새로운 사상과 지식체계, 새로운 경제, 새로운 계층이 발생되면서 오늘에 이르게 되었다.

중세 말에 이르는 동안 계몽사상, 종교개혁, 프랑스 혁명이 유럽 사회에 끼친 영향력은 지대했다. 그리고 산업혁명으로 인한 국가의 부와 대자본의 형성은 오늘날 우리가 사는 현대에서 양극화 현상까지 가져오게 된 상업화의 산물이라고 하겠다. 이제는 새로운 형태의 리바이어던Leviathan이 나타난 시대가 되었다. 자산에 대한 개념의 변화, 노동시장의 성장, 부르주아 계급의 형성과 확대로 세계는 경제규모를 기반으로 나뉘게 되고, 서로 다른 새로운 사회계층을 만들어 이념으로 다시 갈라놓았다.

20세기를 넘어 21세기에는 미디어의 등장과 IT의 발전으로 세계는 또다시 이합집산하면서 인류의 생활양식을 송두리째 뒤바꿔 놓았다. 바로 지난 500년간의 변화가 상업화의 변화이자 역사인 것이다.

세계는 동방항로의 발견 이후 세계시장이라고 부르는 대륙 간 무역을 기초로 하는 대형시장이 나타나고 유통상품 종류의 급증과 상품의 발전, 인도·미국·아프리카를 둘러싼 유럽 제국 간의 경쟁, 식민지 제도 등이 요인이 되어 봉건적 생산양식은 해체되고 유럽 내 상업과 경제발전에 큰 영향을 끼쳐 열강 제국 간 상업전쟁을 야기했다.

그 과정에 나타났던 정책이 중상주의이고 이 정책을 기반으로 하여 자본의 본원적 축적을 완성시킨 산업혁명을 이끌어 내어 자본주의적 생산양식을 실현한 영국 자본주의는 확립된 것이다.

500년의 세월 속에 세계는 상업의 패권에 따라서 그 주도권 경쟁이 치열했다. 16세기는 스페인, 17세기는 네덜란드, 18,19세기는 영국, 20세기 들어서는 미국으로 상업의 패권이 이동하였다.

상업의 패권은 그들만의 문화와 규율을 낳았으며 제3세계에 영향력을 행사했고 또한 하고 있다. 21세기 후반 들어서는 누가 상업의 패권을 갖게 될지 아직은 모른다. 다만, 다극화되는 상업패권의 현상이 보이기는 한다. 본 글의 목적은 상업의 발전과정을 한눈에 살펴보고 서구 상업의 역사를 통해서 다음 역사의 장을 읽고자 함이다.

원래는 미술시장의 역사에 관한 책을 집필하고자 했다. 이를 위해 미술시장의 흐름을 추적, 연구해 나가다 보니 예상했던 대로 중세 상업의 힘 이전에 따라 미술시장의 생성과 발전이 한 국가에서 다른 국가로 흘러갔음을 알게 되었다. 그리고 해당지역 상업의 힘에 의해 미술시장이 확대되고, 부르주아 계급을 중심으로 대중화되기 시작하면서 21세기에 들어 국제화의 물결에 진입하게 됨을 깨닫게 되었다. 글의 내용이 방대하여 상업의 흐름에 관한 글을 먼저 집필하고 후속으로 미술시장의 흐름에 관하여 집필하고자 한다.

1장
중세 상업의 전개

중세 이전의 상업 | 알렉산더 대왕 | 로마 멸망 이후의 세계 |
부활하는 상업 | 도시의 등장과 역할 | 도시의 대변화 | 길드 |
중세 무역 | 바이킹 무역 | 한자동맹 | 상파뉴의 정기시 | 베네치아의 상업

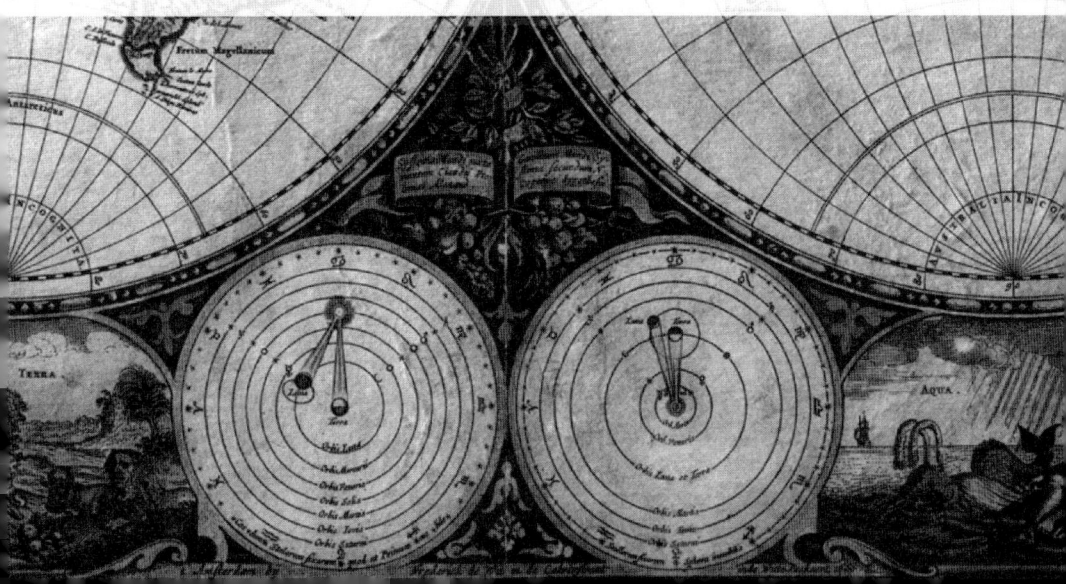

중세 이전의 상업

고대 인류문명에서 상업활동의 개념은 국가 간 무역의 개념이 강하였다. 이러한 상업의 개념은 후에 중세로 진입 시 이탈리아 반도를 중심으로 도시 간 거래의 형태로 변화하게 된다. 기계문명이 발전하지 않았던 시절에는 대규모의 물품생산이 불가능하였으며 국가의 체제도 중앙집권적 왕권 시절이었으므로 개인이나 단체의 상업은 거의 미미하였기 때문이다.

역사의 기록에도 왕실과 몇몇 귀족들의 기록만이 남아있을 뿐이라 유추할 수 있는 사실은 국가 간 무역은 왕실의 명에 의해 대규모로 이루어졌으며 특히, 지중해 지역은 다량의 특산품과 금, 은, 귀금속, 보리, 밀, 터키석, 철 등의 자원을 거래한 것으로 기록되어 있다. 또 다른 이유로는 국가 간 무역이 성행하였던 것은 바로 국가의 안위를 지키기 위한 첩보활동이었다. 오늘날이나 고대나 국가의 안전을 지키기 위해서는 무엇보다 정보망의 구성이 절실하였으므로 힘의 세계에서 살아남기 위해 그리고 상대국의 정보를 얻기 위해서는 사신과 상단을 파견했어야 했다.

그러한 경쟁 속에서도 국가 간의 상거래는 존재하였으며 각국은 올리브유, 포도주, 식료품 위주로 상거래를 지속하였고 원석이나 구리, 청동, 철재, 목재 등은 군사적 우위를 유지하기 위하여 거래가

1. BC1500년 이집트의 무덤에 그려진 상선
2. BC700년경의 상선
3. BC700년경 아시리아(Assyria)의 부각에 그려진 페니키아 군선

엄격하게 통제되었으므로 이러한 원자재를 구하기 위해서는 정상적인 상업행위를 떠나 전쟁을 통하여 획득한 식민지로부터의 공물헌납에 크게 의존하였다. 이들의 대표적인 국가들은 이집트와 히타이트 등이 있다.

　인류사에 기록된 초기 상업의 행위에 대해서는 제일 먼저 지중해가 언급된다. 지중해의 패권을 가진다는 것은 당시엔 곧 세계의 패권을 가진다는 것을 의미하기도 했던 시절이었다. 지중해는 내해의 특성상 어업보다는 항해가 발달할 수밖에 없는 바다였고 지중해에서 해상무역을 한다는 것은 바로 해양국으로 발전하는 기회이기도 했다.

　지중해를 가장 먼저 장악했던 민족은 뛰어난 항해술을 가졌던 페니키아인이었다. 이들은 이미 기원전 2700년에 무역을 위해 항해를 했고 기원전 1천 년경에는 장거리 항해 기술을 바탕으로 아프리카와 유럽 곳곳으로 이동해 갔다. 그리고 해안 곳곳에 성벽을 쌓고 정착하기 위해 폴리스를 세웠다.

북아프리카 튀니스 만灣 북쪽 연안에 가서 세운 도시가 카르타고Carthago이고 스페인 남단의 페니키아 식민지 타르테수스Tartessus도 이에 포함된다. 페니키아인들이 가는 곳마다 상업과 부가 넘쳐났다.

알렉산더 대왕

그리스 문화권 속의 북부 변방에 있는 작은 나라 마케도니아Macedonia를 지배하게 된 한 청년이 기원전 4세기에 들어서면서 펼친 팽창정책에 따라 그리스 도시국가들을 차례로 정복함으로써 그리스적 자유환경에 치명타를 가했다. 그가 바로 알렉산더 대왕Alexander the Great(BC356-323)이다.

그가 펼친 군사작전들은 그리스 문화를 이전에 알려지지 않았던 지역으로 확산시키는 역할을 했다. 알렉산더 대왕은 그의 스승 아리스토텔레스Aristotle로부터 고전적인 아테네의 최고 전통을 배우며 자랐다.

왕위를 계승한 뒤, 그는 아버지의 팽창주의 족적을 따라 그리스 본토뿐만 아니라 소아시아의 그리스 도시, 레반트Levant 지역의 무역도시, 이집트, 그리고 페르시아제국의 대부분 지역을 정복했다. 기원전 4세기부터 알렉산더가 정복한 지중해 동부 지역 도시 엘리트들은 그리스 예술뿐만 아니라 그리스어와 그리스 문학 전통도 받아들였다.

이러한 그리스적 요소와 바빌로니아, 이집트, 페르시아, 시리아 등 각 지역의 전통이 결합하여 새로운 문명이 탄생했는데 대략 기독교 시대 초기까지 존속했던 이 새로운 문명이 헬레니즘 문명Hellenistic Civilization이다.

▲ 알렉산더 대왕 Alexander the Great

이 문화는 알렉산더가 세우고 자신의 이름을 붙인 많은 도시들 중 하나인 알렉산드리아Alexandria에서 발견할 수 있다. 기원전 331년, 나일 강 삼각주에 세워진 알렉산드리아는 국제적인 항구도시이자 지중해에서 가장 번성한 도시가 되었다. 그곳에서 동서와 남북을 잇는 해상로가 동부 아프리카, 아라비아 반도 그리고 아시아 내륙의 부유한 세계로 통하거나 그곳을 경유하는 육로와 연결되었다.

알렉산드리아는 아마도 그 문화적 위상을 관문으로서의 경제적 기능에 의존하고 있었던 것으로 보인다. 그 관문을 통해 지중해와 유럽은 아프리카 문명권과 동방 즉, 아시아의 더 많은 문명권에 도달할 수 있었다. 이러한 문화 간의 접점이자 거대한 부가 축적되어 있는 세계적인 도시 알렉산드리아는 당시 유럽의 상업과 문명의 중심지가 되었다.

알렉산더는 페르시아를 횡단하여 인더스 강, 곧 남부 아시아 문명권의 경계선까지 자신의 영토를 확장했다.

약 500년 뒤 플루타르코스Plutarchos가 알렉산더의 원정을 기록할 때, 그는 알렉산더가 그곳에 많은 도시를 세웠고 문명의 핵심을 그 지역에 전수했으며, 그들에게 그리스어와 그리스인들이 소중히 여기는 부모에 대한 사랑과 같은 가치관을 전해 주었다는 것을 강조했다. 알렉산더의 야심은 단지 무력으로 또는 영토 확장을 목적으로 동방세계를 원정하고 지배하는 것이 아니었다.

그의 최종적인 꿈은 그리스 세계와 오리엔트 세계를 인종, 문화적으로 통합하고자 하는 데 있었으며, 이를 위해 알렉산더는 그의 정복사업에 200여 명의 학자와 예술가들을 늘 대동하였다. 그리고 결혼정책을 써서 스스로 페르시아 여인, 다리우스Darius의 딸을 왕비로 맞이하였으며, 그의 부하들에게도 이를 장려하였다. 그리고 종래의 편협한 헬라의식을 청산하고 세계동포주의Cosmopolitanism를 내세워 마케도니아 병사와 아시아 병사를 동등하게 대우하였다. 그리고 출정하는 곳마다 정복지에 알렉산드리아라는 이름의 도시를 건설하여 동·서 문화의 융합을 꾀하였다.

다만, 알렉산더의 요절 이후 민족융합정책은 실패로 돌아가고 그가 건설한 대제국은 분열되었으나 세계통합이라는 그의 꿈은 헬레니즘 문화의 전파로 일부

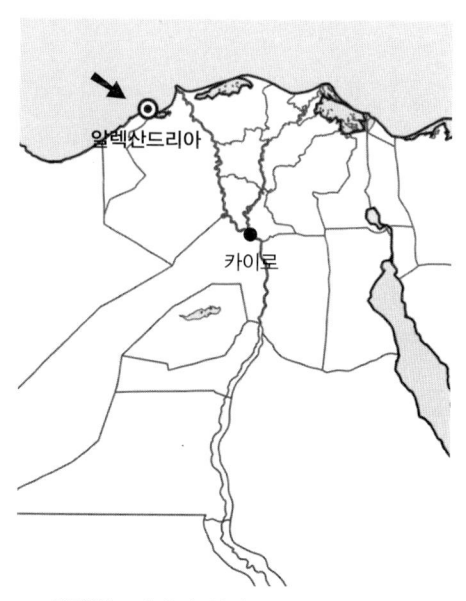

▲ 알렉산드리아의 위치

실현되었다. 알렉산더가 개척하고 닦아놓은 도로, 항구 등을 통해 유럽과 아시아 사이에는 무역이 왕성했고, 그가 개척한 식민지에는 그리스어와 그리스 문명, 그리스식의 자유주의와 시민사상이 전파되어 그리스의 틀을 깨고 전 세계로 퍼져나갔다.

70여 곳에 이르는 알렉산드리아라는 명칭을 가진 도시는 모두 교통의 요충지에 건설되었고, 헬레니즘 문화의 확산은 이 도시들을 중심으로 이루어졌다.

로마 멸망 이후의 세계

아피아 가도Via Appia 같은 고속도로와 함께 거대 제국을 이룬 로마는 콘스탄티누스 대제Constantine the Great가 죽은 후 395년 동로마와 서로마로 양분되었고, 476년 서로마제국은 게르만족에 의해 멸망함으로써 서유럽에 중세시대가 도래했다. 동쪽에서는 비잔틴제국이 천여 년 가까이 제국을 유지해 나가며 서유럽과는 다른 독자적인 문화를 발전시켜 나갔다. 1453년에 오스만제국에 의해 비잔틴제국은 멸망했지만 비잔틴제국이 보전해 오던 유럽의 고대문화가 서유럽에 전파되어 르네상스가 도래하는 데 커다란 영향을 주게 되었다.

서기 330년, 거대해진 로마제국을 지배하게 된 콘스탄티누스 황제는 수도를 옮길 구상을 하게 된다. 대상지는 보스포루스Bosphorus 해협의 유럽 쪽 해안에 있는 식민도시 비잔티움이었다. 콘스탄티누스는 알렉산더가 세운 알렉산드리아처럼 자신의 이름을 따서 새 수도를 콘스탄티노플이라고 명명했다. 그 이후의 역사는 화려하다. 서로마가 게르만족에게 유린당해 느리게 문명화되는 동안 동로마는 그리스와 로마의 문명을 보존하고 발전시켰다.

'로마법' 역시 테오도시우스 2세Flavius Theodosius II 때 처음으로 '테오도시우스 법전Codex Theodosius'으로 편찬되었다. 이 법전은 후에 유스티니아누스 황제에 의해 '로마법 대전'으로 다시 정리되었다. 아리스토텔레스의 철학은 이슬람 학자들을 통해 기독교 세계에 전파됐지만 플라톤 철학을 서구에 전해 준 것은 동로마의 학자들이었다.

기독교 역사에서 비잔틴의 역할 역시 컸다. '삼위일체'의 교리를 확립한 325년의 니케아 공의회도 콘스탄티누스 1세가 소집한 것이었다. 비잔틴은 동지중해 전역을 지배하며 최대 판도를 이룬 6세기부터 14세기까지 국가가 아닌 제국으로 존재했다.

먼 지역의 사람들까지 콘스탄티노플로 끌어당긴 코스모폴리탄적 특성은 비잔틴제국 전체의 제국적 현상이었다. 콘스탄티노플은 시장과 상인이 넘쳐나는 부유한 도시였고 시민들 역시 윤택한 삶을 살았다. 이러한 비잔틴 즉, 동로마제국은 그동안 서구 사학계에서 부정적 인식 속에 무시당해 왔으나 실상은 달랐다.

비잔틴의 정체성은 법률과 군사제도, 언어에 잘 나타났으며 로마제국의 법치주의와 군대편제는 계속 이어받았고, 언어는 지역적으로 가까운 그리스어를 사용했다.

로마제국의 쇠망을 설명하기 위해 역사가들은 다양한 사후 보고서를 내놓았다. 그중 가장 설득력 있는 해석은 이란을 상대로 벌인 불운한 모험 때문에 로마제국이 붕괴했다는 것이다. 로마제국과 페르시아-이란제국은 군사적 확장정책, 법률, 문화적 성취, 도로건설, 화려한 건축물 등에서 거울처럼 닮아 있다.

이 두 제국이 서로 세력확장을 거듭해 나가면서 충돌하게 되었던 것은 두 커다란 힘의 반복적이며 연속적인 경쟁에서 비롯되었다. 두 제국은 무려 7세기에 걸쳐 무기, 제도, 문화 등에서 수축과 확장의 경쟁을 되풀이했고, 그리하여 소아시아 사람들은 자의든 타의든 그 경쟁에 끼어들 수밖에 없었다.

로마제국은 왜 멸망했는가. 『로마제국 쇠망사』의 저자 에드워드

기번Edward Gibbon은 흥망사가 아닌 쇠망사衰亡史로 표현했다. '왜 로마제국이 망하게 됐는지'를 알기 위해서였다. 입장은 다르지만 데이비드David Levering Lewis의 관심도 어쩌면 기번과 같을 수도 있다. 기번이 주로 로마제국 내부에서 붕괴 이유를 찾은 데 비해 루이스는 외부에서 찾았다. 그가 찾은 결론은 이슬람의 번영 때문이다.

동로마 황제 유스티니아누스 1세Justinianus I가 사망하자 이탈리아 반도는 랑고바르드Langobard 족과 비잔틴에 의해 나뉘어 지배당하게 된다. 아라비아 반도에서는 모하메드Mohammed가 613년 포교를 시작하고, 8세기가 되기 전 아라비아 반도와 북아프리카 전역이 이슬람화된다. 8세기 초 아랍인들은 권력, 종교, 문화 등 제 분야에서 뛰어난 업적을 이룬 후 이를 중세 암흑시대의 유럽으로 가져왔다.

루이스가 집필한 『신의 용광로God's crucible』에서는 6세기에서 13세기 초까지의 유럽 대륙의 중심세력을 이슬람 유럽과 기독교 유럽 그리고 이교도 게르만 부족의 3대 세력이라고 표현하고 있다.

이베리아 반도Iberian Peninsula까지 점령한 이슬람 세력은 732년 10월에 기독교 군대와 푸아티에Poitiers에서 유럽의 패권을 놓고 충돌해 패함으로써 그 세력의 확장을 저지당하지만, 그사이 중동 전역이 이슬람화되어 지중해 전 지역을 장악하게 된다.

페르시아를 멸망시킨 이슬람 세력은 비잔틴제국의 수도인 콘스탄티노플까지 공격하게 되었다. 서로마 멸망 이후 천 년에 걸친 중세에 지중해는 북아프리카의 이슬람교도인 사라센Saracen인들이 장악하게 된다. 평화가 보장되지 않은 시대에 농업은 불안한 업종이었고, 바다를 이용한 쉬운 사업을 택한 그들은 해적이 되어 기독교도들을 공격했다.

그때부터 유럽의 바다에서 항해를 통해 부를 거머쥐는 길엔 두 가

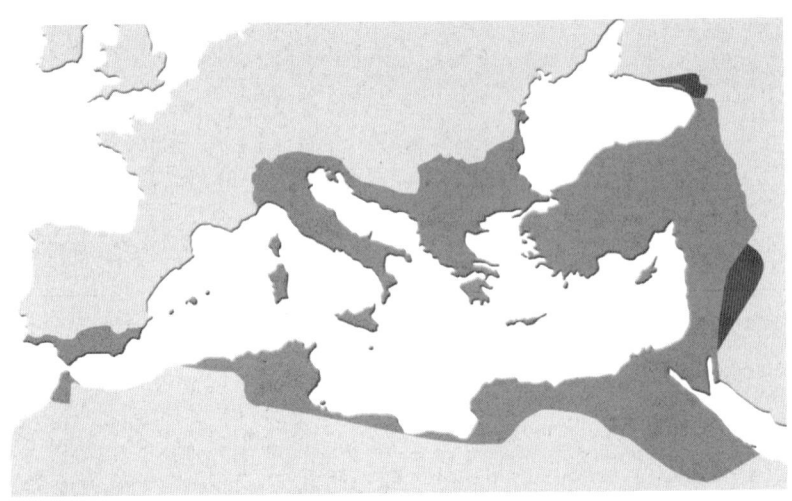

▲ AD550년경 비잔틴제국 세력권

지가 있었다. 하나는 교역에 종사하는 것이고 다른 하나는 해적을 업으로 삼는 것이었다. 이러한 해적은 국가에 의해서도 장려되었으며 영국이 제해권을 차지하기까지 여러 국가에서 적용된 하나의 사업이었다.

　이러한 이슬람 세력의 지중해 내해에서의 해적활동은 이탈리아 반도 국가들로 하여금 지중해에 진출하려는 의지를 꺾었다. 훗날, 이슬람 세력이 푸아티에에서 비록 패했지만 이슬람 세력은 천문학, 삼각법, 아라비아 숫자, 그리스 철학의 집대성 등 지식을 자연스럽게 유럽에 소개하였다. 혹자는 '만약 유럽이 당시 이슬람제국에 편입되었더라면 유럽인들이 13세기에 가서야 겨우 달성할 수 있었던 경제적, 과학적, 문화적 수준을 3세기나 앞당길 수도 있었을 것이다'라고 설명한다.

　7세기 마호메트가 창시한 이슬람교 교세 지역은 이미 기원전부터 비옥한 초승달 지역이라고 부르는 티그리스 강, 유프라테스 강 유역을 중심으로 번영한 고대문명인 메소포타미아의 역사가 시작되었던 지역이다. 특히, 오늘날 하란Harran을 인류의 불을 밝힌 곳Beacon of Wisdom이라 설명하는 바는 이슬람 세력권이 형성되기 훨씬 이전부터 이곳에 대학이 설립되어 논리학, 철학, 천문학, 기하학, 법률, 의학 등의 학문이 융성하였으며, 9~10세기 들어서 알 바타니Al Battani가 각도의 개념과 삼각측정법을 발전시키고 이것이 유럽에 전파된 것에서도 알 수 있다.

이와 같이 중세 서양은 로마의 폐허 위에 탄생했다. 로마는 서양 중세의 초석인 동시에 장애물이기도 했던 것이다.

부활하는 상업

로마가 쓰러지자 이슬람이 일어났다.

2세기와 3세기 들어서 빈번한 게르만의 침입으로 더욱 위축된 서유럽에서의 전반적인 교역의 쇠퇴는 9세기 들어 최악에 달했다. 로마제국에서 상업의 주요 동맥을 이루었던 지중해의 여러 해로는 대부분 아프리카 및 스페인의 해안지대와 서 지중해의 섬들을 장악한 이슬람교도들의 수중으로 넘어갔다. 그러나 문제는 이슬람교도 지역이 기독교도와의 무역을 거부한 것이 아니라, 기독교 유럽이 이슬람교도 지역에 수출할 만한 상품을 갖고 있지 않았다는 데 있었다. 물론 이슬람교도 해적들 때문에 지중해 바다여행은 매우 위험하였다.

한편, 비잔틴 해군이 베네치아에 이르는 아드리아 해Adriatic Sea의 해로를 안전하게 지켜주는 동안, 실제로 몇몇 유대 상인들은 이슬람교도 지역과 기독교도 지역 사이에서 교역활동을 벌였으나 대규모 교역은 할 수 없었다.

북방에서는 유럽의 해안 지역에서 명맥을 유지하고 있던 몇 안 되는 상인 거주지마저 바이킹에 의해 파괴되었다. 바이킹들은 약탈행위와 함께 어느 정도 교역활동도 하였으나 북유럽에서의 상업활동은 전체적으로 보아 미약한 수준이었다. 서유럽 사가史家들에 의해 쓰여진 서양의 역사에서는 바이킹을 문맹의 야만인으로 기술하지만 실상은

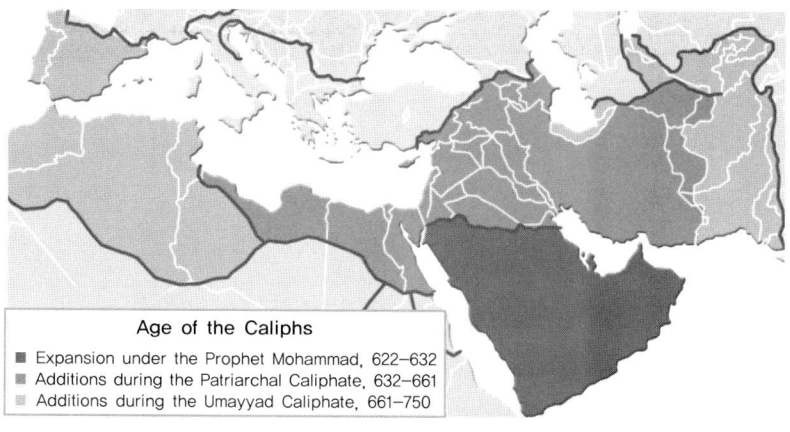

▲ 이슬람 세력권

그 반대로 엄격한 공동체로서의 규율과 규범 아래 조직화된 사회생활을 영위하고 있었다. 이후 서유럽 전역에 큰 영향을 미치게 되는 상업의 부활은 이탈리아 반도에서 처음으로 나타났다.

10세기 말, 베네치아는 곡물과 포도주 그리고 목재를 콘스탄티노플로 수출하고 그곳에서 고급 비단을 싣고 돌아와 그 비단을 북 이탈리아의 다른 도시들에 팔고 있었다. 한편 아말피Amalfi의 상인들도 카이로와 광범위한 교역관계를 맺고 있었으며, 북 이탈리아의 내륙 도시들은 독자적인 모직물 산업을 발전시키고 있었으나 초기에는 모직물에 대한 시장이 매우 한정되어 있었다. 새로운 시장과 무역로를 개척한 것은 서 이탈리아 해안도시들의 업적이었다.

10세기, 제노바Genova와 피사Pisa의 상인들은 이슬람교도 해적들의 위협이 상존하고 있음에도 불구하고 과감하게 해안을 따라 프랑스로 항해하기 시작하였다. 11세기 초까지도 제노바와 피사는 가끔 이슬람교도의 해적에게 약탈당했으나 1061년 그들의 연합함대가 이슬람교도들을 사르디니아Sardinia에서 몰아내면서 상황이 바뀌기 시작했다.

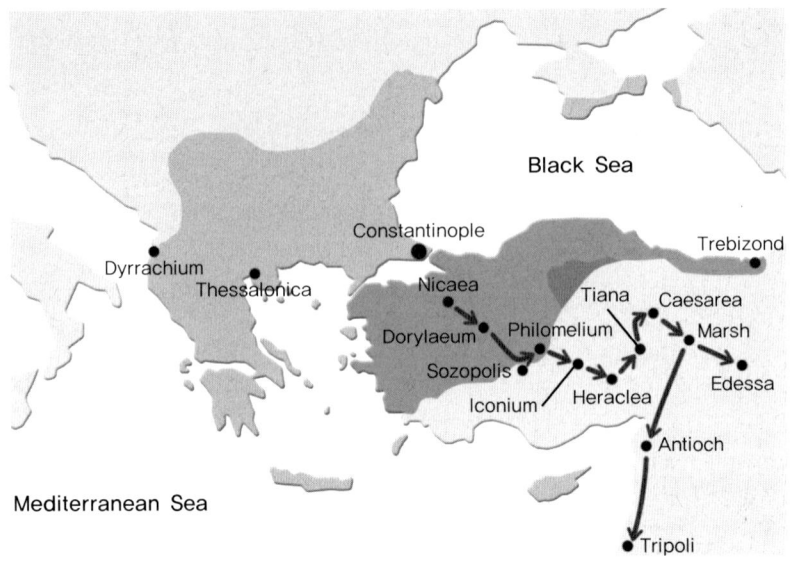

▲ 1차 십자군 원정

제노바와 피사가 코르시카Corsica와 사르디니아를 정복하고 이슬람교도가 장악하던 아프리카의 여러 항구들을 공격하는 동안, 남부 이탈리아의 노르망디Normandy 모험가들은 시칠리아Sicily를 점령하였다. 1091년 노르망디인의 시칠리아 정복이 완료되면서 서 지중해에서 기독교도의 상업활동은 비로소 자유롭게 되었다.

한편, 제노바와 피사의 발전은 십자군 운동으로 크게 촉진되었는데 1096년의 제1차 십자군에 참가한 제후 및 기사들은 발칸 반도를 가로질러 콘스탄티노플까지, 그리고 그곳에서 소아시아를 가로질러 팔레스타인 육로까지 진군하였으나 그들은 바다를 통한 보급과 지원을 바라고 있었다. 이 때문에 북 이탈리아의 몇몇 도시들은 이미 어느 정도 지정학적 중요성을 띠고 있었다. 베네치아, 피렌체 등은 군수물자의 조달과 군대의 이동을 이용해 부를 축적하게 된 것이다.

베네치아의 경우 콘스탄티노플과 베네치아 사이에 첫 번째 중요한 무역협정이 맺어진 때는 992년으로 추정되지만 실상 베네치아는 이미 9,10세기에 콘스탄티노플, 알렉산드리아, 시리아와 무역관계를 유지하고 있었다. 베네치아는 이미 아드리아 해를 정복하는 데 성공하였고 910년에는 코마치오Comacchio를 위축시키는 데 성공했다. 베네치아의 상술이 일찍부터 근대적이었다는 것은 알려진 사실이다. 그러나 실질적인 상업의 힘은 상대적으로 작았다. 동시대의 볼로냐Bologna는 포 강 유역과 라인 강 유역 간의 접촉을 유지하고 있었으며 토리노Torino는 독일 지역과 유관상태에 있었다.

11세기 말에서 13세기 말 사이, 서유럽의 기독교도들이 성지 팔레스타인Palestine과 성도 예루살렘을 이슬람교도들로부터 탈환하기 위해 8회에 걸쳐 감행한 대원정전쟁인 십자군전쟁은 비록 이슬람의 수중에서 성지를 탈환하는 데는 성공하지 못했지만 이후의 유럽과 중동의 문화 변화에 많은 영향을 끼쳤다. 특히 이탈리아 도시국가들은 십자군 원정을 통해서 경제적 정치적으로 혜택을 가장 많이 보았다.

초기에는 아말피, 베네치아, 바리Bari 등이 동방과의 무역관계를 유지하고 있었으나 이후에는 피사, 제노바 같은 다른 도시들도 지중해 무역활동에 동참하게 되었다. 이러한 이탈리아의 해양도시들은 십자군에게 무기 및 식품 등을 제공해 주는 조건으로 안티오키아Antiochea, 베이루트Beirut, 트리폴리Tripoli, 예루살렘, 키프로스Cyprus, 알레포Aleppo, 콘스탄티노폴리스, 이집트 그리고 북아프리카의 다른 여러 도시들에 위치한 주요 무역거점들을 장악할 수 있었다.

특히 베네치아, 제노바, 피사는 무역확장을 위해 동방과의 무역을 독점하기에 이르렀으며 유럽의 시장들에게 철, 모피 등 동방의 진귀한 물품들을 공급하게 되었다. 이곳에서 획득한 부로 상업과 공업이 크게 발달하였고 훗날 르네상스 시대가 도래하게 되는 이유가 되었다.

당시만 해도 비잔틴이나 이슬람 문명 속 사람들은 십자군을 '대책 없는 야만인'으로 보았다. 그러나 16세기 이래 지속된 서구인들의 대항해와 지구촌 석권으로 서구인을 바라보는 시각은 완전히 바뀌게 된다. 19세기 전 세계를 압도한 서양 문명의 제국주의는 십자군 원정을 자주 이데올로기적인 도구로 변질시켰으며, 오늘날 사람들에게 십자군 원정을 새로운 눈으로 보게 되는 계기를 마련하기도 했다.

독일의 상업활동을 보면 독일의 도시들 가운데 레겐스부르크Regensburg에는 상업에 종사하는 많은 거주자들이 있었다. 옛 로마 도시였던 마인츠Mainz는 886년 바이킹에게 침략당했으나 얼마 지나지 않아 복원되었고, 10세기를 전후해 상업이 번성하였으며 게르만족의 침략 이래 고대 로마의 성채가 황폐화되었던 쾰른Cologne에 상인들이 다시 안착했다. 라인 강가 성벽 밖에 있는 한 작은 도시 역시 발전하고 있었다. 10세기 말까지는 이 소도시 역시 크게 성장하였는데 899년에 도시로 등장한 도르트문트Dortmund이다. 도르트문트는 라인 강과 베제르 강Weser River 사이에 있는 통로 덕분에 존재했으며 10세기에 매우 중요하게 되었다. 왜냐하면 하르츠Harz 산의 광산들과 뫼즈Maas 강에 접한 소도시들 사이에 교통의 요충지였기 때문이다.

10세기경 상업이 가장 발전할 수 있었던 지역들은 대부분 북부 이탈리아와 독일의 큰 강들과 플랑드르Flandre 지역이었다. 남부 프랑스에서는 어느 정도의 상업은 유지되고 있었으나 상업활동이 활발하지는 못했다. 비록 지중해에 대한 아라비아인들의 공격과 지배가 잇따랐으나 프로방스인들은 해외 무역활동을 지속했다. 간스호프F.L. Ganshof에 의하면, 남부 프랑스의 상황은 9세기 말에서 10세기 초 더 악화되었다고 한다. 시칠리아는 아라비아인들에 의해 완전히 종속되었고 사라센 변경수비대가 주둔하게 되면서 무역까지 치명타를 입게 되었다. 그럼에도 불구하고 아를르Arles, 아비뇽Avignon, 마르세이유Marseille 같은 도회지들은 요새에 의해 아라비아인들의 습격을 피할 수 있었다. 이들에게는 비록 크기는 작았지만 상설시장이 있었으며 농촌의 생활양식과 달리 생활하던 도시가 있었다고 보는 것이 타당하다. 그리고 이런 도시에는 상인들이 살고 있었는데 상인들은 중세 전반을 통하여 모든 종류의 상품을 취급했으나 한 가지 상품을 전문화하지는 못했다. 이익을 얻을 수 있는 기회만 주어지면 어떤 물건이라도 구입하여 그들을 운반하고 거래했다. 그러나 그들은 보편적으로 알고 있는 행상인과는 다른 부류의 상인들이었다. 행상인들은 오직 겨울을 지내기 위해서만 정착했으므로 부동산을 소유하지 않았고 집도 주소도 없는 사람들이었으며 그들은 결코 상업에서 중요한 역할을 수행하지는 못했다.

그런 가운데 이미 여행하는 상인과 자신의 주거지에 상주하면서 상업을 하는 상인 등 두 종류의 상이한 계급이 나타나기 시작했다. 이는 지역주민 또는 도시주민과 같은 표현으로 구별된다. 오토 1세Otto I는 952년 여행하다가 머무르는 상인들에 대해 언급하고 있다. 레겐스부르크, 마인츠Mainz, 브레멘Bremen 등과 같은 독일의 도시에는 성벽 내에서 상인들이 정착생활을 했다. 중세 말기 즈음 도처에서 발견할 수 있는 상인 형태를 가장 명확히 보여주는 도시는 레겐스부르크다.

시장 필요에 따라 그 수가 줄어들기도 했으나 남아 있게 된 자들은 8, 9세기 상인의 전통을 유지하였고 도회지에 살면서 어떤 경우에는 자신들 소유의 선박을 가지고 있으면서 13세기의 상인들처럼 항상 이동하였다. 그들은 도시생활에 있어서 중요한 역할을 하였고 도시의 통치를 지배한 부자상인들이라는 의미로, 귀족들이라고 말할 수는 없지만 베네치아에서는 달랐다. 베네치아에서는 942년에 중산계층과 하층계급뿐만 아니라 상층계급도 존재했기 때문이다.

도시의 등장과 역할

중세의 상업과 무역에서는 농업혁명과 농노 해방, 귀족의 생활과 상업의 발달, 도시의 발달 등이 유기적인 인과관계를 가진다. 상업은 다양한 방식으로 발전했으며 가장 기본적인 것은 지방 시장에서 이루어진 일상적인 교역이었다.

농노나 자유 농민들은 여분의 곡물이나 작물을 시장에 내다 팔았다. 이어서 상품이 점차 전문화되면서 포도주나 면직물 등을 배에 실어 원격지로 보내게 되었다. 하천과 바다가 있는 곳에서는 물길이 이용되었다. 그러나 육상수송 또한 필요했는데 이는 도로건설기술의 향상, 동물의 이용, 교량건설 등에 의해 가능하게 되어 육상교역을 할 수 있을 정도에 이르렀다. 동시에 11세기 이후에는 지중해를 이용한 해로운송을 주로 이용했다.

1050년에서 1300년 사이에 제노바, 피사, 베네치아 등 이탈리아 도시국가들은 상당 부분 이슬람의 지배권으로부터 벗어났으며 과거 비잔틴에 속했던 해역을 독점하기 시작했고 동부 지중해에 동방과의 활발한 교역을 위한 전초기지를 세우기 시작했다.

그 결과 향신료, 보석, 향료 및 고급 직물 등 사치품이 서유럽 시장에 등장하기 시작했고, 이는 귀족계급의 구매욕을 자극함으로써 농업혁명을 서두르도록 하는 요인으로 작용했다.

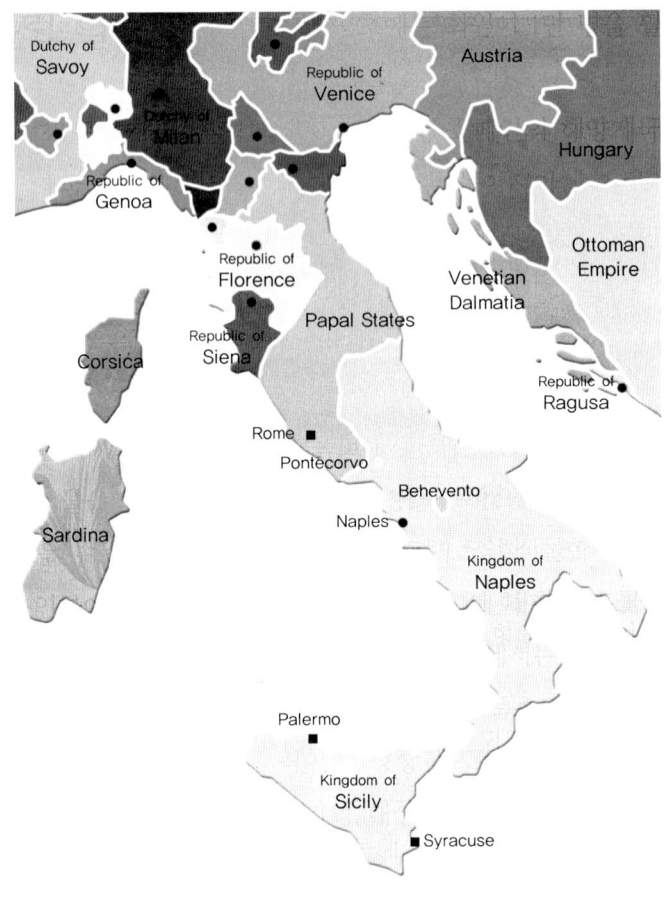

▲ 1494년 이탈리아 반도

 또한 활발한 상업은 새로운 대금결제 방식과 새로운 상업 기법의 발달을 필요로 했다. 가장 주목할 만한 것은 서유럽에서 주화가 유통 수단으로써 오랜 동안 거의 사용되지 않다가 약 400년 만에 비로소 화폐교환 방식으로 복귀했다는 사실이다.
 전통적인 장원은 거의 자급자족이었고, 그 밖의 일부 필요한 품목 들은 물물교환을 통해 구할 수 있었다. 그러나 시장의 성장과 더불어 주화가 필요하게 되었으므로 초기에는 소액의 주화만 있었으나 서유럽에서 사치품 교역이 성행하게 되면서 화폐 단위가 급속히 커졌다. 그 결과 13세기에 이르러 피렌체Florence 및 베네치아 등 이탈리아 국가들에서 금화가 주조되었다.

중세 도시는 농업생활의 기반 위에 만들어졌고 잉여농산물을 판매할 시장이 필요하게 되어 형성되었다. 상인과 수공업자들이 상업을 영위하고 이에 따른 이익으로 식료품을 구입함으로써 일상을 영위하려는 장소라는 경제적 의미에서의 도시로 출발했으나, 게르만의 침입으로 비교적 많은 인구가 함께 거주하는 곳을 제외하고는 서유럽에서 거의 사라지게 되었다. 프랑스의 경우 옛 로마의 도시가 많이 남아 있었으며 주교나 귀족의 소재지로써 수도원이 존속하고 있었다.

이러한 자치도시 제도를 보면 고대의 법 제도와 일치하였음을 알 수 있는데 로마가 그 지배권을 확대해 갔을 때 그 제도를 황제 행정의 기초로 삼았다. 이 제도는 서구에서 게르만족의 침입 속에서도 잘 유지되어 갔다. 이와 같은 자치도시제의 자취와 잔재들은 5세기 이후에도 갈리아Gallia, 스페인, 아프리카 그리고 이탈리아 등지에서도 찾아 볼 수 있다.

그러나 사회조직의 점진적인 약화로 인하여 그 제도의 특수성은 대부분 폐지되고 말았다. 이와 동시에 지중해 세계로 이슬람의 공격이 여러 도시간의 활동을 지속적으로 유지시켜 왔던 상거래를 마비시켰기 때문에 필연적으로 도시의 쇠퇴를 초래케 하였지만 그것이 도시 자체의 폐쇄로까지 몰고 가지는 않았다. 비록 이들 도시가 쇠퇴하고 약화되기는 하였지만 그들은 이후에도 계속 존속되었으며 사회적 기능도 다소 유지되고 있었다.

이와 같이 도시는 로마의 도시들과 같이 중요한 기능이 부여되었는데 이러한 기능과 가치들은 도시들을 보호해 주었을 가능성이 높다. 그러나 9세기의 경제 상황 속에서 도시들은 그 존재의 가치를 상실하였으며 또 상거래의 중심지가 단절됨으로써 도시들은 주민 대부분을 상실하게 되었다. 도시에 자주 내왕하였거나 살았던 상인들과 도시의 성격마저도 그들과 더불어 사라지고 말았다.

세속사회는 더 이상 도시들을 필요로 하지 않았다. 순수한 농업을 바탕으로 형성된 국가가 도시의 운명에 동인을 제공했다는 확실한 증거는 찾아볼 수 없다.

제국의 행정구역을 형성하고 있던 곳에서도 제국 그 자체에 수도가 없었던 것처럼 그들 속지에도 역시 도회지는 존재하지 않았다. 속지의 감독을 위임받은 백작들은 일정 지역에 정착하지 못했다.

그들은 재판을 주재하고 세금을 징수하며 군을 징모하기 위하여 그들이 관할하고 있는 행정구역을 항상 순회하였다. 그리고 행정적 중심지는 제후의 대저택이 있는 곳이 아니라 주민들이 있는 곳이었다. 그러므로 그들이 도회지에 주거지를 소유하고 있는지 없는지가 중대한 문제는 아니었다. 지방에서의 대토지 소유주들 중 선출된 그들은 결국 대부분 토지로 생활을 영위해 갔던 것이다. 그들의 대저택은 마치 황제들의 궁전같이 전통적으로 농촌에 있었다. 중세 말의 도성들 중에서 오늘날까지 남아 있는 것은 하나도 없다.

도성들은 무엇보다도 군대의 편제로 되어 있었으나 초기에 있어 그 본래의 기능 위에 행정적 중심지로서의 기능이 부가되었던 것이다. 성주는 군 주둔지의 요새를 수호하는 기사들을 지휘하는 사령관의 직분은 없지만, 제후는 그들에게 성벽 주위의 광범위한 지역을 관할할 수 있는 재정권과 재판권을 위임했으며 10세기까지 성주라는 이름이 존재하였던 것이다. 당시의 정확한 숫자를 제시할 수는 없으나 도성의 주민은 수백 명에 불과했으며 또한 도회지 주민도 2,3천 명을 넘지 못했다는 추측을 할 수 있다. 도회지와 도성들은 도시의 기원에서 주요한 역할을 하였고 도시발전 과정의 출발이었다.

    이러한 도성 주위에 있는 제 도시들은 경제부흥을 구체화하였는데, 그 조짐은 10세기에 나타나기 시작했다고 볼 수 있다.

도시의 대변화

이제까지는 중세 도시 혁명의 일차적 원인이 원격지 무역의 부활에 있는 것으로 간주되어 왔다. 이론적으로 농업 중심적 유럽 사회에서 안정된 위치를 갖지 못했던 행상들은 서로에게 필요한 보호 수단을 마련하고, 아울러 그들의 상품을 판매할 시장을 설립하기 위해 점차 도시로 모여 살게 되었다고 할 수 있다.

그러나 실제의 상황은 더 복잡한 양상을 띠었다. 일부 도시들은 원격지 무역으로부터 상당한 자극을 받았으며, 베네치아 같은 주요 도시의 성장은 그 같은 요인을 배제하고는 생각할 수 없는 것이 사실이다. 그러나 대부분의 도시들은 그 기원과 경제적 활력을 원격지 무역보다는 인근 지역의 번영과 부에 기초하고 있었다.

도시 인근 지역은 도시에 잉여농산품과 공산품 원료를 제공했으며 인구를 유입시켜 주었던 것이다. 즉, 전반적인 경제적 활성화가 도시 성장의 주요 원인이었다. 도시와 인근 지역은 공생관계를 유지했으며 도시는 인근 지역에 시장과 수공업자들이 만든 공산품을 제공했던 반면, 인근 지역의 잉여식량에 의존하며 생활했고 더 나은 생활을 찾아 나선 잉여농노나 농민들의 이주와 더불어 성장했다.

당시 탈출한 농노는 도시에 들어와 1년 1일을 거주하면 자유를 얻을 수 있었다. 일단 도시가 번창하기 시작하자 많은 도시들은 각각

전문적인 특성을 갖기 시작했다.

파리와 볼로냐는 일류 대학들을 육성함으로써 부를 획득하게 되었고 베네치아, 쾰른, 런던 등은 원격지 통상의 중심지가 되었다. 그리고 밀라노 등은 제조업을 중심으로 성장했다.

당시 무엇보다도 가장 중요한 도시의 산업은 직물 제조업이었다. 직물 제조업은 대규모 생산 및 투자 기법을 발달시킴으로써 근대적 공장제와 산업 자본주의의 선구가 되었다. 다만 대규모의 공업은 중세 경제에서 어디까지나 예외적인 현상이었다.

길드

중세 도시의 가장 특이한 경제사회적 조직은 길드Guild였다. 길드는 특수한 이익을 보호 증진하기 위해 조직된 전문단체라 할 수 있다. 길드는 상인길드와 수공업자길드 두 종류로 나눌 수 있다. 상인길드의 일차적 기능은 조합원을 위해 지방 시장의 독점을 유지하고 안정된 경제 체계를 유지하는 것이었다. 이러한 목적을 달성하기 위해 상인길드는 도시 내에서 외부인에 의한 상업활동을 엄격히 금지했다. 그리고 조합원이 확보한 판로에 소속 조합원들의 참여권을 보장했으며, 획일적인 가격을 책정했고 어떠한 개인도 조합원이 생산한 상품을 매점하지 못하도록 하였다.

통상 완전한 투표권을 가진 조합원은 장인 수공업자뿐이었다. 그들은 다양한 분야의 전문가로서 독자적으로 점포를 운영했는데 이들이 오늘날의 노동조합에 해당한다고 할 수 있다.

수공업자길드의 하급 조합원으로는 직인Journeyman이 있었다. 직인은 자신의 분야를 위한 훈련을 마쳤으나 장인을 위해 일하는 사람들이었다. 그리고 직인 아래에는 도제가 있었다. 도제의 훈련 기간은 엄중히 규제되었다. 만일 도제가 장인이 되고 싶으면 그는 자신의 '작품'을 만들어서 길드의 장인들에게 인정을 받아야만 했다.

수공업자길드는 상인길드와 마찬가지로 독점 및 경쟁 제한을 도

모함으로써 가격과 임금을 획일화했고, 시간 외 작업을 금했으며 생산방법과 제품의 품질에 세부적인 규제를 가했다. 또한 이러한 모든 경제적 기능과 더불어 상인길드와 수공업자길드는 중요한 사회적 기능까지도 담당했다.

길드는 종종 종교단체나 사교클럽으로서의 기능까지도 담당했다. 길드는 가능한 한 조합원들에게 여러 가지 인간적인 편의를 제공하려 했으며 이에 따라 몇몇 도시에서는 길드가 축소된 정부의 역할을 하게 되었다. 특히 상인길드는 도시 귀족으로서 사실상 도시 행정권을 독점하다시피 했다.

도시의 상인과 수공업자들은 자신들을 보호하는 데 관심을 기울였다. 왜냐하면 그들은 오랜 중세적 질서 속에서 자신들의 역할을 인정받지 못했기 때문이다. 상인들은 보통 토지 귀족계급으로부터 경멸당해 왔었는데 그들은 내세울 만한 혈통도 없었고 기사도에 익숙하지도 않았기 때문이다. 특히 그들이 경멸당해 왔던 가장 큰 이유는 그들이 노골적으로 금전상의 이익에만 집착한다는 점이었다.

귀족들 역시 점차 이익추구에 관심을 보이기는 했지만 그들은 이를 공공연하게 드러내지는 않았다. 그들은 일상생활 속에서 회계에 대해서는 거의 관심을 보이지 않았으며 대개 사치와 낭비에만 몰두했다.

중세의 상인들이 수세에 몰려야만 했던 또 하나의 이유는 교회가 부정한 소득을 반대하면서 '정당한 가격' 이론을 가르쳤기 때문이다. 그 이론은 상인들이 당연시했던 개념과 대치되는 것이었다. 또한 성직자들은 기업활동을 하는 데 필수불가결한 일이었던 이자를 받고 돈을 빌려주는 대금업을 반대했다.

예를 들면 1139년의 제2차 라테란 공의회Lateran Council의 포고령에서 '가증스럽고 수치스러우며 만족할 줄 모르는 대금업자들의 탐욕'을 통렬하게 비난했다. 그러나 시일이 경과하면서 이러한 태도는 서서히 변화되었다.

이탈리아에서는 상인과 귀족을 구분하기가 어렵게 되었다. 귀족들은 대개 도시에 거주했고, 또 직접 상업활동에 참여하기도 했기 때문이다. 유럽의 다른 지역에서는 성공한 도시민들이 스스로를 귀족Patrician이라고 부르면서 귀족에 버금갈 정도의 자부심을 가졌다.

중세 교회는 대금업에 대한 금지태도를 포기하지는 않았다. 그러나 교회는 상업적인 위험 부담에 대한 이윤취득을 승인하게 되는데, 그것은 종종 이자와 같은 효과를 가져왔다. 더욱이 13세기부터는 교회 지도자들 가운데서도 상인에 대해 호의적으로 언급하는 사람이 나타났다. 13세기의 교회 지도자였던 성 보나벤투라St. Bonaventura는 신이 구약시대에는 다윗 같은 목자에게 각별한 은혜를 보이더니 신약시대에는 베드로 같은 어부에게, 13세기에는 성 프란체스코San Francesco 같은 상인에게 은혜를 베풀었다고 주장했다.

이러한 중세에서의 도시 발달은 경제와 정치의 발달을 가져온 도시혁명이라고 할 수 있다. 도시의 발달이 중세 전성기 유럽 경제의 활력소였으며 시장과 상품생산기능을 제공함으로써 도시들은 경제체계 전반에 걸쳐 번영하도록 만들었다. 또한 도시들이 정부제도의 발전에도 기여했다고 보는 것은 많은 지역에서 도시들이 독립하여 도시국가로서의 자치권을 누렸기 때문이다.

특히 도시가 가장 발달했던 이탈리아에서의 도시 정부는 조세징수, 공개적 정책 결정 등 새로운 제도를 실험했다. 이탈리아의 도시국가들은 특히 행정기법에서 현저한 발전을 보여 전 유럽의 정치적 발전에 기여한 바가 크다. 또한 도시의 발달은 서유럽에서 지적생활을 자극하여 신설 학교들이 예외 없이 도시에 세워졌다. 도시 정부는 학교용 부지를 제공하고 학자들을 법률적으로 보호해 주었기 때문이다.

처음에는 학생과 교사 모두 성직자였다. 그러나 13세기에 이르러 상인들이 읽기와 산술에 숙달될 필요성을 느끼게 되면서 일반인들을 위한 많은 초등학교들이 설립되었다. 고대 그리스에서도 지적 활동 역시 번영하는 도시에 기반을 두었는데 이탈리아의 도시들도 마찬가지였다.

한편, 10~13세기의 경제적 성장은 사회적 문제점을 낳았다. 화폐경제의 발전으로 가장 큰 이익을 본 사람들은 상인들이었다. 그러나 화폐경제의 발전은 심각한 사회적 반향을 가져왔는데 임금생활자의 수를 증가시켜 계급체계를 뒤흔들기 시작하고 계층분화를 심화시켰다. 심지어 지식인들과 대학교수들은 한때 스스로를 노동자로 규정하고 싶었지만 손에 때를 묻히지 않는 엘리트 집단으로 인식되기를 바랐다. 이는 일종의 계급운동이었다. 13세기 파리의 가난한 음유시인 뤼트뵈프Rutebeuf가 외친 '나는 육체 노동자가 아니다'라는 말에서 당시 현상을 알 수 있다.

중세 무역

중세 무역은 남부 무역권과 북부 무역권 둘로 나뉜다. 이탈리아 반도를 중심으로 하는 지중해 무역의 남유럽 무역권과 네덜란드, 벨기에, 프랑스 일부를 포함하는 플랑드르 지방 중심의 북유럽 및 영국, 북해North Sea, 발트 해Baltic Sea에 이르는 북유럽 무역권으로 나눌 수 있다. 중세 무역은 기존에 행해지던 국지적 시장에 국한된 무역이 아니라, 도시와 도시를 묶는 지역시장을 기반으로 하는 원격지 무역이었으며, 이를 담당하는 상인도 여행상인으로부터 정주상인으로 변환되어 갔다. 한편 이때까지는 세계적인 규모의 무역은 성립되지 못하고 있었다.

상인들은 각 지역에서 열리는 정기시장을 순회하는 종래의 상업거래 방식 대신 지역시장들을 잇는 것보다 큰 대규모 중계무역으로 전환해 나갔다. 상품거래망을 조직화하고 그 양을 대규모로 전개해 지방의 가격차 때문에 발생하는 문제점이나 물량의 조절에서 최대의 이윤을 창출하기 위해 각 시장의 주요 도시에 지점이나 대리점을 설치했다.

남유럽 무역의 대부분은 인도, 동남 아시아의 자연 산물인 향료를 주된 상품으로 했다. 향신료 중에서 가장 중요하고 지불수단으로도 이용되던 후추는 인도, 말레이Malay 원산으로, 뿌리와 줄기를 건조한

.후 분말 형태로, 유럽에서 1파운드(약 450g)의 양으로 양 한 마리를 살 수 있을 정도였다. 과자나 요리의 향료로 사용되던 계수나무 역시 1파운드로 7마리의 양을 살 수 있는 가격이었으며 염료, 향수, 조미료로 사용되던 정향나무 역시 가격이 후추의 20배 이상 나가는 귀중한 물산이었다. 뿌리에 강한 향기를 갖고 있으며 향료로 쓰이던 백단白檀, 유럽의 모직물 공업 필수품 염료로 쓰이던 사프란Saffron 등이 주요 산물이었는데, 사프란의 확보는 유럽의 모직물 공업을 지배하기 위한 원재료 염료무역을 어느 정도 지배할지 중요함을 보여주었던 거래였다.

이러한 상품들은 그동안 대부분 아라비아 상인에 의해 인도나 말라카 해협Malacca Strait을 통해 아라비아 반도의 남단과 시리아를 경유 북 이탈리아의 베네치아, 제노바, 피렌체로 옮겨지면서 각 지역의 향료, 이라크 산 천막, 이집트로부터의 곡물, 설탕 등 특산물들이 더해진 후, 이탈리아 상인에 의해 유럽으로 운송되었다. 비록 인도로부터 유럽에 도착할 때까지 향료 같은 물산은 수십 차례의 상인을 거치면서 원가가 상승되었지만 그럼에도 막대한 이윤을 가져왔다.

유럽과 동남아시아와의 무역은 대부분 고가품목 무역이었으며 중계무역이었다. 반대로 유럽으로부터 아시아로 유입되는 상품들은 영국의 양모, 남부 독일의 귀금속과 마직물, 북부 독일의 모피, 남유럽의 포도주와 소금 등이 이탈리아에 집하된 후 아시아로 수출되었다.

이러한 지중해 무역은 15세기 후반 오스만 터키의 침입에 따른 동방무역의 통로가 끊어질 때와 15세기 말 지리상의 대발견 시기까지 지속되었다.

북부 유럽에서의 무역은 북부 유럽 각지의 특산물 중 생활필수품이 대부분이었다. 남부 유럽의 품목들은 대부분 봉건영주나 귀족 등

부유한 계급이나 제조업자가 거래 상대의 대부분이었지만, 북부 유럽에서의 무역은 폭넓은 소비자인 일반 시민이 대상이었기 때문에 시장이 확대되고 급속한 상업의 발전을 가져왔다.

이 때문에 국제적인 상호협력관계를 강화하게 되면서 상업발전의 중심은 남부 유럽보다 오히려 북부 유럽이 그 중요한 역할을 갖게 되었다. 북부 유럽 무역의 특징은 비교적 가격이 저렴하며 부피가 큰 대량 소비재와 식료품을 위주로 하는 생활필수품의 수출이었다고 말할 수 있다. 그리고 이러한 무역은 한자동맹Hanseatic League을 중심으로 발달했다.

바이킹 무역

아프리카 연안에서 근동West Asia까지, 아이슬란드Iceland에서 스페인까지 교역이 행해지는 곳에는 반드시 바이킹의 모습이 보였다. 그들은 해로나 육로를 통하여 실어온 수많은 물품의 운송과 유통을 장악한 물류상인들이었다. 그리고 바이킹들은 그들이 정복한 땅에 스칸디나비아식 이름을 남겼다.

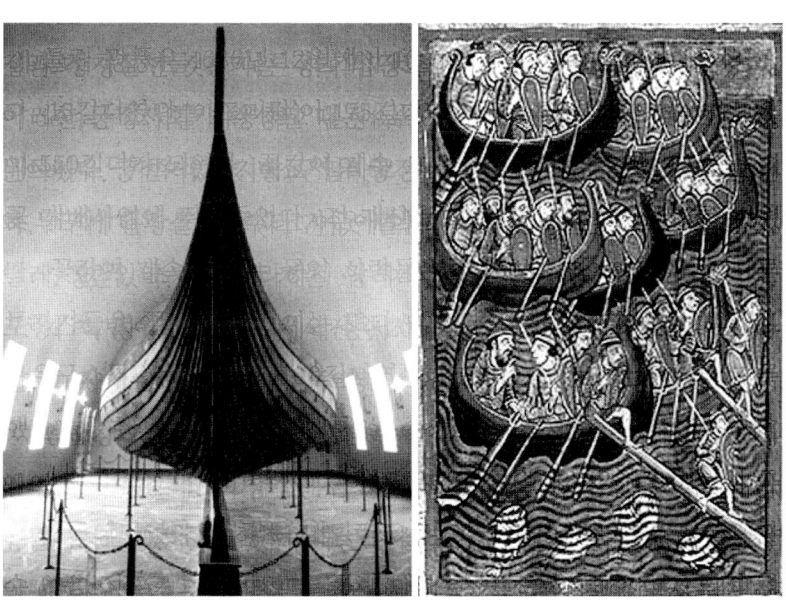

▲ 바이킹이 사용하던 고크스타드 호 Gokstad Ship(左), 12세기 중엽 덴마크인 선원들(右)

영국의 도시들 대부분이 고대 스칸디나비아어에 뿌리를 두고 있으며, 프랑스의 노르망디라는 지명도 북쪽에서 온 사람들의 땅이라는 '놀만Norman'이라는 단어에서 유래했다.

동쪽으로 이동한 스웨덴계 바이킹을 '루스Rus'라고 불렀는데 루스는 자신들이 거쳐 간 지역에 '루슬란드Russland' 즉, '러시아Russia'라는 이름을 남긴 역사의 창조자들이었다. 러시아를 바이킹이 세웠다는 설도 이에 기인한 것이다.

7세기에서 11세기까지 바이킹은 유럽의 위대한 항해자였으며 덴마크, 노르웨이, 스웨덴 등 스칸디나비아 지역에 살았던 단순한 해적이 아닌, 선박 건조술과 항해술을 가지고 교역 중심 경제의 장점을 널리 알린 존재였다.

한자동맹

11세기에 들어서 '한자'로 대변되는 독일 상인들의 발트 해 진출이 두드러지기 시작하면서 변화의 물결이 일기 시작했다.

스칸디나비아 반도 중심의 교역로가 서부 유럽의 발트 해 연안도시 중심으로 수정되기 시작한 것이다. 한자상인들이 발트 해에서 주도권을 잡은 뒤 지배한 무역망은 같은 곳에서부터 바이킹들이 확장해 나간 무역망에 비하면 규모 면에서 상당 부분 줄어들었다. 하지만 서부유럽 연안도시의 상인들은 바이킹 시절의 네트워크와 상업망을 인계 받아 재확립하고 조직적으로 운용하기 시작하면서 부를 축적하고 상업도시의 발달을 더욱 가속화시켰다.

이러한 움직임 가운데에서 1158년의 뤼벡Lübeck 시 건설은 상인들의 발걸음을 더욱 재촉했다. 뤼벡을 중심으로 독일의 도시상인들의 발트 해 진출이 본격화된 것이다. 이른바 '한자상인'의 등장이다. 뤼벡의 등장에는 중요한 변수가 있었는데 바로 '왕 청어King Herring'와 '소금'이다.

중세에는 육류 자체가 상대적으로 부족하고 비쌌다. 평민들이 북구의 추운 날씨와 고기를 금하는 사순절 절식기 등을 견뎌내려면 지방이 풍부한 대체 단백질의 공급이 필수였다. 중세 유럽에서 청어는 '바다의 밀'이라고 불릴 정도로 제2의 주식이나 다름없는 지위를 차지하게 된다. 춥고 쓸모없던 바다가 노다지를 캐는 바다가 된 것이다. 청어의 소비량이 늘어나면서 자연스레 소금의 수요가 늘어났다. 그러나 일조량이 부족하고 염도가 낮은 북유럽에서는 천일제염법으로 소금을 생산할 수 없었다.

뤼벡의 상인들은 방부처리에 필요한 암염이 남쪽으로 95km 떨어진 뤼네베르크Luneberg에서 생산된다는 사실에 주목했다. 뤼네베르크에서 뤼벡으로 얼마나 소금을 실어 날랐던지 그 길을 오늘날도 '옛 소금길'이라고 부른다. '북쪽의 금' 또는 '백색의 금'이라고 부르던 소금, 13세기에 소금 한 통이 집 반 채 값이었다고 한다. 뤼벡은 청어에 소금이란 부가가치를 더해 부를 창출했다. 뤼네베르크에서 수입한 소금을 막 잡아 올린 청어에 뿌려 방부처리 후 유럽 각 지역에 내다 판 것이다.

당시 독일 전역의 자금이 뤼벡으로 몰렸다고 한다. 그들은 자신들이 필요한 물건은 뭐든지 청어와 바꿀 수 있었기에 청어를 처분하기 위한 원거리 항해용 코그Cog 선을 짓고 상인들은 이 배에 청어와 목재, 모피, 철 따위와 대구 같은 수산물, 곡식과 맥주 등을 실어 날랐다. 그리고 동양의 향료 및 영국의 양모나 기타 가공품들도 북방으로 운반했다. 뤼벡의 앞마당이라 할 수 있는 발트 해에서 청어가 무한대로 잡히고 방부제용 소금을 소비했으므로 상인들은 북유럽과 서유럽 전역에서 수요가 있는 상품을 자신들이 장악하고 있음을 깨닫게 되었다. 이 때문에 외지에서 상업권익을 지키기 위해 상인들이 단결하게 되는데 이것이 바로 '한자동맹'이다.

런던에 진출한 쾰른 상인들은 자체 조합의 집회소를 운영했으며 12세기 중엽에는 함부르크Hamburg, 뤼벡의 상인들이 조합결성을 인정받았다. 여러 도시에 있는 조합이 합체해서 런던에서의 독일인상인한자Hansa가 형성되었으며 이런 종류의 상인한자의 거점은 런던뿐만 아니라 발트 해 곳곳의 도시로 퍼져나갔다.

이러한 '한자동맹'은 뤼벡이 중심이 되어 독일의 여러 도시들이 결성한 상업상 목적을 가진 동맹이다.

12,13세기경 유럽에는 여러 도시를 돌아다니는 편력상인遍歷商人들의 단체가 많이 있었는데, 14세기 중반에 이르자 그들 사이에서 한자동맹이라는 도시동맹이 성장하여, 중세 상업 사상 커다란 역할을 보여주게 되었다. 1230년의 뤼벡과 함부르크 간의 조약체결을 비롯하여 독일의 도시 사이에는 자치의 확보, 치안의 유지 등 필요성에서 도시 상호간의 정치적, 군사적 동맹을 결성하는 분위기가 높아졌다.

14세기 전반 플랑드르에서 압박을 받은 독일 상인이 대항책으로써 본국 도시들에게 연합적인 지원을 요구한 것이 직접적 계기가 되어 한자동맹은 시작되었다. 1358년 플랑드르에 대한 상업봉쇄 선언을 할 때에는 라인 강에서 북해, 발트 해에 접해 있는 많은 도시들이 '독일한자'라는 도시동맹을 결성하였다. 그리고 1366년부터 한자무역의 특권은 동맹에 가입한 도시 시민에게 한하게 하는 등 그 관계가 더욱 견고해졌다. 한자동맹의 실체는 극히 탄력성 있는 경제적, 정치적 연합이었기 때문에 한자 특권을 갖는 도시의 수는 사정에 따라 증감했다.

한자의 수는 전성기에 가입 숫자가 백여 곳을 넘었다. 뤼벡을 중심으로 브레멘, 함부르크, 쾰른 등이 주요 도시였으며 뤼벡에 '한자회의'를 두고 다수결로 정책을 결정하였다. 한자상인들이 취급한 상품은 지중해 무역과는 뚜렷하게 대조적이었으며 남부 유럽 무역의 대부분이 주로 사치품을 취급한 데 반하여 한자들은 모피, 벌꿀, 생선, 곡물, 목재, 호박, 모직물, 양모 등을 취급하였다. 한자상인이 발트 해나 동유럽에서 서유럽으로 가져온 상품들은 프로이센Pruisen 지역의 밀, 호밀 등의 곡물과 13세기부터 14세기에 걸쳐 번영한 스웨덴 남부 해역지방의 해산물류 등이었다. 스웨덴으로부터 해상운송으로 가져온 목재들도 서유럽에서 곡물 등과 함께 교환하였다. 또한 러시아의 벌꿀, 스웨덴의 강철 등도 취급하였다. 1290년대에 한자상인에 의해 취급되는 상품은 무엇보다도 산업용 원료로써 가장 중요한 양모인데 영국에서 네덜란드로 수출하였다.

한자동맹은 독자적인 상업정책을 실시하였는데 상품의 규격화, 상품거래만 허용, 거래에는 본인 소유의 선박만 사용, 소매상업만 영위하며 위탁판매업 금지, 도량형 통일, 신용거래 금지, 한자상인 이외의 사람과 혼인을 금지하는 등 무역 거래의 배타적 독점, 관세의 경감과 면제 등 무역상의 특별한 권리를 향유함과 동시에 지켜야 할 규약으로 내부통제를 실시했다. 그 내용은 1161년 하인리히 사자공Heinrich der Löwe의 후원 아래 독일 상인과 고트란트Gotland 주민 간에 체결된 조약에서 확실하게 볼 수 있다. 이 조약에는 고트란트를 철 따라 왕래하는 '독일 상인조합'으로 언급하고 있다.

12세기 말, 이 조합은 그 세력을 플랑드르와 영국으로부터 북부 러시아까지 확장했는데 독일 상인들은 특히 발트 해와 북해에서 고트란트 상인들에게는 덴마크 해협을 거쳐 서쪽으로 통과하는 것을 금지하고, 프리슬란트Friesland의 상인과 플랑드르의 상인 및 영국 상인에게는 덴마크 해협을 거쳐 동쪽으로 통과하는 것을 금지했으며 노르웨이와 영국 사이의 상업을 장악하기도 했다. 이것은 1300년경의 역사가 필리프 돌린제르Philippe Dollinger가 기술한 것이다.

또 다른 예로는 1229년 스몰렌스크Smolensk 공과 독일 상인들 사이에 체결된 상업조약 한 구절을 들 수 있다. '한 러시아 상인이 다른 러시아 상인의 채무자이면서 독일 상인으로부터 외상으로 물품을 구입하였을 경우, 독일 상인이 채무를 변제받는 데 있어서 우선권을 갖는다. 만약 어떤 러시아 상인과 어떤 독일 상인이 함께 상품선적에서 포화점에 다다를 경우 독일 상인이 러시아 상인보다 우선권을 갖는다. 단, 러시아 상인이 스몰렌스크 출신이 아니어야 한다. 그러나 그가 스몰렌스크 출신일 경우 둘 사이에 추첨으로 우선권을 가린다.'

이러한 상업적 식민 형태는 서양인들을 식민주의에 익숙하게 만드는 과정이기도 했다. 독일 한자는 러시아, 베르겐Bergen, 런던 등에 재외상관을 설치하기까지 했으며 '한자동맹'은 13세기부터 14세기에 걸쳐 북부 유럽 무역을 지배하고 네덜란드, 영국 상인의 세력이 무역 패권을 획득할 때까지 유지되었다. 한자는 영국, 네덜란드 등 신흥국의 부상에 밀려 점차 쇠퇴하여 1597년 런던상관이 폐쇄되고 1669년 한자회의가 마지막으로 열리게 되었다.

샹파뉴의 정기시定期市

특정 지역의 중심지가 여러 원거리 지역으로부터 온 도시상인들을 유인하게 되면 '고도로 집중된 교역의 순회로'가 발전할 여지가 생긴다. 처음에는 상인들이 다른 지방의 구매자들에게 물건을 팔고자 갔지만 그들이 서로 접촉하게 되면서 차기 회동 시, 특정물품을 교환하기 위한 상호조정이 일어나게 되었는데 그 물품들이란 상인 자신의 출신 지역에서 열리는 시장을 위한 상품들이었다.

샹파뉴Champagne는 12~13세기 이탈리아와 플랑드르 사이를 연결하는 남부교통로를 비롯하여 독일과 스페인을 연결하는 동서교통로의 교차점으로써 중요한 위치에 있었다. 샹파뉴는 지리적으로는 유럽의 중심에 위치하여 12~14세기에는 유럽 대륙의 대 교역지로 번창하였던 도시이다.

이 샹파뉴 정기시가 번창한 원인은 지중해와 대서양 해상무역의 어려움 때문이었다. 당시 대륙의 지역 간 거래에서는 지중해, 지브롤터 해협, 대서양, 북해, 발트 해라고 하는 해양루트의 이용이 가능했지만 지중해는 이탈리아상인과 아라비아상인이 무역권을 지배하고 있었고, 대서양은 자연재해 및 인위적 위험이 상존하고 있어 어려움이 있었고, 이러한 이유로 육상교통에 의한 남북 유럽 무역의 접점으로써 샹파뉴가 떠오르게 되었고, 샹파뉴의 정기시는 13세기 황금시대를 맞이하여 중세 상업의 전성기를 나타내며 유럽 상업활동의 중심지가 되었다.

상파뉴의 정기시는 매년 6회 개최되었는데 플랑드르와 영국의 양모 및 모직물, 이탈리아상인이 가져오는 동방의 향료, 북부 이탈리아의 견직물, 독일의 마직물, 북부 유럽의 모피, 스페인의 피혁, 프랑스의 포도주 등이 주로 거래되었다. 이렇게 정기시가 발전하자 상업 형태에 일부 변화가 생겼는데 그때까지 여행상인으로서 각지의 왕궁이나 교회에 방문판매를 하던 상인들이 정기시가 개최되는 도시에 자리잡고 거래업무를 실시하는 정주상인으로 그 성격을 바꾸어 간 것이다. 이 정기시는 상인과 소비자 간에 직접거래를 했지만 원지상업의 발달에 의해 소매형태는 서서히 자취를 감추게 되었다. 원지상인끼리의 거래인 도매형태로의 질적 변화도 가져왔다. 가장 중요한 상업의 변화는 상품시장으로서의 기능뿐만이 아니라 타 지역에서 행해진 거래의 결제장소 즉, 금융시장으로서의 역할로 화폐거래나 어음거래라는 새로운 상업시스템을 만들어냈다. 그 결과, 국제적 원지무역이 12세기부터 13세기에 출현했다.

13세기 후반 전성기를 누렸던 상파뉴 정기시는 14세기 이후 이탈리아와 플랑드르, 영국과의 해상로가 발달하게 된 것과 플랑드르 백작과 프랑스 왕 사이의 전쟁(1302~1320년) 및 백년전쟁으로 점차 쇠퇴하였다.

이러한 과정을 거쳐 11세기와 12세기 서유럽 문명에 기초하고 있던 경제체제에 근본적인 변화가 일어나고 있었다. 이 변화의 기본적인 측면은 활발한 상품교환에 바탕을 둔 경제의 출현과 이에 수반되는 화폐유통량의 증가이다. 그리고 외적의 침입 위협에서 벗어나게 되자 서유럽은 전보다 상업 중단의 두려움을 덜 느끼게 되면서 경제

생활의 발전에 전념할 수 있게 되었다. 이러한 변화로 인해 비교적 농업 및 상업에서 연속성이 보장되면서 중요한 기술적 진보가 나타나게 되었다. 또한 인구의 급속한 증가와 도시들의 비약적인 성장은 서유럽에 혁명적인 발전을 가져왔다.

13세기경에는 누구나 잉여생산물을 팔고 생산하지 못하는 물품을 살 수 있었다. 이러한 교역의 증대에 의해 전문적인 수공업이 부활하고 도시가 발달하였다. 사제와 기사 그리고 농민사회에서 상인과 무역업자 그리고 수공업자가 새로이 대두되었다.

이러한 새로운 현상들은 중세 문명의 모든 정치적, 문화적, 사회적, 경제적 측면에 심각한 영향을 미쳤다.

베네치아의 상업

▲ 베네치아 문장

로마가 멸망한 후 지중해엔 초승달이 떴다. 이슬람 사라센인들이 장악한 것이다. 이슬람의 위세는 11세기 들어서 서방의 반격을 받게 되는데 그 중심에는 지중해 무역을 바탕으로 하는 이탈리아의 신흥 해양상업도시 공화국들인 '아말피', '피사', '제노바'와 '베네치아'가 있었다. 그리고 이들의 부상을 뒷받침해 준 정치적 상황은 다름 아닌 십자군전쟁이었다.

원래 이탈리아의 해양도시들은 소수의 지도체제인 공화국으로 출발했다. 국가 형태는 고대의 로마 공화정과 비슷하지만 다른 점은 로마 공화정을 이끌었던 소수는 토지에 경제적 기반을 둔 '원로원 의원'인 반면, 중세 이탈리아의 해양도시를 이끈 소수는 해외교역에 종사하는 '상인'들이라는 점이었다. 이 해양상인들 세력이 지중해 무역의 중심으로 부상해 르네상스 시대까지 영광을 누린 것이다.

이탈리아의 신흥 상업해양도시들은 지중해에서 해적들을 제압하고 교역을 확대하기 위해서 우선 해군력을 강화했다. 그런데 이들 도시국가들의 사라센 해적 대응방법은 두 가지로 나뉘었다. 아말피, 피사, 제노바는 상선단에 호송선단을 함께 내보내지 않았으며 해군력을 호송선단으로 이용하기보다는 독립된 해군으로 행동하는 경우가 많았다. 이들 도시들의 해군력은 먼저 사라센 해적선단을 추적 격파함으로써 자국의 통상로를 안전하게 만들어가는 방식이었다. 이에 비해 베네치아 공화국은 '호송선단' 방식을 취했고 사라센 해적에 대해서는 직접 공격을 받지 않는 한 먼저 싸움을 걸지는 않았다.

이후 전개되는 십자군전쟁이라는 변수는 베네치아, 피사, 제노바의 상인들에게는 하나의 선물이 주어진 것과 다름없었다. 십자군의 육상전력은 프랑스, 독일, 영국이 주로 담당했지만 무거운 공성무기나 무장 군량은 배로 실어 날랐는데 그 많은 장비를 실어 나를 선박을 보유한 곳은 이들 도시의 해운세력들뿐이었다. 도시국가들이 보유한 선단은 군 보급 운송수단으로 바로 전환되었고 덕분에 이들 도시국가는 십자군 해운특수를 누리면서 지중해 물류의 강자로 떠오르게 된다. 아말피는 이탈리아 남쪽에 위치한데다 노르만인들의 위협에 직면하고 있었으므로 거대한 해운경기에 편승할 여력이 없었으므로 세기적 해운특수에 참여할 기회를 놓쳐 서서히 몰락하는 운명에 처하게 되었다.

팔레스타인 성지에서는 대부분의 주민들이 이슬람으로 개종하고 이슬람화되어 갔다. 이에 1095년 교황 우르바누스 2세는 그들로부터 성지를 재탈환할 것을 호소했다. 십자군 운동은 이탈리아 반도 도시국가들의 해군력이 신장하는 데 커다란 자극제가 되었다.

1095년 클레르몽Clermont 종교회의에서 교황 우르바누스 2세는 십자가를 십자군의 상징으로 만들어 기사들의 어깨와 말, 방패, 군기 등을 장식했다. 십자군 운동은 2세기 동안 지속되었으며 영웅적인 희생과 충성스런 헌신에도 불구하고 실패의 연속이었다. 십자군 정신이 사라지게 된 것은 교황 피우스 2세Pius II가 제안한 마지막 십자군 원정

▲ 베네치아 당시의 모습을 그린 그림

의 실패였다. 교황이 직접 1464년 7월 18일 안코나Ancona를 향해 진군했으나 8월 14일 한 달도 안 돼 교황이 사망하자 성지 재탈환 계획은 실패로 끝을 맺게 되었다.

　이러한 변화 속에 해군력과 상업에서 패권을 다투던 두 경쟁자 제노바와 베네치아의 상대적 지위는 13세기 말 들어 지리적 정치적 상황에 따라 달라지기 시작했다. 제노바의 회복은 두 국가 사이에 투쟁이 재개됨을 알리는 신호였다. 이들의 투쟁은 1380년 베네치아의 키오지아Chioggia 섬에 최후의 일격을 가할 준비를 하던 제노바인들이 패배함으로써 끝이 났다. 1381년 토리노 강화조약은 지중해 그리고 오리엔트 교역에 대한 베네치아의 독점적 지배라는 유산을 낳았다.

　한편, 규모가 큰 것만 해도 7차례나 이루어진 십자군 원정은 유럽에서 중근동까지 육로를 이용한 1,2차를 제외하고 대부분 배를 이용하여 지중해 동쪽으로 항해를 했다.

▲ 오토만 터키 해군이 튀니지를 공격하는 모습(위), 레판토 해전(아래)

　제1차 십자군의 성지탈환이 우여곡절을 겪은 후 2세기 동안 유지된 것은 이탈리아 해양도시 국가들로 대표되는 상인들의 해상물류지원 때문이었다. 십자군 운송에 대한 대가는 막대한 현금과 십자군이 정복한 시리아와 팔레스타인에서의 통상기지 확보였다. 이에 따라 시리아와 팔레스타인에는 피사와 제노바, 베네치아의 물류통상기지가 세워졌으며, 제1회 십자군 원정 후 50년간에 콘스탄티노플 무역량의 3분의 1 내지 절반이 이탈리아로 이전되었다. 십자군 특수로 이탈리아의 해양 도시들이 번영하기 시작한 것이다.

십자군 운송 절정기인 4차 십자군 이동 시 베네치아는 대부분의 상업활동을 중단하고 보유하고 있는 상선을 십자군 수송에 투입함은 물론, 새로이 선박을 건조했으며 선원을 차출하고 막대한 양의 식량도 확보했다. 여기에는 약 14,000명의 선원들이 필요했고 이 수치는 베네치아 성인 남자의 절반에 해당했다. 십자군의 전쟁비용은 대부분 물류비용이라 해도 과언이 아니었다.

베네치아가 희망하던 통상기지 목표들 중 콘스탄티노플이 있었다. 원래 11세기 지중해 무역의 중심이었던 베네치아, 제노바, 피사 등 이탈리아 도시들은 중동 지역과도 물자를 거래했다. 그런데 이들에게 가장 큰 걸림돌은 종교가 다른 이슬람이 아니라 이탈리아와 중동 사이에 있는 비잔틴제국이었다.

베네치아 같은 도시에서 중동에 이르는 바닷길은 비잔틴제국의 통제를 받고 있어서 통행허가를 받고 관세를 납부해야 했다. 베네치아는 콘스탄티노플 공략에 힘을 보태게 되고 결국 십자군은 1203년 7월 17일 아침, 콘스탄티노플 성벽을 넘었다. 베네치아 상인들에게는 종교보다 상업이 더 중요했던 것이다. 베네치아는 이로써 아드리아해를 넘어서 동지중해의 해상 강자로 부상할 수 있게 되었다.

십자군 경기가 시들해졌지만 이탈리아 도시들은 지중해 무역의 중심지로 부상해 르네상스 시대까지 영광을 누렸다. 지중해 상업의 부활은 의도하지 않았으나 십자군의 성과라고 할 수 있다. 격렬한 충돌 속에서도 의도하지 않은 교류가 발생하고, 이것이 후대에 큰 영향을 끼친다는 것을 보여주는 사례이다. 교류의 주도권을 쥔 상인들이 지중해의 주도세력으로 떠오른 것은 당연한 일이었다.

12세기 지중해의 교역 중심 허브는 베네치아와 제노바 및 피렌체

▲ 베네치아 상선 'Venicia(AD1270)'

였다. 강력한 해운력을 바탕으로 한 베네치아의 상인들은 지중해 동쪽에 치중하면서 시리아와 이집트를 오가며 향신료, 비단, 면직물 등을 실어 날랐고, 제노바는 서쪽에 치중하면서 흑해 방면에서 염색재료인 명반, 비단, 설탕을 주로 가져왔다. 십자군전쟁 중에도 그리고 그 이후에도 이들 베네치아와 제노바 및 피렌체 상인들은 이슬람권과 여전히 우호관계를 지속했다.

해상운송으로 엄청난 부를 거머쥔 이들 도시의 상인들은 유입되는 막대한 부를 바탕으로 다른 산업제품들을 수출할 정도로 성장했다. 특히 동방에서 들여온 원료로 가공한 완제품을 들고 다시 동방으로 나아갔다. 덕분에 면직물산업과 염색업의 발전이 이 도시들을 중심으로 일어났다. 이 해상상인들의 원거리무역은 침체했던 유럽 내의 물류를 활성화시키는 공신이었다. 그들이 분주히 오가는 길목에는 상공업 중심지로서의 물류도시들이 탄생했다. 이슬람과의 교역에서 얻은 정보와 기술, 그리고 부는 새로운 시대를 여는 밑거름이 되었다.

중세 말기, 이탈리아 해양도시의 상인들은 은행, 보험, 복식부기와 같은 자본주의적 기술들을 옮겨왔고 지중해 교역에서 얻은 부로 중세 말 르네상스의 충실한 후원자가 되었다. 또한 당시의 해운혁명이 없었다면 15세기 말의 대항해 시대는 불가능했을 것이다.

정치적, 문화적 그리고 종교적 장벽에도 불구하고 지중해 해양도시의 상인들은 이슬람 세계, 비잔틴제국 그리고 서방 기독교 세계를 쉼 없이 오가며 경제적으로 묶어주는 구심점 역할을 했으며 새 시대를 여는 주역이었다.

2장

첫 세계화

근대를 향한 대항해 시대 | 포르투갈의 동인도 항로 발견 |
포르투갈의 동인도 무역 | 스페인의 미국 발견 |
상업혁명과 자본주의의 길 | 스페인의 미국 지배 |
미국산 은과 세계화의 출발 | 삼각무역 | 포르투갈, 스페인의 쇠퇴

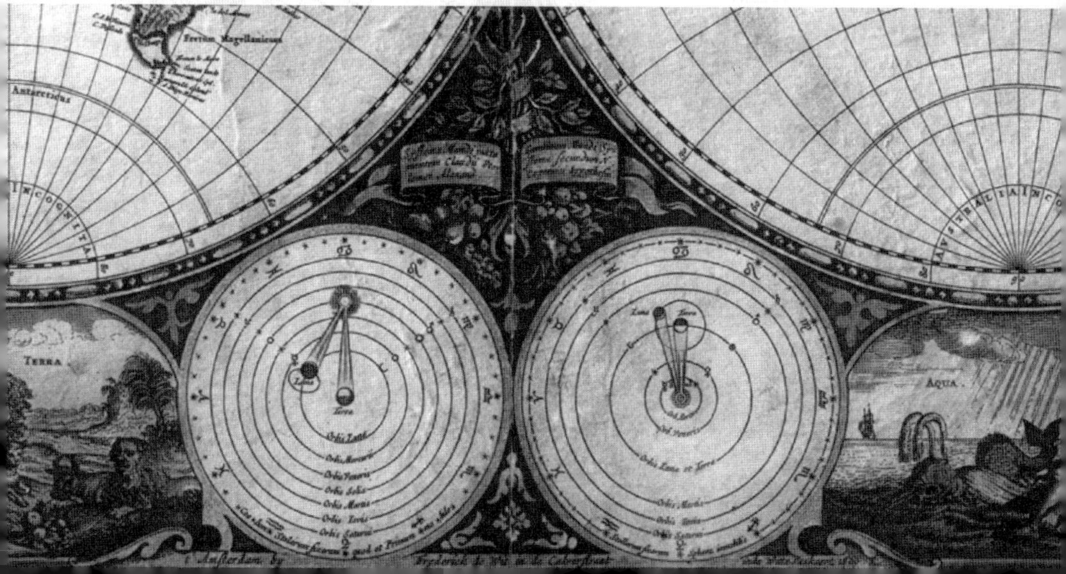

근대를 향한 대항해 시대

중세의 상업은 상업자본이 산업자본을 지배하는 형태이긴 했지만 종래의 국지적 시장이 목적이 아닌 유럽 전역으로 확대되는 시장을 찾아서 지역적 무역권을 형성할 수 있도록 발전해 갔다. 그러나 중세 무역은 대체로 중개적 성격에 머무르고 있어 자본주의적 생산을 생성 발전시킬 정도의 힘은 없었다. 그리고 중세 유럽의 상업자본은 활동 범위가 한정되어 주변의 협력을 필요로 했으며 더 발전하기 위해서는 지역적 한계를 넘어 활동범위를 확장할 필요가 있었다. 이러한 상황을 크게 변화시키고 유럽 전체를 소용돌이 속으로, 더 나아가 세계를 변화시킨 두 가지 커다란 사건이 있었다. 바로 15세기 말 지리상의 2대 발견이다.

미국 대륙의 발견과 아프리카 대륙 남단 희망봉을 경유하는 동인도로의 항로 발견이라고 하는 이 두 발견은 근대 역사의 출발점 그 자체로서 위대성과 중요성을 함께 지닌다. 왜냐하면 이들 두 발견이 없었다면 중상주의는 그 중요한 역할을 수행할 수 없었을 것이며 당연히 성과도 없었을 것으로 중상주의의 목적은 지금까지의 지방 중심의 농업사회를 도시의 상업, 제조업을 기반으로 한 경제사회로 만들어 국민경제를 발전시키자고 하는 것이기 때문이다.

이 두 발견으로 유럽 상업도시의 무역 대상이 기존 대서양 연안의 유럽 지역이나 북해, 발트 해 및 지중해 주변 국가의 한정된 상인 및 제조업에서 미국 대륙의 방대한 지역과 인구를 대상으로 하는 더 큰 시장으로 바뀌었고, 유럽의 도시들은 아시아 및 아프리카 지역 국가를 대상으로 중개인 역할을 하게 되었다.

다시 말해 이 두 발견은 인류가 만들어낸 첫 번째 세계화 과정으로 가늠되며, 500년이 흐른 현대에 와서 서양에 의해 다시금 시도되는 두 번째 세계화 시도를 우리는 접하고 있다. 당시 이 세계화는 유럽의 해외팽창을 알리는 신호가 되었다.

포르투갈의 동인도 항로 발견

지구상의 동쪽에서 부를 찾으려는 포르투갈의 노력은 유럽 제국에 의한 해외진출에 선구자로 그 이름을 남겼다. 작은 국가 포르투갈이 있던 이베리아 반도는 북부아프리카로부터 온 이슬람 세력의 지배하에 있었다.

이슬람에 대항하려는 움직임은 8세기 말 칼 대제로 불린 샤를마뉴 대제Charlemagne에 의한 기독교 세력의 원정공세를 노래한 '롤랑의 노래La Chanson de Roland'에서도 알 수 있듯이 반도를 되찾고자 하는 노력은 중세를 통해 파상적으로 전개되어 갔다.

훗날 이 공세는 스페인어로 레콘키스타Reconquista 즉, 재정복 혹은 십자군 운동의 일환으로 간주되기도 했다. 포르투갈은 14세기 말까지 레콘키스타를 완료해 왕국의 영토를 확립했다. 그러나 나라의 크기가 작은 포르투갈에서는 재정복에 대한 훈공이 있는 귀족들에게 충분한 포상을 실시할 영토적 경제적 여유가 없었다. 한편 재정복 행동을 바다 건너 저편에까지 전진시키고자 하는 기독교의 세계 확대 전략과 맞물려 반도에 위치해 있는 국가의 상징과 바다에 면해 있는 나라의 특징으로 뛰어난 항해술과 조선기술이 축적된 포르투갈이 대양으로 나가는 큰 이유가 되었다.

1415년 북부 아프리카에 있던 이슬람 세력의 거점 세우타Ceuta를

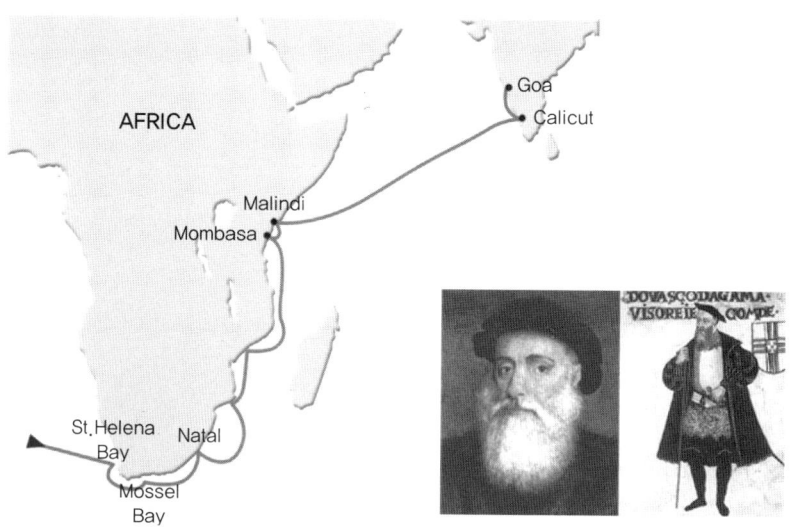

▲ 바스코 다 가마의 첫 항해 루트와 초상화

공략하고 '항해 왕자'라고 불리는 신대륙 발견의 주역 엔리케Henrique O Navegador로 대표되는 포르투갈의 항해가들은 15세기를 통해 아프리카 서해안 연안을 통해 '동방의 부'를 얻기 위한 항해루트 개발을 탐구해 왔다. 이러한 일들은 유럽에서 '대항해 시대'의 개막준비였다.

사실 이보다 이른 시기인 15세기 초, 포르투갈이 아프리카 서해안 연안을 향한 남하 항해를 시도하고 있을 때 중국은 이미 명 황제의 명을 받아 정화鄭和가 이끄는 중국의 대선단이 남지나해에서 인도양을 넘어 멀리 아프리카대륙 동해안과 아라비아 반도까지 대항해를 전개하고 있었다. 포르투갈에 앞서 이미 아시아에서 대항해 시대가 막이 올랐던 것이다.

포르투갈은 1488년 바톨로뮤 디아스Bartholomeu Dias가 마침내 아프리카 대륙 남단의 희망봉에 도달했고, 희망봉은 조안 2세에 의해 인도로의 기대를 가지는 '희망의 봉'이라는 의미로 명명되었다.

그리고 1497년 7월 8일 포르투갈의 돈 마누엘Don Juan Manuel 국왕은 인도에서 향료를 찾을 목적으로 바스코 다 가마Vasco da Gama 형제에게 산 가브리엘호를 포함한 3척의 배를 주어 파견했다. 이듬해인 1498년 희망봉을 돌아 마다가스카르Madagascar 섬과 대륙 사이를 빠지면서 이슬람교도들의 항로안내를 받아 인도양을 횡단하게 되어, 1499년 바스코 다 가마는 바닷길을 통해 유럽인으로는 처음으로 인도를 다녀왔다. 인도양을 통한 바닷길은 그동안 투르크Turk의 장벽으로 막히다시피 한 향신료 육상무역을 대체할 새로운 항로였다.

첫 항해에서 바스코 다 가마는 약간의 향신료만 싣고 돌아왔지만 이는 유럽과 인도 간 직교역의 신호탄으로 이후 인도무역은 해마다 확대되었다. 유럽산 의류와 값싼 귀금속류 제품들이 아시아로 건너갔고 향신료, 실크, 도자기, 금과 은이 실려 왔다.

무역선의 왕래가 늘어나면서 인도양은 유럽과 아시아의 재화가 오가는 길목으로 떠올라 길목을 선점한 무역국들은 번창하게 되었다. 인도양이 유럽인의 바다로 떠오르면서 무굴제국의 진귀한 보물들과 동인도 회사의 노예선 및 금과 상아를 실은 선박들이 누비게 되자 유럽과 신세계의 해적들은 희망봉을 돌아 인도양을 향하기 시작했다. 또한 해적들의 은신처인 마다가스카르는 그 은신처 역할을 1680년부터 근 25년 동안 담당했다.

바스코 다 가마는 유럽인으로서는 처음으로 해로에 의해 인도 서해안의 캘커타에 도달한 것이다. 이슬람의 항로안내는 인도양에서 동남아시아부터 인도를 거쳐 페르시아 만이나 아프리카 대륙 동해안을 묶는 대규모 교역의 세계가 존재하고 있었기 때문에 이루어진 것이다.

계절풍을 이용한 인도양 교역은 기원 직후의 고대 로마제국 시대부터 존재하고 있었다. 바스코 다 가마가 항해할 무렵, 인도양 교역은 이슬람교도 상인과 항해가들이 활약하는 세계가 되었던 것이다.

이후 포르투갈은 1510년 무력으로 인도 서안의 고어를 점령하고 총독부를 설치했다. 아프리카 동해안의 모잠비크Mozambique나 페르시아만 입구의 호르무즈 해협Hormuz Strait에도 요새를 쌓아올려 동 해역에서의 이슬람교도 상인들을 규제하여 교역의 주도권을 잡고자 도모했던 것이다.

한편 포르투갈은 1511년 향료교역의 중심 말라카Malacca를 점령하여 해상교통의 요충인 말라카 해협을 차지했으며, 1517년 광저우를 통한 명과의 직거래를 개시하고 1557년에는 마카오에 거류지를 확보해 대중국 교역의 거점으로 삼았다.

포르투갈은 더 나아가 일본에 도달하여 일본의 은을 수입하고 조총을 전달하여 왜倭는 얼마 지나지 않아 이를 조선 침략 무기로 사용하였다.

포르투갈의 동인도 무역

　동인도 항로를 발견한 포르투갈은 1500년에 카브랄Cabral, 페드로 알바레즈Pedro Álvares, 1501년에 노바Nova, 1502년에 바스코 다 가마 등의 상선단을 매년 동인도 무역에 투입시켰으며, 1544년에는 일본에 진출하여 나가사키에 상관을 설치하는 등 인도양 해역을 정복한 후 동아시아까지 진출했다. 포르투갈은 무력에 의한 왕실 독점으로 향료 무역을 독차지했다. 동인도에서 생산된 향료는 우선 리스본Lisbon에 보내져 봉인된 상자에 넣어 '인도기네아 상관商館'에 모아놓은 후 50% 전후의 높은 관세를 부과하여 일반시장에 판매하였다.

　판매가격을 살펴보면 인도에서는 약 50kg의 후추 가격이 3~5듀카트Ducat였는데, 리스본에서의 판매가격은 약 10배인 40듀카트에 이르렀다. 후추 가격은 훗날 영국의 동인도 무역에서도 마찬가지로 무게 1파운드의 가격이 인도에서는 2.5펜스였지만 영국에서는 20펜스였다. 당시 유럽에서는 후추를 생산하지 못했는데 현재와 비교해 보면 상상할 수 없을 만큼의 귀중품으로 취급받았다.

　포르투갈의 수도 리스본에 있는 수도원의 회랑 기둥에 후추나무가 조각되어 있을 정도로 후추는 중요한 물자였다. 인도로부터의 수입품은 후추 외에 향료, 비단, 무명, 진주를 포함한 보석, 고무, 장뇌 등으로 거의 사치품들이었다. 이에 반해 포르투갈은 인도에 물품대금

▲ 1500-1510년경 리스본의 모습

으로 은銀을 지불했다.

　수출상품은 귀금속, 나사, 두건, 무기, 건조과일, 포도주 등으로 마음대로 가격을 설정할 수 있었으므로 고가로 판매했다. 1497년부터 1612년까지 포르투갈이 동인도에 파견한 상선이 800척을 넘었을 정도로 교역의 규모는 컸다. 그 결과 귀금속을 통해 스페인이 취한 이익처럼 막대한 이윤이 포르투갈 왕실에 주어졌던 것이다. 이러한 동인도 무역에서 얻은 부의 결과는 리스본의 번영으로 이어졌고 포르투갈은 동인도 무역을 1세기에 걸쳐 지배했다.

스페인의 미국 발견

1469년 카스티야Castilla 지방과 카탈루냐Catalonia 지방을 합병해 출발한 스페인은 나바라 왕국Kingdom of Navarra, 레온 왕국Kingdom of Leun 등 중소왕국들을 차례로 병합해 제국의 기초를 다지고 여세를 몰아 1492년 이슬람의 마지막 보루이던 그라나다Granada를 정복했다. 이로써 유럽 남부에서의 781년간의 이슬람 지배는 종식되고 스페인은 통일을 이뤘다.

한편, 신대륙이라는 검증되지 않은 미지의 대륙은 각양각색의 계층과 사람들에게 매력적인 대상이었다. 범죄기록을 세탁할 수 있는 곳으로, 농노에게는 희망의 땅으로, 소지주와 소상인에게는 인생반전의 기회를 잡을 수 있는 곳으로 관심의 대상이었다. 이때 등장한

▲ 콜럼버스가 왕가에게 받은 문장(좌)과 1893년 미국에서 발행한 콜럼버스 우표(우)

◀ 콜럼버스와 이사벨라 여왕을 새긴 부조(마드리드)
▶ 산타마리아호 위의 콜럼버스

인물이 크리스토퍼 콜럼버스Christopher Columbus였다.

　북이탈리아 출신인 콜럼버스는 26세에 포르투갈로 건너가 선원수업을 받았다. 그는 마르코 폴로Marco Polo의 『동방견문록東方見聞錄』에 서쪽으로 가면 중국이나 황금으로 만들어진 궁전이 있는 일본을 거쳐 인도에 도달할 수 있다는 이야기를 읽고, 포르투갈 국왕 조안 2세에게 항해 원조를 신청했으나 거절당해 새로운 후원자를 찾아 스페인으로 갔다.

　스페인에서 페르난도 국왕과 이사벨라 여왕에게 대서양 횡단항해의 의의를 역설한 후 결국 이사벨라 여왕의 원조를 받아내게 되었다. 그리고 1492년 4월 17일, 항해 출발 3개월 전, 국왕과 콜럼버스 사이에 산타페 협약이 체결되었다.

　1492년 8월 3일 드디어 승무원 87명을 싣고 산타마리아 호, 니냐 호, 핀타 호가 스페인의 파로스 항을 출범했다. 콜럼버스의 인도로 가는 신항로 개척을 위한 최초의 항해였다. 파로스 항을 출발한 지 2개월 만에 인도가 아닌 바하마제도의 산살바도르 섬에 도착하여 오늘날 서인도제도의 쿠바 섬을 발견했고 이후 총 4회의 항해를 실시해 신대륙을 발견했다.

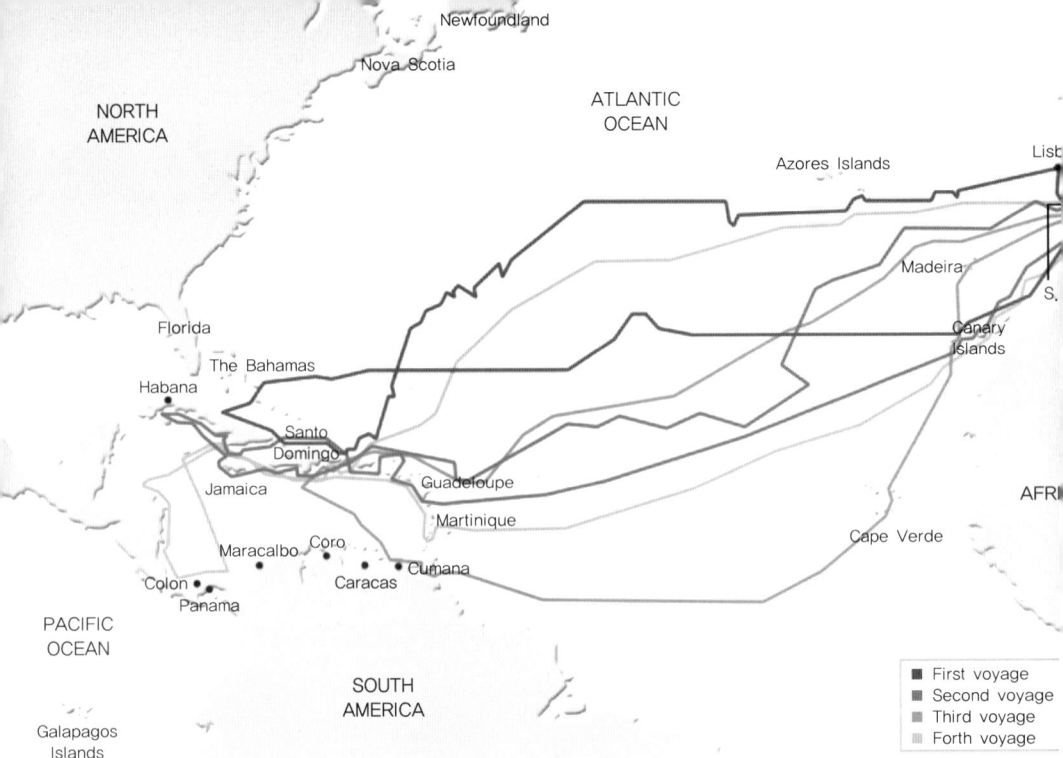

▲ 콜럼버스 항해 루트

　그러나 콜럼버스는 자신이 발견한 섬들은 인도에 속해 있는 섬들이며 발견한 신대륙은 인도 대륙이라고 생각했고 끝까지 새로운 인도 항로를 발견했다고 믿었다. 그러나 콜럼버스는 스페인이 기대하던 향료를 구하지 못하여 국왕과 맺은 산타페 협약은 파기되었고, 콜럼버스는 이를 한탄하면서 살다가 병사했다.

　당시에는 스페인의 향료무역에 대한 상업적 관심이 대단히 강했다. 그 후, 마젤란Ferdinand Magellan 등에 의해 이 지역이 신대륙인 것으로 확인되었고 스페인은 훗날 멕시코와 페루에서 은을 채굴해 스페인 번영의 기초를 다졌다. 아메리카라는 이름은 브라질을 탐험한 아메리고 베스푸치Amerigo Vespucci의 이름에서 따온 것이다. 이리하여 1492년은 세계사에 큰 획을 긋는 사건의 해로 기록되었다.

　콜럼버스의 신대륙 발견 이후 그 중심지였던 카리브 해는 당연히 스페인의 것이 되었다. 지중해가 로마의 바다가 된 것처럼 카리브 해는 스페인의 바다가 된 것이다. '스페인 대해'로 알려진 이 바다를 통해 스페인은 황금과 부를 퍼 날랐고 카리브 해는 스페인에게 '해가 지지 않는 대제국'의 상징이 되었다.

우선권을 주장하는 스페인은 그곳에서 한동안 아무런 방해도 받지 않고 착취에 전념할 수 있었으며 후발주자 프랑스, 영국 등의 배를 가차 없이 공격하는 모습을 보였다.

스페인은 먼저 배를 보내 땅을 찾아내고, 뒤이어 정복자의 난폭한 소부대를 상륙시켜 원주민을 학살하고 노예로 삼은 뒤, 새로 발견한 땅에서 부를 마음껏 착취하여 이를 본국으로 실어 보냈다. 16세기까지 스페인은 카리브 해 거의 모든 땅에 식민지를 건설해 나갔다. 영토엔 보물선들이 안전하게 닻을 내릴 수 있도록 항구를 건설하고 약탈자를 막기 위해 요새화했다. 쿠바의 아바나Havana, 콜롬비아의 카르타헤나Cartagena, 멕시코의 베라크루스Veracruz, 대서양 해안의 파나마Panama 등이 주요 항구였고 포르토벨로Portobello, 산토 도밍고Santo Domingo, 카라카스Caracas, 캄페체Campeche 같은 곳은 제2의 항구들로 지방행정과 무역센터로 건설되었다.

아메리카 신대륙의 발견과 아프리카를 경유하는 동인도 항로의 발견은 유럽 신흥 부르주아들에게는 신천지를 제공한 것으로 받아들여졌다. 동인도 제도나 중국 시장, 아메리카 개척, 식민지 무역 등에 수반되는 교환수단이나 상품의 증가는 이베리아 반도의 상공업에 전대미문의 발전을 가져오는 동시에 봉건사회를 급속히 붕괴시켰다.

이것이 유럽에서 봉건적 생산양식으로부터 자본주의적 생산양식 이행으로 가는 과정에서 지리상의 2대 발견이 갖는 중요한 의의이다.

상업혁명과 자본주의의 길

　스페인과 포르투갈을 중심으로 한 새로운 양대 세계무역을 중심으로 유럽의 상업이 급속히 발전하게 되고 지금까지 유럽과 인도에 한정되어 있던 좁은 시장이 돌연 세계시장으로 확대되면서 유통하는 상품의 종류와 수량이 증가하였다. 이러한 과정과 결과는 아시아, 아프리카, 미국을 기반으로 한 유럽 제국의 이윤획득 경쟁을 유발함으로써 봉건사회의 붕괴를 가져왔다. 즉 지금까지의 낡은 생산양식을 해체시켜 자본주의의 길로 한 걸음 더 다가가게 된 것이다. 자본주의적 생산의 출발점은 14,15세기의 지중해 연안에 찾을 수 있다는 견해도 있으나 실제적인 자본주의의 시대가 시작되는 시점은 지리상의 2대 발견 이후인 16세기가 타당하다. 다만 봉건제로부터 자본주의로의 이행에는 수세기에 걸치는 준비과정이 필요했다.
　자본주의적 생산양식이 성립되는 기본 조건으로 다음의 2가지 전제가 있다. 하나는 자본으로써 투하되는데 필요한 화폐가 자본가인 상품생산자의 손에 모아지는 것이며, 다른 하나는 자신의 노동력을 상품으로 자본가에게 판매해 경제생활을 유지하는 자유로운 임금노동자의 존재이다.
　자본주의 사회에서는 자본제 생산의 결과로 생긴 잉여가치를 자본으로 바꿈으로써 자본은 끊임없이 축적되어 발전해 나간다. 이것을 자본제 축적이라고 하는데 자본제 생산을 개시하기 위해서는 필요한 자본축적이 미리 존재해야 한다. 이 자본제 생산 개시 이전의 자본축적을 자본의 본원적 축적이라고 하며 이는 자본제 축적과는 구분된다. 이 본원적 축적과정이란 생산자와 생산수단과의 분리가 역사적으로 추진되어 가는 과정이다. 이 축적과정을 추진한 것이 근세의 상업무역이며 근세 무역이 자본주의의 전제였던 것이다.

지리상의 2대 발견으로 시장이 세계적 규모로 확대되고 미국에서 발견된 금과 은이 유럽으로 유입된 것과 인도에서 약탈무역이 개시되고, 아프리카 흑인을 대상으로 한 노예무역이 융성해지면서 자본주의적 생산양식의 등장에 필요한 조건이 완비되었다. 이들이 자본의 본원적 축적에 중요한 요소인 것이다.

스페인의 미국 지배

이베리아 반도에서는 포르투갈보다 약간 늦게 스페인에서도 레콘키스타가 끝나가고 있었다. 1492년 반도에 남아 있던 마지막 이슬람 왕조인 무어인의 나술 왕조가 넘어져 우아한 알람브라 궁전을 버리고 북부 아프리카로 건너갔다. 또한 콜럼버스의 항해 이후 유럽의 여러 나라로부터 모험가들이 대서양을 건너 탐험 후 귀환하는 것으로 남북미의 상황은 점차 유럽에 알려지게 되었다. 이어서 각 지역의 명칭도 따라오게 되었다.

스페인 국왕의 원조 아래 1519년에 출발한 마젤란 일행의 선단은, 대서양을 건너 미주 대륙 남단을 돌아 태평양으로 진출하고 동쪽에서 서쪽으로 횡단하여, 현재의 필리핀 제도에 도달한 후 인도양을 넘어 아프리카 남단을 돌아 1522년에 귀환했다.

필리핀이란 이름은 당시 스페인 황태자 펠리페Felipe와 연관된 명명이었다. 마젤란이 여행 도중 전투에서 사망한 뒤로도 항해를 속행한 선단의 승무원들은 지구가 둥글다는 것을 스스로 증명한 최초의 사람들이 되었다. 이때부터 스페인의 미국 진출이 본격화되기 시작했다.

스페인의 미국 진출은 포르투갈에 의한 아시아 진출과 비슷한 면이 있는 반면 전혀 다른 면을 보이고 있었다. 동방의 부를 가질 수 있다는 동기와 레콘키스타 이후 기독교를 해외에 더 포교할 수 있다

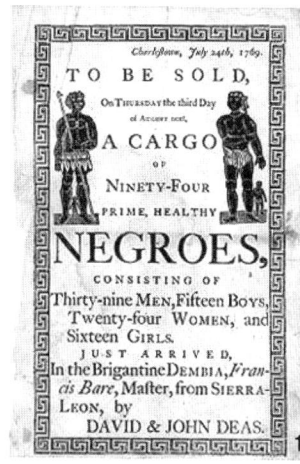

1. 노예경매 포스터 2. 학대받는 흑인노예 3. 인디언 노예사냥

는 의도, 무력을 배경으로 하는 힘의 진출 등은 공통적인 면이다. 다만 미국에서의 상업활동은 바다를 매개로 한 풍부한 교역은 존재하지 않았다. 스페인은 단지 귀금속이나 보화를 목적으로 한 약탈경영의 양상을 나타냈다.

    미국을 '새로운 스페인'이라고 평가한 스페인에 의한 지배는 곧 식민지 경영에 의한 생산의 조직화라는 방향을 명확하게 제시하였다는

▲ 당시 스페인이 지배했던 지역

점에서 포르투갈의 아시아 진출과는 명확하게 차이가 났다.

스페인은 코르테스Cortez가 멕시코에 있는 아즈텍 제국을 공략해 보화의 약탈에 성공한다. 1521년의 일이다.

1533년에는 피사로Francisco Pizarro González가 이를 모방해서 잉카제국Incan Empire을 정복했다. 대서양을 건넌 정복자들 입장에서 보면 생명을 건 일확천금의 대모험이었다.

정복과 약탈의 침략과 달리 스페인에 의한 미국 지배에는 엔코미엔다Encomienda 즉, 위탁제라는 전략이 취해졌다. 이는 정복자들에게 현지 주민 기독교화의 사명을 맡긴 대신 현지 지배의 권한을 부여하는 것이었다. 말하자면 통치를 대행시키는 방식이었다. 그러나 실제로 현지주민은 농장개발이나 광산개발 경영을 위해 혹사당했다. 게다가 현지에서는 그때까지 없었던 질병, 천연두나 홍역이 유럽으로부터 반입되었다고 보여지며 이 때문에 인구는 격감해 갔다.

일설에는 스페인 지배 후 1세기 사이에 중남미 원주민의 인구는 5천만에서 4백만까지 감소했다고 한다. 그 결과 노동력의 부족을 보충하기 위해서 도입된 것이 아프리카 주민을 사들여 와 노예로 사용하기 시작한 것이다.

노예무역은 대서양을 사이에 두고 미국 시장, 아프리카 시장, 유럽 시장을 한데 묶은 세계무역의 역할을 하였다. 노예교역은 19세기가 되어 금지될 때까지 노예상인들에게 거대한 부를 가져다주었으며, 스페인과 미국 시장을 묶는 선단을 거점으로 한 세비야Sevilla 같은 이베리아 반도의 항구는 번성했다.

이와 같은 전 세계 기독교화라는 종교적 목표와 상업적 부흥을 위한 해외진출은 원래 물자가 풍부한 동방으로의 진출이라는 상상력에서 출발한 것이었다. 스페인의 미국 지배는 의도대로 상업적 성공은 거두었으나 식민지와 노예무역이라는 비인도적인 제도의 도출과 함께 자본주의의 길로 들어서게 된 계기가 되었다.

미국산 은銀과 세계화의 출발

스페인에 의한 미국 대륙의 지배는 멕시코와 1545년 볼리비아 Bolivia 서부의 고산지대에 위치한 포토시City of Potosi에서 대량의 은광이 개발되면서 큰 전환점을 맞이했다.

16세기 중엽이었다. 특히 포토시 은광으로부터의 은의 산출은 유럽 정치나 세계경제의 움직임에 매우 큰 변화를 가져왔다. 은광의 존재는 잉카제국 등 현지 지배세력에 의해 이미 알려졌지만 대량의 은 생산은 스페인으로부터 이주민의 도래를 가져오고 본격화되었다.

스페인이 신대륙에서 본격적으로 상업활동을 하게 된 것은 1530년대에 멕시코, 페루의 은광개발로 금, 은이 풍부하게 산출되는 것을 알고 나서부터이다. 포토시는 4천m 가까운 고산 지역에 위치해 있음에도 불구하고 1570년에는 15만의 인구가 사는 곳이 되었다. 대다수는 광산노동에 종사하는 인디오들이었다. 스페인에게 보물산이 된 은광은 인디오Indio 노동자들에게는 지옥의 광산이었다. 그곳은 이미 유럽 때문에 접했던 질병과 광산사고, 은의 정제에 사용된 수은에 의해 피폐해 갔다. 이는 주민의 격감과 아프리카로부터의 노예수입을 뒤따르게 한 원인이 되었다.

스페인은 이후 100년 넘게 유럽에서 가장 부유한 나라로 '해가 지지 않는 제국'을 이뤘다. 신대륙에서 약탈해 온 재화는 스페인에게

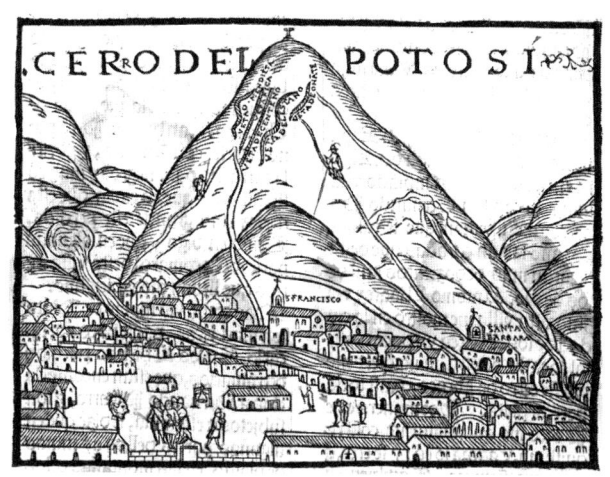
▲ 포토시 광산 마을

'황금의 세기'를 열어주었으나 훗날 스페인에게는 이 황금이 크나큰 덫이 되었다. 16세기 전반부터 17세기 중반까지 약 130년간 금 200톤, 은 1만8천 톤이 스페인에 유입되어 프랑스, 네덜란드, 영국 등 유럽에 수출되었다. 이러한 다량의 귀금속 유입으로 화폐가치가 떨어져 16세기에서 17세기, 1세기 사이에 물가가 약 3배 상승했다. 물가상승이 거의 없던 시기에 이러한 현상은 확실히 가격의 혁명이었다.

스페인에 직송된 대량의 은 유입은 유럽 내에서 가격혁명이라고 하는 물가상승을 일으키는 요인이 되었다. 16세기 후반 신대륙의 은 산출량은 전 세계 산출량의 70~80%에 이르러 금에 대한 은의 비교 가격은 10분의 1에서 14분의 1로 하락했다.

스페인이 미국 대륙에서 수입한 금과 은의 수입량을 살펴보면 특히 1545년의 신은광 발견 이래 은의 연간 수입량은 8배로 급격하게 증대했다. 인플레이션이 극성을 부렸고 이로써 전통적 토지귀족들은 몰락하고 식민지경제로 부자가 된 사람들이 득세하게 되었다. 수백년간 거의 물가변동이 없던 중세에 큰 사건이 도래한 것이다. 누구나 부를 찾아 뛰었기 때문이었다.

　이러한 가격앙등은 유럽의 상업자본을 산업자본으로 전환시키며 초기 자본주의 발전에 중요한 역할을 수행했기 때문에 '가격혁명'이라고 부른다. 이 때문에 스페인이 전 세계로 그 기세를 뻗치기 시작하던 1492년을 근대의 시작이라고 보기도 한다. 스페인은 애초에 자체 상품생산 기반이 부족했던 터라 값싼 외국상품이 대거 유입되면서 스페인의 페세타Peseta 은화는 프랑스와 이탈리아의 상품과 대량으로 교환, 제국의 재정은 최악의 상태가 되었다. 신대륙의 귀금속은 일시적인 영광을 주었지만, 귀금속이 대륙으로 흘러나가고 남은 것은 몰락한 국내 산업과 함께 앙등한 물가뿐이었다.

　풍부한 은 매장량과 달리 노동력의 부족으로 아프리카 흑인을 노예로 들여오면서 노예무역이라는 새로운 상업이 발생하여 아프리카를 세계시장에 강제적으로 편입시켰다. 스페인은 거의 제로에 가까운 비용으로 은을 생산할 수 있었고 이로 인해 세계 은 생산의 절반 이상을 산출하던 남독일의 은광은 심한 타격을 받았다. 이는 독일 상인들로 하여금 금융자본가로 변신하게 하여 신대륙으로부터의 은이 모아진 남네덜란드의 앤트워프Antwerp에서 새로운 활동기반을 만들게 한 원인이 되었다.

　이론異論이 있지만 유럽 전체를 지배하는 기독교제국의 부흥을 꿈꾸어 온 스페인 국왕들이 전쟁무기의 조달을 위해서 혹은 전비를 조달하기 위해서 무기상인이나 은행가에게 지불하는 수단으로 은을 이용했던 것은 분명하다. 그러나 대량의 은 수입에도 불구하고 스페인의 국가재정은 항상 궁핍했으며 스페인에 의한 제국 부흥의 꿈은 어렵게 전개되었다. 은을 둘러싼 상업의 전개는 양상이 달라져 갔다. 유럽으로 들어간 은은 아시아와의 교역이나 포교활동 자금으로 이용되었다.

멕시코의 태평양 기슭의 항구도시 아카풀코Acapulco로부터 실어낸 은은 태평양 건너 16세기 말 스페인령 식민지가 된 필리핀의 마닐라에 보내졌다. 그리고는 중국 물산과의 거래에 이용되었다.

유럽 세계에서는 후추 등의 향료나 보석류뿐만 아니라 중국산 견직물이나 도자기가 인도의 고급 면직물과 함께 높게 평가되고 있었다. 이 시대에는 유럽으로부터 팔 수 있는 상품가치 높은 물산은 거의 없었다. 굳이 말하면 모직물이나 공예품 종류, 모피, 북유럽으로부터의 목재겠지만 모두 원격지교역으로 대량무역에는 한계가 있었다. 따라서 은은 유럽의 대외교역에 있어서 극히 가치 높은 물품이었다고 할 수 있다. 은은 당시 세계경제의 흐름에 있어서 하나의 연동작용을 수반했던 촉매와 같은 역할을 완수했다고 할 수 있다. 즉 세계화의 첫걸음이었다.

미국의 스페인 식민지에서는 17세기가 되면서 광산경영뿐 아니라 대토지 소유자에 의한 대농장 경영이 확대되어 갔다. 대농장, 즉 플랜테이션Plantation에서 사탕수수, 커피, 담배 그리고 면화 등 수출용 상품작물이 재배되었다. 노동력은 채무노동자, 아프리카 노예들이었다.

단지, 노예 노동을 이용했다는 점에서는 브라질을 식민지로 한 포르투갈 쪽이 선행하고 있었다. 포르투갈은 아프리카 서해안을 지나 아시아 항로를 탐구할 무렵부터 그 일대의 섬들을 영유해 사탕수수 재배를 시작할 즈음, 아프리카인 노예를 사용한 플랜테이션 경영을 하고 있었던 것이다. 이러한 방식은 새로이 브라질에서 개시된 사탕수수 재배의 플랜테이션에도 적용되었다.

스페인이 일시 포르투갈을 병합한 16세기 말 무렵에는 그러한 방식이 브라질의 플랜테이션에서는 일반화되고 있었다. 이 시기에 노예를 매매한 것은 포르투갈과 네덜란드 상인들이었다.

삼각무역

17세기부터 18세기에 두 개의 삼각무역이 대서양 중심 세계의 긴밀한 경제 네트워크를 발전시켰다. 그중 하나는 유럽과 아프리카와 미국을 묶는 것이었다.

영국이나 프랑스는 잡다한 공업제품이나 무기,

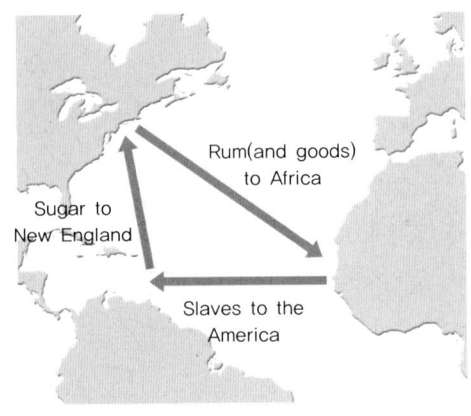

▲ 삼각무역

혹은 인도로부터 수입된 면제품 등을 아프리카에 수출했고, 아프리카에서는 노예가 미국으로 팔려갔으며, 미국에서는 설탕이나 담배, 목재, 면화가 유럽으로 수출되었다. 또 하나의 삼각무역은 미국과 아프리카로, 미국의 럼주가 아프리카로 팔리고, 아프리카의 노예는 카리브 해역의 플랜테이션에 팔리고, 설탕 정제과정에서 나오는 당밀은 미국에 팔리고, 이 당밀은 또 럼주 생산에 사용됐다. 이러한 삼각관계의 네트워크가 존재했다.

포르투갈, 스페인의 쇠퇴

　이러한 국제적인 상업전쟁 속에서 포르투갈은 가장 먼저 쇠락의 길을 걸었다. 동인도 무역을 운영하기 위해서는 은이 필요했으며, 그 은을 획득하기 위해서는 신대륙 무역에 진출하는 것이 필요했지만, 이러한 구도를 포르투갈은 구축할 수 없었던 것이다.

　신대륙 무역에 진출하려면 자국 내 모직물공업을 발전시킬 필요가 있었지만 포르투갈은 할 수 없었다. 포르투갈의 동인도 무역은 여전히 중세 무역의 성격을 가진 중계무역에 의존해야만 했던 것이다. 또한, 무역형태가 왕실독점이었으므로 향료무역을 취급하는 무역상인 이외의 일반적 상업자본의 자유로운 발달이 억제되어 포르투갈 자본의 본원적 축적이 진행되지 않았던 원인이 되었다.

　영국과 함께 양모국이었던 스페인은 신대륙 무역의 개척으로 모직물공업이 발전하면서 전성기를 맞이했지만, 신대륙의 모직물 수요가 너무 방대했기 때문에 공급량을 다 맞출 수는 없었다.

　전성기였던 16세기 후반에는 스페인 국민의 3분의 1이 모직물공업에 직간접적으로 간여되어 있다고 할 정도의 국민적 산업으로 발전했었다. 부족분을 메우기 위해서 남네덜란드, 영국산 양모를 들여와 재수출했는데, 1570년경 이 두 나라 양질의 모직물이 스페인을 거쳐 수출되는 경향이 줄기 시작했다. 이러한 현상이 왕실재정을 압박하기 시작했고, 이에 왕실은 지불을 정지하고 조세를 강화해 무역거래에 높은 관세를 부과했다. 이러한 봉건적 착취가 강해지면서, 스페인의 산업적 기반인 모직물공업은 빠르게 쇠퇴해 갔다.

결국 스페인 왕실, 국민적 산업인 모직물 공업, 상업자본이라는 요소의 결속이 무너져버린 것이다. 세계시장을 기반으로 한 새로운 세계무역은 국민적 규모로의 수행을 요구하고 있었지만, 이미 스페인은 이 시류를 따라갈 수 없었던 것이다.

지리상의 2대 발견에 따라 16~17세기에 걸쳐 상업과 무역에서 대혁명이 일어났고 상업자본의 발전이 급속히 추진되었으며 그 결과, 전자본주의(봉건제)에서 자본주의로의 이행을 촉진하게 한 포르투갈과 스페인의 세계화를 향한 활동은 17세기 들어서면서 급격히 쇠퇴한다.

3장

동서무역로

실크로드 | 해상 실크로드 | 말라카의 위상 | 향신료와 향료무역

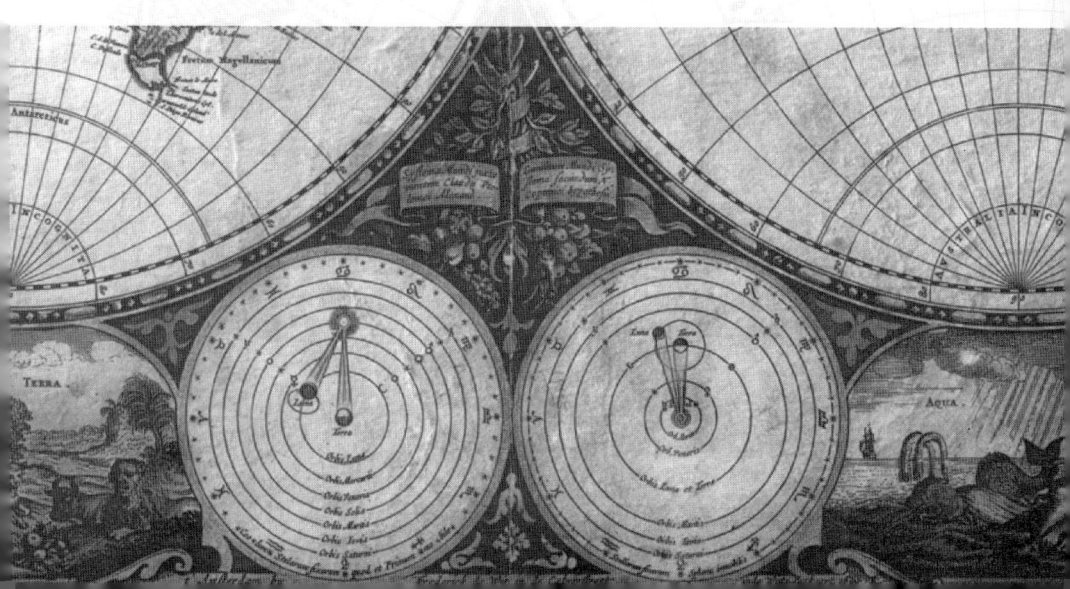

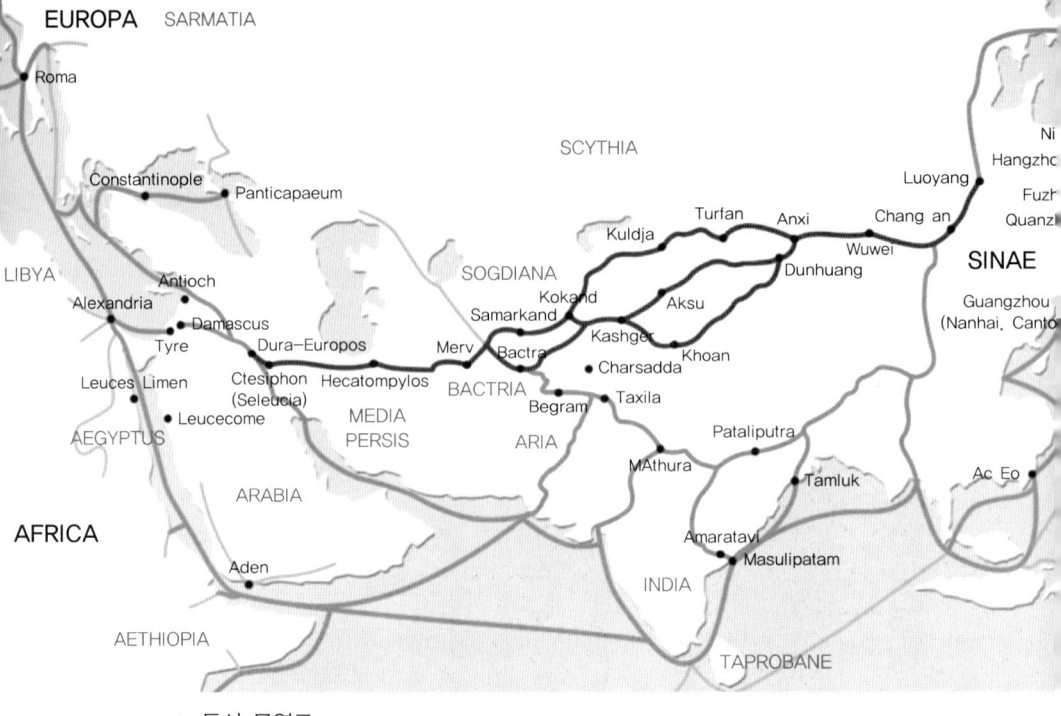

▲ 동서 무역로

고대 동서 간에는 두 개의 무역로가 있었다. 첫째는 해상무역로로 지중해에서 홍해를 거쳐 인도양으로 다시 인도양에서 동남아시아를 거쳐 중국에 이르는 항로였다. 이를 바다의 길이라고 부르는데 로마제국과 중국 한漢 사이의 통상을 목적으로 개척하였다.

아라비아인은 인도양 무역에 종사하여 당나라 시대에 광주, 천주, 양주 등에 상관商館을 개설했다. 아라비아인은 지중해 무역도 지배했으므로 해상무역은 한때 아라비아인의 독무대였다.

둘째는 실크로드라고 불리는 통로였다. 알렉산더 대왕의 원정으로 생긴 그리스로부터 중앙아시아에 이르는 교통로와 로마시대 메소포타미아를 중심으로 하는 교통로가 있었다. 또한, 중국에서는 전한前漢이 성립되자 무제가 흉노를 토벌하여 서역제국을 평정하고 육로의 동서교통로를 열었다.

그 후 후한시대에 동서무역은 점차 발전했는데, 여기에는 메소포타미아 지방으로부터 중앙아시아의 톈산북로天山北路, 톈산남로天山南路를 거쳐 중국의 둔황에 이르는 실크로드가 개발되었고 많은 대상들이 이 길을 이용하게 되었다.

실크로드

 실크로드는 중앙아시아를 동서방향으로 횡단하면서 고대의 동양과 서양을 연결해 주었던 주요 축이었다. 실크로드는 고대 이래 타림분지Tarim Basin 주변의 오아시스 도시를 지나서 서쪽의 고원과 산지를 넘어 중국과 유럽을 연결했던 동서교역로를 말한다.
 19세기 말 독일의 지리학자 페르디난트 폰 리히트호펜Ferdinand von Richthofen은 중국과 서양을 연결해 왔던 모든 교역로를 통칭하여 '실크로드'라는 이름을 붙였다. 사실 이 명칭의 기원은 아주 오래전으로 거슬러 올라간다. 로마인이 비단을 알게 된 BC 1세기부터 극동아시아와 유럽 사이에 무역거래가 이루어지면서 생겨났던 것이다.
 실크로드는 향료, 종이, 도자기, 보석 등을 교역했던 통상이자 동서양의 학문, 종교, 기술이 상호교류되던 통로이기도 했다. 또한, 실크로드는 동서문화가 교류하는 통로였으며, 유라시아 지역의 역사 속에서 끊임없이 진행된 세계화의 공간이었다.
 지난 2천5백여 년 동안 동서문명의 가교역할을 했던 실크로드를 통해 문명의 황금시대를 열었던 종이는 문명의 전파로를 따라 필연적인 여정을 떠났다. 지금도 종이가 이 길을 따라 서역으로 이동한 흔적들이 남아 있다.
 동서교역으로 인해 수천만 점에 이르는 도자기 역시 동아시아에

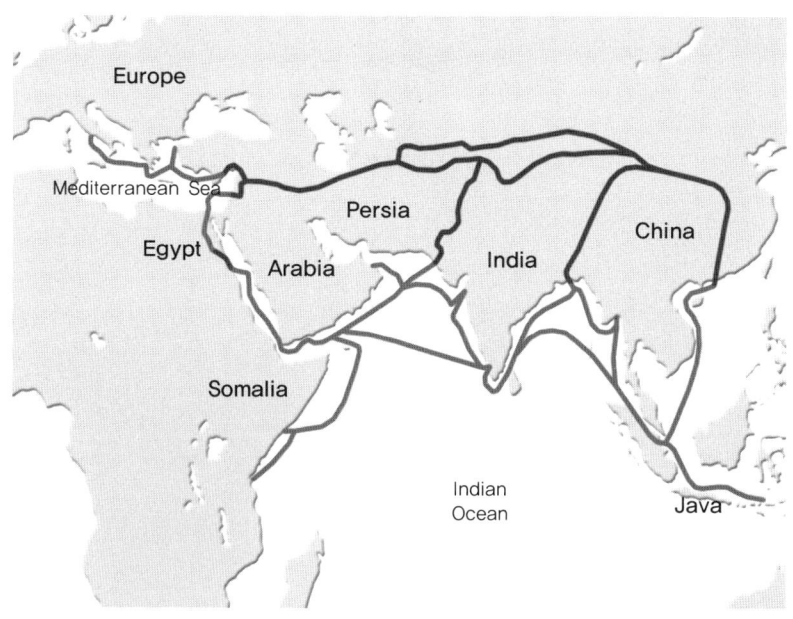

▲ 육상, 해상 실크로드

서 이슬람을 거쳐 유럽으로 흘러 들어갔다. 중국이 종이를 발명한 후 10세기부터 본격적으로 종이가 전파되었다.

종이는 가죽보다 장점이 많았기 때문에 종이의 시대가 도래하였고, 책들은 중앙아시아로 제본되어 전파되었다. 페이퍼로드를 따라 중국의 종이가 서역을 넘어 이슬람을 만난 것은 행운이었다.

방대한 인류의 지식이 생긴 8~13세기 이슬람의 황금시대는 종이의 황금시대이기도 했다. 15세기의 유럽은 종이를 이교도의 물건이라고 천시하였기 때문에 거의 사용하지 않았다. 당시 중세 유럽은 소수의 성직자만 권력을 독점, 양피지에 쓰여 있는 성경책이 유일한 것이었지만 중세 유럽의 문화 발달은 종이를 만나면서부터 이루어졌다.

해상 실크로드

바닷길의 중요성은 시대가 내려올수록 증대하여, 13세기 마르코 폴로는 몽골에 의한 육로의 혼란을 피해 돌아오는 길에 바닷길을 이용했을 뿐만 아니라, 이슬람의 대 여행가 이븐 바투타Ibn Batutah 또한 유럽과 이슬람을 왕복하는 데 모두 이 길을 이용하였다. 그리고 15세기 초, 명의 정화는 일곱 차례에 걸쳐 동남아시아는 물론 멀리 아프리카까지 관무역선단을 이끌고 대탐험을 수행할 정도였다.

중국의 역사서 『후한서』에 나오는 '대진국왕大秦國王, 로마황제 안돈安敦, 안토니우스이 바친 상아'라는 것이 바로 고대의 바다 비단길을 거쳐 중국까지 들어온 것으로 추정하기도 한다. 또 중국의 대로마 수출품이던 비단을 비롯해 가죽, 계피, 대황 등이 이 교역로를 통해 전달되었다. 로마로부터는 유리, 모직물, 아마포, 진주, 홍해산 산호, 발트 해의 호박, 상아, 코뿔소 뿔, 대모, 석면, 향유, 약품 등이 중국에 유입되었다.

이 교역로는 기원전 1세기 중엽 로마의 항해사 히팔루스Hippalus에 의해 발견되었다. 그리스의 상인이기도 했던 그는 아라비아 해의 계절풍을 이용해 안정적이고 주기적으로 인도를 항해하는 항로개발에 성공하였다.

상인들은 7월 이집트에서 출발해 계절풍을 타고 9월 말 인도의 항구에 도착했고 다시 11월 말 인도에서 귀로에 올라 2월이면 알렉산드리아로 돌아올 수 있었다. 이것은 장장 7개월이 걸리는 길이었다. 또한, 동에서 서로 향하는 해로 역시 서기 1세기 무렵 열리게 되었다. 중국 내륙으로부터 바다의 실크로드를 거쳐 이집트와 중동 지역으로 나아가는 항로 역시 두 갈래로 개척되었다. 먼저 중국인들은 중국의 낙양으로부터 쓰촨성 성도로 나아간 뒤 양쯔 강을 타고 운남으로 가서 다시 미얀마의 이라와디 강Irrawaddy River을 거쳐 인도까지 진출했고, 인도나 스리랑카에서 다시 아라비아 해를 건너 홍해로 진입해 알렉산드리아로 가는 길을 열었다. 그리고 중국의 광둥 지역에서 베트남의 하노이를 경유해 수마트라의 팔렘방Palembang을 경유하고 말라카 해협을 거쳐 인도로 간 후, 인도에서는 다시 아라비아 해를 건너 페르시아 만으로 진입하여 페르시아 지역으로 가거나 유프라테스 강을 타고 올라가 바그다드까지 갔다.

바닷길을 중심으로 전개되었던 남해무역의 중심지인 동남아시아는 중국 동남부의 해양생활권과 인도 남부의 해양생활권을 일체화시키는 중심적 존재였을 뿐만 아니라, 바다의 실크로드를 활성화시켜 아시아와 유럽을 잇는 세계사 전개과정의 중심축 구실을 하고 있었다고 보아도 무방할 것이다.

해상 실크로드를 구체적으로 살펴보면 이는 한반도 남단-중국 광저우-베트남 동해안-말라카 해협-인도-페르시아 만-콘스탄티노플로 마로 연결되는 고대의 교역로를 말한다.

동진東晉의 법현法顯과 당나라의 의정義淨 등은 인도에서 돌아올 때 이 바닷길을 오가는 남해무역선南海貿易船에 편승한 것으로 알려졌다.

15세기 아랍인 이븐 마지드Ibn Majid는 페르시아 만의 호르무즈Hormuz에서 출발하여 인도를 경유, 중국에 이르는 바닷길을 기록으로 남겼다.

이븐 마지드는 '먼저 서북 인도의 신드Sind에 도착하여 인도 서해안을 남하, 지금의 스리랑카 남단인 실론 섬을 우회, 미얀마의 마르타반 만Gulf of Martaban에 기항하였다가 말레이 반도의 서해안을 남하하여 남해무역의 중심지인 말라카에 닿는다. 이어 싱가포르에 들렀다가 말레이 반도 동해안에 있는 빠따니Pattani를 거쳐 타이의 수도 아유타야Ayutthaya에 이른다. 인도차이나의 참파Champa를 거쳐 중국의 광저우廣州 취안저우泉州에 닿는다'라고 소개하고 있다.

13세기 페르시아 시인 사디Sa'di의 저서에는 '페르시아에서 중국으로 황, 중국에서 비잔틴으로 도기와 자기, 비잔틴에서 인도로 비단, 인도에서 시리아로 강철, 시리아에서 예멘으로 유리, 예멘에서 페르시아로 무늬옷감을 실어 나른다'라고 실려 있다.

바다의 실크로드는 유럽인들이 인도양을 장악하기 전까지는 아랍인들과 중국인들이 주축을 이룬 해양유목민들의 전용항로였다. 해상 실크로드가 활성화된 데는 육상 실크로드의 쇠퇴가 제일 큰 원인이었다. 중국 남북조의 전쟁, 이슬람과의 충돌 등이 원인이 되었지만 가장 큰 원인은 물동량의 차이였다. 이 같은 사실을 간파한 아랍인들과 중국인들은 해양교역로를 열면서 바다를 비단길의 주역으로 등장시키게 된 것이다.

바다의 실크로드는 바이킹의 후손인 유럽인들이 인도양을 장악하기 전까지 아랍인들과 중국인들의 전용해로였다. 그들은 이 길을 통해서 동서양의 문명을 실어 날랐고 자신들이 직접 이주해 정주하면서 공존의 삶을 이어갔다.

말라카의 위상

동아시아에서는 지리적인 요인으로 인해 해상 실크로드가 주로 이용되었다. 말라카 해협은 전략적인 위치에 있으며 시장성 있는 상품의 산지로서 해상 실크로드의 가장 중요한 지역 중 하나가 되었다.

동남아시아 군도는 적도가 지나는 유일한 해상지역이다. 동남아시아는 지리적으로 본토와 군도로 나눌 수 있는데 동남아시아의 본토와 군도를 합친 지역은 인도양의 열대해와 태평양을 가로지르고 아시아의 남동부로부터 오스트레일리아 북부까지 뻗어 있는 세계에서 가장 넓은 도서 지역이다.

동남아시아의 역사와 문화는 이와 같은 지리적인 요인들을 토대로 성립하였다. 동남아시아인들은 자신들의 문화적인 정체성을 가지고 있었는데, 서력기원 초기에 이미 농사를 지을 줄 알았다. 말라카의 자연지리적인 측면을 한 마디로 말한다면 동방의 상업 중심지이다. 중국의 실크와 도자기, 금은 세공품, 태국의 상아와 함께 몰루카 제도 Molucca Is.의 진귀한 향료는 삶은 양고기와 찐 감자 등 맛없는 음식에 싫증이 난 유럽인들의 입맛을 근본적으로 바꾸어 놓을 만했다. 이로 말미암아 포르투갈 등을 선두로 유럽 열강들이 향료 군도를 찾아 역추적하면서 해양 실크로드가 발견되었다.

말라카는 1370년 이래로 점차 동방의 상업 중심지로 부상했다.

연근해를 오가던 동남아 여러 나라의 범선들이 대형화하여 점차 먼 바다로 항해하기 시작하면서 계절풍을 이용하게 되었기 때문이다. 그러다 보니 안전한 항해가 보장되는 뱃길을 가지고 있으며 새롭고 풍부한 상품이 집산되어 있는 항구를 찾게 되었고 그러한 조건에 적합한 곳이 바로 말라카였다.

말라카 왕국은 1470년경에 전성기를 맞이하였고 점차 제국 형태로 발전되어 갔다. 이곳이 14세기 말 이래로 16세기 초까지 믈라유Melayu인들이 이룩한 거대한 무역왕국의 중심지가 된 것이다. 말라카 왕국은 실질적인 생산품이 없었으므로 동남아 지역에서 순수한 중계무역을 시작한 최초의 국가가 되었다. 말라카는 명나라의 영락제가 파견한 정화함대의 방문을 계기로 남중국해와 인도양의 무역중개지로 급부상했다. 바다의 실크로드 중간에 위치한 말라카는 '해상 실크로드의 보석상자'였다.

번성했던 15세기 당시 항구엔 2천여 척의 무역선이 찾아 들었다고 전해진다. 동서양 문명이 흘렀던 '육상 실크로드'의 교차점이 '사마르칸트'라면 '바다의 실크로드'의 교차점은 '말라카'였다. 두 문명은 말라카에서 만나 섞이면서 새롭게 태어났다.

말라카 해협은 바다의 실크로드를 가는 무역선이라면 반드시 지나야 하는 통로였고, 천연 양항인 말라카는 말라카 해협을 끼고 바다의 실크로드 한가운데 위치한 물류의 길목에서 무역왕국으로 발전을 거듭했다. 15세기 바스코 다 가마를 안내했던 이슬람인 항로 안내자 이븐 마지드도 말라카를 '남해무역의 중심지'라고 소개하였다. 말라카에는 중국으로부터 비단과 도자기가 들어왔고 인도에서는 면직물, 염료, 아편이 들어왔다. 이외에도 철, 은을 비롯하여 동아프리카의 금, 상아 등이 건너와 동아시아, 동남아시아, 인도, 유럽 및 아프리카를 연결, 경제적 중심지로 부상했다. 재화가 몰려오고 가는 길목이 바로 말라카였고 그곳엔 부가 넘쳐났다. 말라카 해협은 15세기 국제무역의 대동맥이었다.

말라카 왕국은 늘어나는 주민들의 일상생활을 위해 많은 식량과 각종 생필품을 동남아 여러 지역과 인접 아시아 대륙으로부터 수입해야만 했고, 재원 마련을 위해서 이들 지역과 중계무역에도 힘쓰지 않으면 안 되었다. 이 때문에 말라카 왕국은 향료 군도 몰루카 제도에서부터 아프리카의 동부와 지중해까지 연계되는 거대한 국제무역망 도시로 빠르게 발전해 나갔다.

이슬람 상인들은 말라카가 부상하는데 큰 역할을 수행했는데, 말라카의 지배자들은 이슬람 상인들을 포용하면서 그들로부터 경제적인 지원과 정치적인 지지를 얻어내는 데 성공했다.

이와 같은 정책을 통해 말라카는 단시간 내에 동남아시아 무역활동의 중심지가 되었다. 말레이 군도에서 생산되는 상품들은 말라카를 거쳐 동쪽이나 서쪽으로 유통되었다.

1511년에 포르투갈인들이 말라카를 점령했지만, 이 지역에서의 무역은 계속되었다. 이 시기에 말레이와 이슬람은 말레이인으로서 동질감을 점차 키워나갔다. 훗날 포르투갈에 점령당하고 말라카가 쇠퇴하면서 오히려 주변 항구도시들이 성장하게 되었는데 현재까지 남아있는 곳이 싱가포르이다.

향신료와 향료무역

향신료香辛料란 음식에 풍미를 주어 식욕을 촉진하는 물질을 말한다. 영어로 스파이스Spice라 하며, '스파이스'라는 말의 어원은 후기 라틴어로 '약품'이라는 뜻인데, 한국어의 '양념'에 해당한다. 향료무역의 대표적인 향료에는 후추Pepper, 육두구Nutmeg, 정향Clove 등이 있다. 그리고 향신료는 인류사에서 상상 이상의 중요성을 띠고 있다.

콜럼버스의 아메리카 대륙 발견, 바스코 다 가마가 아프리카 남단의 희망봉을 돌아 인도까지의 항로를 개발한 일, 마젤란의 세계 일주 등의 목적 중 하나는 향신료를 구하기 위한 것이었다. 그리고 이것을 계기로 유럽인들의 세계 식민지화가 시작된 것이다.

향신료가 교역품으로 각광을 받으면서 동서문명 교류의 한 주역으로 부상한 것은 중세 말엽부터이다. 14세기 이후 유럽에서는 북해 어업이 번창하면서 어물식료漁物食料가 크게 늘어났으며, 이에 부응하여 어물식료에 필수적인 향신료에 대한 수요가 급증하였다. 그동안 인도나 이집트, 베네치아의 상인들을 통해 간접 수입하던 유럽인들은 구매가가 원가의 수십 배에 달하자, 16세기에 이러한 고가 수입에서 탈피하고자 향신료의 원산지를 찾아 나섰다.

포르투갈은 마침내 '인도항로'를 개척해 인도에 도착하였다. 그리고 그곳을 발판으로 향신료의 주산지인 동남아시아까지 진출하였다.

이후 유럽 각국이 앞 다투어 향신료무역에 뛰어들었다. 그 결과 17세기를 전후하여 실크로드 해로를 통한 향료무역이 대단히 흥성하여 향료가 무역품의 대종을 이루게 되었다.

14세기 초 무역을 중시해 동서교통로를 보호해 주던 원元의 힘이 떨어진 틈을 타 중동의 투르크족들이 동서무역에 간여하기 시작했다. 그들의 방해로 동양의

▲ 후추나무

귀한 제품들 가격이 유럽에서 급등했다. 유럽의 귀족을 '귀족'으로 만들어 주는 동양의 각종 진품珍品들, 즉 후추, 계피, 육두구, 정향 등 각종 향신료와 고급스러운 실크, 진귀한 보석들은 이미 일상생활에 없어서는 안 될 귀한 제품이 되었다.

인도에서 실크로드를 따라 전해진 후추는 그리스 로마시대부터 유럽에서는 보석처럼 귀하게 여겼는데 순은 항아리에 넣어서 소중하게 다루었다. 인도 남부에서 생산되는 이 귀한 제품은 유럽 귀족의 입맛을 바꾸어 놓았다. 14~15세기의 북방 게르만 사회에서는 세금이나 관세의 지급, 관료의 급여, 땅의 매매나 임대, 결혼 지참금 등에 후추를 사용하였다. 그 당시 유럽에서는 후추와 소금은 절대적인 값진 품목으로 취급되어 왔기 때문에, 후추를 얻으려 동방으로 모여들기 시작했다. 마침내 영국, 포르투갈, 스페인, 네덜란드 등이 향료를

얻기 위해 시작한 항해가 식민지 쟁탈전으로까지 번지게 되었다.

이처럼 이익이 많은 향신료무역을 이슬람으로부터 탈취하려고 한 것이 15세기 말부터 16세기 초에 걸친 스페인과 포르투갈에 의한 대양항로의 개척이고, 그 선구적 역할을 한 것이 마르코 폴로의 『동방견문록』이었다.

'중국보다 동쪽에 황금의 나라가 있으며, 그곳 사람들은 후추를 물 쓰듯 한다'는 대목에서 유럽인들의 이상을 바꾸어 놓았다. 중상주의를 내세우며 다른 나라들보다 먼저 동서교역의 주도권을 잡아야겠다는 필요성을 절감하던 차에 향료무역은 미지의 세계를 향한 유럽 각국의 모험심을 부추겼다. 결국 황금 확보, 향신료를 중요한 교역품으로 확보할 수 있다는 희망에 부풀어 유럽인들은 바다로 나섰다.

『동방견문록』에는 상당히 불확실한 부분도 있으나, 베네치아 상인답게 향신료의 산지에 대한 기록은 정확하였다. 스페인과 포르투갈의 향신료 쟁탈전은 결국 동방으로 향한 포르투갈이 서방으로 향한 스페인을 이기고 그 무역권을 독점하게 되었다.

그러한 포르투갈 역시 몰락하게 되고 17세기 초부터는 향신료무역을 네덜란드가 장악하게 되었다. 그러나 모두가 독점이윤을 많이 붙였으므로 유럽에서의 향신료 가격은 내려가지 않았다. 향신료의 매매는 1650년을 경계로 하여 점차 경쟁이 약해졌다.

콜럼버스가 미 대륙을 발견하고 스페인 원정대가 멕시코를 식민지화하면서 미 대륙의 원주민 인디언들의 허브와 향료에 대한 지식을 배워 새로운 수많은 식물들이 유럽으로 전해졌으며, 고추를 포함한 새로운 식물들이 유럽 대륙으로 퍼져 나갔기 때문이다.

미국 신대륙에서 발견한 향신료 중에서 특히 고추는 매운맛이 후추에 비할 수 없었고 동시에 온대지방에서도 쉽게 재배되며, 올스파이스Allspice는 계피, 정향, 육두구의 3가지 맛을 겸비하고 있었다. 또한 엽차, 커피, 코코아 같은 기호품도 이때부터 마시기 시작하였다. 이렇듯 근대의 막을 연 항해시대와 그 뒤를 이은 식민지 획득 경쟁시대는 바로 향료의 역사라고 할 수 있다.

동서양의 문화와 학문에 대한 차이는 원래 중국이 앞섰는데, 세계에서 영토가 가장 광대했으며 인구가 가장 많고 기술발전에서도 가장 선진적이었다. 송은 북쪽 지역으로부터의 지속적인 위협에도 불구하고 그 학문과 기술이 전 근대사회에서 가장 높은 수준에 도달했다. 원래 중국은 외부와의 교역에는 흥미가 없었고 단지 조공이라는 형식만 묵인했었다. 상업적 이익을 적극적으로 취하지 않았으며 수동적으로 수취인의 입장에 있었다. 그러나 상업을 경시하는 유교의 이상에 변화가 일면서 9~14세기 사이에 엄청난 과학적인 발전을 가져오는데 유럽처럼 중국에서도 농업혁명이 일어나 새로운 원거리교역이 나타나고 공업도 촉진되었다.

당시 중국은 댐, 수문, 물받이 달린 수차 등의 개발과 함께 세계에서 농업이 가장 발달했다. 또한 중국은 유럽보다 몇 백 년 먼저 종이 제작기술, 제철기술 등을 보유하고 있었으며 이는 세계에서 가장 앞선 것이었다. 아랍인들은 중국인으로부터 제지법을 배웠고, 이로 인해 12세기 스페인에 최초의 제지공장이 출현했다. 무기류와 해군, 화약을 사용했다는 기록도 훗날 발견되었다. 1천 년에는 단순한 폭탄과 수류탄에 화약을 사용했으며 나침반이 중국에서 발명되었다.

동서양은 15세기 무렵까지 실크로드를 통하여 아랍인과 중국인에 의해 평화롭게 교류했다. 15세기 중엽 명나라 정화의 대항해 중단시기를 맞아 유럽 국가들에 의한 16세기 대항해 시대를 계기로 대양을 장악한 유럽인들은 교역이 아닌 함선과 무력에 의한 식민지 경영에 나서게 되면서 전 세계를 하나의 뱃길로 다루게 되었다. 포르투갈의 말라카 해협 점령, 스페인의 필리핀 점령 등 아시아권은 제국화되어 갔다. 이로써 역사적으로 동양과 서양의 우위가 뒤바뀌게 되었다.

4장

무역전쟁 시대와 네덜란드

대양무역의 접점 앤트워프 | 영불의 각축 | 네덜란드의 독립 |
네덜란드의 경제 상황 | 튤립 열풍 | 동인도 회사 |
네덜란드의 황금시대 | 네덜란드의 쇠퇴 | 프랑스의 노력

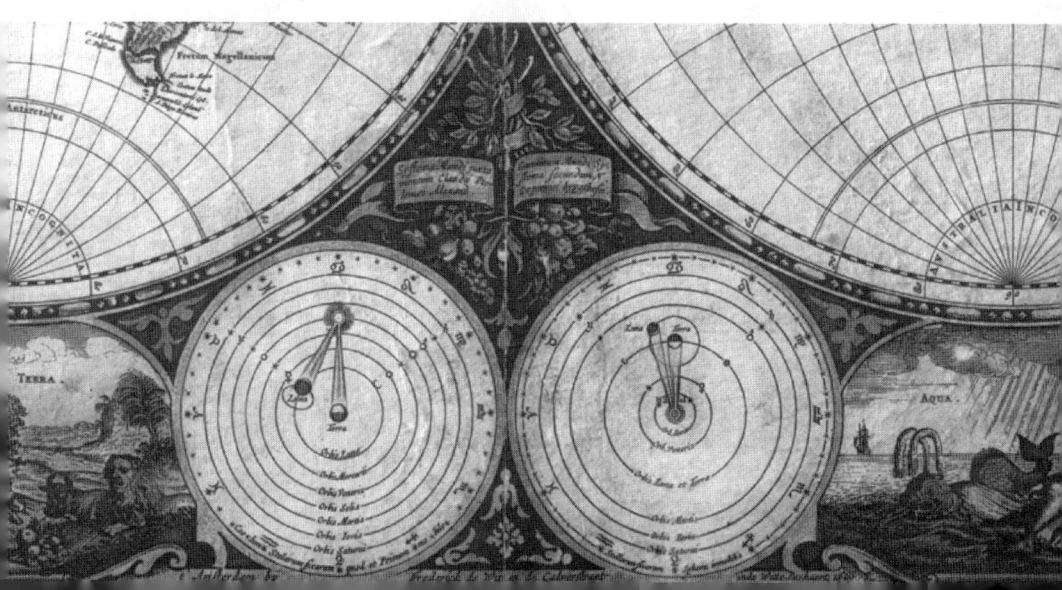

대양무역의 접점 앤트워프

유럽 내에서 주권국가 체제가 확립되어 감에 따라 세계적인 상업 패권을 둘러싼 싸움은 국가 간 항쟁의 성격을 띠게 된다. 포르투갈과 스페인의 국외진출 성공으로 유럽 원격지 교역의 중심은 지중해에서 대서양으로 옮겨졌다.

16세기경, 벨기에와 네덜란드 일대는 스페인의 통치 아래에 있었고, 앤트워프Antwerp는 유럽 원격지 무역의 중심지가 이동함에 따라 최대의 호황을 누리고 있었다. 신대륙 무역과 동인도 무역은 유럽의 앤트워프에서 연결되었다.

포르투갈은 동인도로부터의 수입상품을 유럽에 재판매하기 위하여 앤트워프로 실어 날랐다. 스페인은 신대륙에 수출하는 모직물을 집화하기 위한 상업조직을 갖추지 않았으므로 상선대의 준비와 유지를 앤트워프에 요구해야만 했다.

양대 무역의 중계지인 앤트워프의 번영으로 말미암아 그동안 유럽의 상업을 이끌어 가던 독일의 한자들은 상대적으로 쇠약해져 갔다. 한자들의 지배적 지위는 유럽 여러 도시에서 그 힘을 유지하는 특권 속에 있었지만, 지리상의 2대 발견 이래 토착 상업자본의 발전으로 인한 특권상실, 독일 제국의 정체, 독일 한자동맹의 약체화 탓에 16세기 중반경 몰락하게 된다.

이 때문에 높은 경제력을 갖고 있던 남부 독일 상인들이 금융자본가로서 새로이 활동하기 위하여 앤트워프로 그 무대를 옮겨 활동함에 따라 앤트워프는 세계적 상품시장으로 뿐만 아니라 세계 금융시장으로써 자본거래도 활발해져 세계적인 무역항으로 발전했다.

북해와 대서양을 연결하고 있는 앤트워프는 동시에 육로도 서유럽의 제 도시와 편리하게 연결되어 있어 동유럽, 남유럽, 프랑스, 남부 독일 및 이탈리아와 연계되었다. 또한, 상인에게 세를 면제해 주고 외국상인을 우대했기 때문에 이탈리아, 영국, 독일, 프랑스의 상인들이 모여들었다.

1499년에는 포르투갈 왕실이 상무관을 보내 상품거래에 종사시키면서 포르투갈 상인들이 모여들었으며, 1510년 이후에는 스페인 상인들도 모여들게 되었다. 1485년에는 상업거래소가 설립되었으며, 1531년에는 유럽 최초의 증권거래소가 개설되어 어음거래 등 금융활동이 활발히 전개되었다.

영불의 각축

　17세기가 되자 네덜란드, 영국, 프랑스는 식민지 경영을 목적으로 스페인의 지배가 미치지 않았던 카리브 해의 섬들이나 북아메리카에 경쟁적으로 진출했다.
　영국은 중계무역과 해운업으로 이익을 올리던 네덜란드를 견제하기 위해 '항해법'을 제정하여 자국 권역 내에서 자국 선박만을 이용하게 하였다. 또한, 북아메리카에서는 네덜란드의 요새 마을 뉴암스테르담을 무력으로 탈취하여 오늘날의 뉴욕으로 만들었다. 분쟁과정에서 이미 상업활동 중이었던 네덜란드 상인들은 이에 저항하지 않고 상업활동의 보장이라는 실리를 선택했다.
　영국은 북아메리카 동쪽의 뉴욕에서부터 북쪽으로는 매사추세츠, 남쪽으로는 버지니아를 거쳐 조지아에 이르기까지 13개의 식민지를 건설해 나갔다. 프랑스는 캐나다 동해안으로 진출하여 앙리 4세 때 세인트 로렌스 강Saint Lawrence River 하구 퀘벡에 거점을 마련하고, 루이 13세, 루이 14세 시대에는 오대호까지 그 세력을 늘려갔다.
　미시시피 강을 따라 남하하여 그 일대를 루이지애나, 즉 국왕 루이의 토지라고 명명했다. 영국이나 프랑스의 미주 진출은 원주민이 있는 경우 사들이거나 혹은 무력으로 점령하면서 진행되었다. 하지만 영국과 프랑스의 북아메리카 진출은 초기에는 공존하는 것처럼 보였으나 18세기가 되면서부터 직접적인 무력충돌이 일어나게 되었다.

한편, 이즈음 카리브 해 제도에서는 노예를 이용한 사탕수수의 대규모 플랜테이션이 이루어지고 있었다.

중세 말 백년전쟁 이래 계속되어 온 영국과 프랑스의 대립은 17세기 말에서 18세기에 이르러 국제적인 상업경제의 패권을 놓고 계속되었는데, 이 시기 대립의 초점은 인도와 북아메리카 식민지에 맞춰져 있었다. 인도의 고품질 면직물은 중요한 교역상품으로 양국 모두 면직물 생산지를 장악하여 생산, 수송, 판매 모두를 독점하고자 했지만 18세기에는 아직 이를 실현할 힘은 갖고 있지 못했다.

1756년에서 1763년에 이르는 7년전쟁 즈음, 인도에서는 영국 동인도 회사의 군대가 영국군의 지원으로 프랑스와 벵골Bengal 태수의 연합군을 이겨 벵골지방의 지배권을 확보했다. 이로써 영국은 인도 전역을 지배하게 되는 계기를 마련했다. 그리고 7년전쟁의 결과로 프랑스의 캐나다 전역과 미시시피 강 동쪽 지역, 스페인의 플로리다를 양도받아 북아메리카 동해안의 지배를 확립하게 되었다.

이로써 영국은 전쟁으로 인한 재정압박 속에서도 세계 상업패권 경쟁에서 결정적으로 유리한 위치를 차지하게 되었다.

네덜란드의 독립

16세기 말 네덜란드는 종교개혁을 거쳐 17세기 해상왕국으로 급부상하는 대변혁 속에 있었다. 당시 네덜란드는 베네치아, 피렌체, 밀라노, 로마 등이 중심이 된 이탈리아와 대등할 정도의 상업경제력을 갖추고 있었으며, 1517년 종교개혁으로 칼뱅의 신교를 받아들인 북부 네덜란드는 오늘의 네덜란드를 형성하였고 가톨릭을 지킨 남부는 오늘날의 벨기에가 되었다.

당시 네덜란드를 지배하던 스페인은 가톨릭 국가였으므로 자유주의를 구가하는 상인, 학자, 신교도들을 박해하였는데 그 와중에 1581년에는 네덜란드의 독립전쟁이 발발하게 되었다.

네덜란드가 독립을 선언하자 이를 무산시키고자 하는 스페인과 전쟁이 시작되었다. 1588년 스페인 국왕 펠리페 2세가 조직한 무적함대가 엘리자베스 1세 여왕이 파견한 영국함대에 패배한 시점을 계기로 약 1세기에 걸쳐 번성한

▲ 영국의 엘리자베스 1세 여왕

▲ 스페인의 무적함대(Spanish Armada)

스페인의 국력과 유럽에서의 지위는 막을 내리게 되었다.

네덜란드의 독립전쟁은 인류 역사상 피지배자 스스로 최초로 지배자를 몰아내기 위한 혁명이었고 프랑스 대혁명보다 200년 앞선 시민혁명이었다.

당시 스페인과 해상주도권을 다투던 영국이 스페인의 무적함대를 격파한 때가 1588년이고 같은 해 네덜란드는 독립을 쟁취하게 된다. 이어 네덜란드는 1609년 스페인과 불가침조약을 맺음으로써 완전한 독립국이 되었다. 네덜란드의 독립이 승인된 것은 1648년에 종결된 30년전쟁의 강화조약인 웨스트팔리아 조약Peace of Westfalen에 의해서였지만 16세기 말이 되어서야 실질적 독립을 달성하게 된다.

스페인의 쇠퇴로 세계무역의 접점지 앤트워프도 영향을 받아 16

세기 말에는 그 지위를 잃고 17세기 상업무역의 패권은 네덜란드로 옮겨갔다. 그 후 18세기 영국에 그 지위를 빼앗길 때까지 네덜란드의 번영은 계속되었다. 네덜란드와는 양모 거래로 깊은 관계에 있던 영국은 같은 반로마 가톨릭 편에 서서 네덜란드의 독립전쟁을 지원하는 측에 섰다. 이렇게 까다로운 국제정세 속에서도 네덜란드는 독립을 달성했다.

앤트워프는 네덜란드의 독립 후 네덜란드가 스헬더

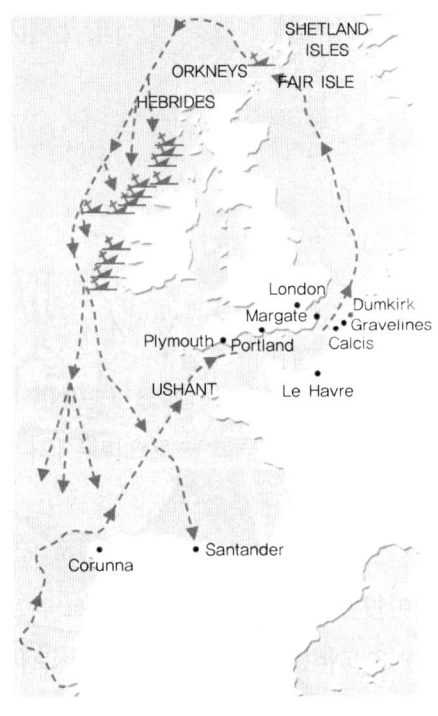

▲ 스페인 무적함대 항로

강Schelde River 하구를 막아 선박의 통행을 금지하면서 세계 상업무역의 접점항구로서의 지위를 암스테르담에 넘겨주게 되었다.

경제적인 타격을 받은 앤트워프를 대신하여 네덜란드의 신생 수도인 암스테르담이 교역과 금융의 중심지로 부상하면서 네덜란드의 시대가 떠오르게 되었다.

네덜란드의 경제 상황

17세기 네덜란드 경제는 유럽의 다른 나라들과 다른 양상을 보였는데, 당시 스페인과 프랑스 등 대부분의 국가는 절대주의 국가였으나 네덜란드만은 공화국을 수립했다. 네덜란드는 바로 공화국을 수립하는 과정에서 경제적 자유를 보장하는 혁신을 이룩했다. 교역의 자유와 관련된 제도를 만들었으며 관세를 낮게 책정했다.

가공 후 재수출하는 원료나 반제품의 수출입에 대해서는 관세를 부과하지 않았던 것이다. 또한, 소비재에 관세나 조세를 부과한 것은 국내산업의 보호가 목적이 아니라 재정수입 확보가 목적이었다.

네덜란드의 해운업과 무역업이 성장하기 위해서는 교역의 자유가 필수였다. 자유는 산업의 원칙이었고 시민생활의 기초가 되었다. 길드 역시 존재했으나 다른 유럽 국가들과 같이 강력하거나 광범위하지는 않았다. 청어잡이를 제외하고는 거의 모든 무역과 산업에서 규제란 없었다.

네덜란드의 사상적 자유와 종교의 자유는 유럽의 다른 지역으로부터의 인재와 금융 및 기술과 자원의 유입을 촉진했다. 이에 따라 네덜란드의 가장 큰 주인 홀란트Holland 주에서는 외국 출신 거주자가 절반에 달할 정도가 되었다.

1650년경 암스테르담 인구의 3분의 1은 외국인이었고, 1609년 창

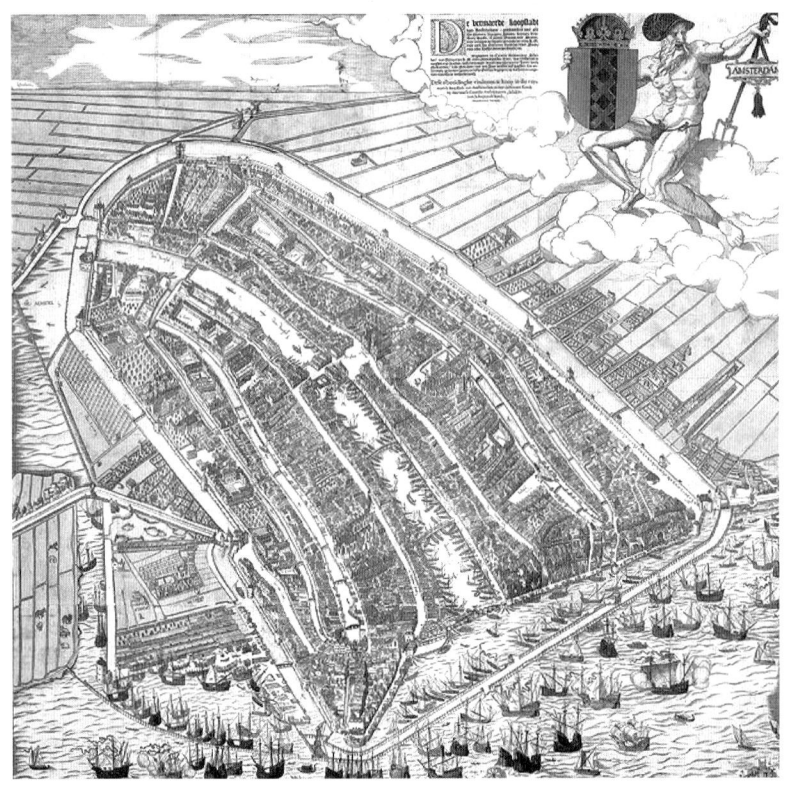

▲ 1544년 암스테르담

설된 암스테르담은행 예치금의 절반은 플랑드르Flandre에서 온 자금이었다. 네덜란드의 자유주의는 혁신에 유리한 여건을 조성했고 1660년에 이르기까지 높은 생산효율성을 구가했다.

1625년부터 1675년 사이 네덜란드는 생산, 상업, 금융 등 모든 영역에서 다른 이웃 국가들보다 우위에 있었다. 당시 양대 공업이었던 직물업과 조선업을 비롯한 여러 공업 분야에서 네덜란드는 혁신적이었고 유럽을 선도했다. 농업에서도 상업작물 생산은 유럽에서 가장 높은 생산성을 확보했으며 어업에서도 마찬가지였다. 생산혁신을 통해 효율성에 격차를 둠으로써 경쟁력 우위를 확보했다.

경제 융성의 첫 출발점은 어업이었다. 그중에서도 네덜란드에 가장 큰 부를 가져다 준 것은 청어잡이였다. 염장청어는 신선한 생선을 살 수 없는 가난한 사람들에게 값싸고도 고마운 식량이었다. 어업은 그 자체로도 중요하지만 해양상업의 발전과 긴밀히 연결되기 때문에 네덜란드 경제융성의 전반적 기초가 되었다.

네덜란드 농업은 다른 지역에 비해 월등히 높은 농업생산성을 확보했으며 더불어 동유럽 지역에서 곡물을 대량 수입해 왔다. 원래 네덜란드는 땅이 좁고 지력이 약하기 때문에 농업을 발전시키기 위해서는 필연적으로 집약적인 농업방식을 택할 수밖에 없었다.

이 농업방식은 좁은 농토에다 많은 노동력을 투입하고 비료를 많이 주면서 최대한의 생산성을 높이는 것이었다. 그 과정에서 고효율의 새로운 농법이 개량되었다. 즉 삼포제의 확대, 윤작의 개발, 시비 施肥의 개량, 순무, 클로버 등 사료작물이 도입되었다. 이러한 선구적인 농법은 영국에 전해져서 소위 노퍽Norfolk 농법과 같은 상당히 발전된 농업체계를 낳았다.

네덜란드의 제조업을 살펴보면 네덜란드의 직물업은 기계화된 공장이 위주가 되는 산업혁명 단계는 아니었지만, 그 직전 단계까지 발전해 갔다고 할 수 있다. 네덜란드 지역에서는 중세 이래 직물업 도시들이 촘촘히 발전해 있어서 주로 영국과 스페인의 양모를 들여와서 직조하고 염색까지 한 후 유럽 전역에 팔아왔던 것이다.

16세기 이후에는 영국이 원재료수출 단계에 머무르지 않고 직조 과정까지 뒤쫓아왔으나 아직 네덜란드가 여러 과정에서 우위를 차지하고 있었다.

특히 표백과 염색, 마무리 공정에서는 네덜란드가 한 수 위였다. 대표적인 직물업 중심지는 라이덴Leiden으로 이곳은 17세기 유럽 최대의 직물공업 중심지가 되었다. 1670년경에는 이 도시 인구 7만 명 중에 4만 5천 명이 직물공업 노동자였다. 그럼에도 수요가 계속 증가하여 노동력 부족사태가 일어났으며 수차와 풍차 같은 기계들이 도입되었다.

17세기 들어서면서 네덜란드의 교역망은 발트 해 북단의 리가Riga, 북극해에 가까운 아르한겔스크Arkhangelsk로부터 지중해의 동쪽 끝, 더 나아가서 아프리카의 열대 지역으로부터 일본의 나가사키에 이르렀다. 그 결과, 전 세계의 상품들이 몰려들었다.

이 시기의 네덜란드는 그야말로 '세계의 창고'라고 불러도 무방할 정도였다. 그 중심지는 암스테르담으로 유럽 및 세계 교역의 큰 흐름은 우선 이 도시에 집중되었다가 이곳에서부터 다시 흘러나갔다. 암스테르담의 운하 옆에 지어진 대상인들의 모든 저택에는 창고가 갖추어져 있었다.

중요한 상품거래는 거래소에서 이루어졌으며 상품만이 아니라 주식과 채권거래도 이루어졌다. 수요와 공급이 이곳에서 만나게 되니 자연히 기준가격이 이곳에서 정해졌으며 은행업도 발전하게 되었다. 중앙은행 체제가 자리를 잡은 것은 아니었지만, 중세의 환전상 수준은 훨씬 넘어서는 규모의 은행가들이 생겨났고, 환어음을 이용한 정교한 국제 환거래도 운영되고 있었다.

암스테르담을 비롯한 대도시에서는 분명히 '자본주의'라고 이름 붙일 수 있는 고도의 경제조직이 생겨났고, 세계 최고 수준의 부유한 상인층이 형성되었다. 즉, 네덜란드는 폭발적인 경제팽창을 경험하고 있었다.

이러한 우위에 기초하여 은행업무와 투자를 포함한 금융 우위까지도 확보해 거대한 부가 전 세계로부터 흘러왔으며 이것이 투기를 일으키는 요인이 되었다. 부를 통해 사람들의 소비심리에 변화가 생기게 되고 결국 이것이 투기열풍으로까지 이어졌다.

1630년대 네덜란드의 경제적 상황은 투기적 안락감이 퍼질 수 있는 아주 좋은 조건이었다. 스페인으로부터의 군사적 위협이 사라졌으며 30년전쟁으로 강한 경쟁자였던 동유럽의 직물산업이 붕괴되어 네덜란드의 직물산업은 호황을 맞이하였다.

당시 유럽 국가 가운데 1인당 국민소득이 가장 높았던 네덜란드인들은 앞 다투어 교외에 저택을 짓는 등 호황을 만끽했고, 이에 따라 부동산 가격도 급등하였다. 또한 저택의 정원을 꾸미기 위해 튤립Tulip을 소비하게 되었다. 늘어난 부에 취한 네덜란드 사람들의 머리에선 칼뱅주의적 검약정신이 사라진 지 오래였고, 그들은 소비지향적인 국민이 되었다.

풍요와 오만에 젖은 네덜란드인들은 과시욕을 드러냈고 더 큰 부를 안겨줄 대상을 찾기 시작했는데 그 대상이 바로 튤립이었다.

1630년대에 일어난 튤립 열풍Tulipomania이 그 예이다. 그러나 17세기 중반까지는 축적된 자본이 투기적 자본으로 변환되지는 않았다. 산업성장이 진행되었으므로 생산부문에서 수익성부문을 쉽게 찾을 수 있었기 때문이다. 네덜란드의 상업분야 엘리트들은 국내생산 특히 국내농업에 전례가 없을 정도로 투자를 했다.

튤립 열풍

▲ 셈페르 아우구스투스

튤립이 터키에서 유럽으로 건너온 시기는 16세기 중반이었는데 이 꽃은 건너오자마자 바로 호평을 얻었다.

1593년 프랑스의 식물학자인 클루시우스Clusiu가 라이덴 대학에서 꽃으로 재배한 후, 네덜란드에서는 튤립의 변종이 유행하였다. 이런 품종의 구근球根은 가격이 비정상적으로 상승하였고 급기야 투기의 대상으로 부상하였다.

튤립은 크고 화려한데다 튼튼하게 잘 자라기 때문에 곧 유럽인들의 마음을 사로잡았다. 이러한 튤립은 모자이크 바이러스라고 불리는 병균에 감염되어서 강력하고 다양한 색상을 갖게 되었다.

튤립을 만드는 데는 6~7년이 걸리는데 그나마 사람들이 원하는 환상적인 색깔과 강렬한 무늬의 꽃은 이처럼 병에 걸린 것이어서 만들기도 쉽지 않고 알뿌리의 수도 적을 수밖에 없어 당연히 꽃 가격은 천정부지로 치솟았다.

이중 전설적인 튤립종은 셈페르 아우구스투스Semper Augustus였는데 이는 푸른색과 흰색 바탕에 빨간 불꽃 무늬가 가운데에 물들어 있는 종으로, 전문가들 사이에 가장 아름다운 꽃으로 인정받았고 여러 책에 최상의 꽃으로 인용되었다.

당시 사람들이 왜 하필 튤립에 그토록 열광했는지는 설명이 쉽지 않다. 분명한 것은 사람들이 이 꽃의 아름다움에 끌리기만 한 것이 아니라 이를 이용해서 많은 돈을 벌 수 있다는 계산도 작용했다는 점이다. 그리고 그것은 역사상 유례를 찾기 어려울 정도의 투기광풍으로 이어졌다.

튤립 투기에 대한 구체적인 내용을 보자면, 튤립의 가격이 상승함에 따라 튤립 재배와 무관한 사람들까지 투기에 참가하여 많은 사람들이 갑자기 부자가 되었다. 투기의 규모는 점차 커졌고 튤립의 가격은 끝없이 올라갔다. 또한 기존의 거래관행인 현물거래가 사라지고 선물거래가 도입되어 투기성이 더욱 커졌다.

튤립 광풍은 1636년 12월에서 1637년 1월 사이에 절정에 이르렀다. 15길더였던 '아드미랄'이 175길더가 되고, 45길더였던 '비자르덴'이 550길더가 되었다. 꽃값이 계속 오르자 전국에서 수많은 사람들이 꽃 재배사업에 뛰어들었다. 전 재산을 팔아 텃밭에서 알뿌리를 키웠다. 꽃값이 계속 오르는 동안 사람들은 돈을 벌었다. 이것이 또 다른 투자가들을 끌어들였고 이는 또다시 꽃값 상승을 부추겼다. 셈페르 아우구스투스는 1633년 500길더였는데 1637년에는 1만 길더를 기록했다. 꽃 한 송이로 집 한 채를 살 수 있다는 것이 과장이 아니었다.

1633년과 1637년 사이에 할렘과 암스테르담에서 2천만 길더의 구근이 거래되었다. 이렇듯 네덜란드 전역에서 거래된 액수는 짐작할 수 없을 정도로 증가하였다. 튤립 매매는 곧 전형적인 자본주의적 광기를 띠게 되었다.

꽃값이 계속 오르자 실제 손에 쥐고 있는 꽃뿐만 아니라 아직 땅속에 묻혀 있는 것까지 사고팔게 되었다. 구매자는 선금을 주고 나중에 수확할 꽃을 미리 사두는 것이다. 그가 받아둔 것은 꽃 모양과 색깔 등이 기록되어 있는 약속어음이었다. 어음의 등장으로 튤립 매매는 우선 1년 내내 거래할 수 있는 사업이 되었고, 사업 성격도 투기가 되어 버렸다. 사람들은 이 어음을 높은 가격으로 매매했다. 오늘날 선물거래라고 부르는 현상이 만들어진 것이다.

실물없이 거래가 이루어지는 이 현상에 대해 당시 사람들은 '바람장사'라는 이름을 붙였다. 내년 봄에 '비자르덴' 값이 폭등하리라고 예상한 사람은 재배농에게 그 꽃을 선 구매한다. 수확시기에 300길더를 주기로 하고 현재로서는 10%인 30길더를 선금으로 지급하면 우선 그 꽃을 확보하게 된다. 예상대로 일이 잘되어서 봄에 비자르덴의 값이 1천 길더로 뛰었다면 재배농에게 잔금 270길더를 마저 준 다음, 그 꽃을 1천 길더에 팔아서 700길더의 이익을 남기는 것이다. 그러나 이러한 투기 바람은 결국 광풍으로 변질되었다.

1637년 2월, 사람들은 꽃값이 올라도 너무 올랐다는 생각을 하였다. 더 이상 꽃값이 오르지 않고 매매가 되지 않았다. 1천 길더짜리가 900길더에도 안 팔리고 800길더에도 안 팔리고, 500길더를 불러도 반응이 없었다. 이런 소문은 순식간에 퍼졌다. 모든 사람이 일제히 물건을 팔려고 했지 사려는 사람은 한 명도 없게 되었다. 튤립의 가격은 올랐던 때보다 더 빨리 하락하였다.

5천 길더를 호가했던 것이 50길더까지 폭락하였다. 선금 10%를 내고 꽃을 사가겠다고 약속했다가 꽃값이 폭락하자 구매자가 잔액 지급을 거부하는 사태가 전국적으로 벌어졌다. 정식으로 계약을 취소하려면 관례대로 거래액의 10%를 지급하고 꽃을 되돌려주면 된다.

그러나 대부분의 사람들은 재배농에게 잔액을 한 푼도 지불하려고 하지 않았다. 이 상황에서 사법당국이 나서서 이 문제를 마무리 지어 주어야 할 필요가 있었으나 네덜란드 법원은 이 문제에 판결하지 않는다는 원칙을 고수하고 있었다. 그리고 각 시 당국에 대해서 꽃 매매에 대한 상세한 정보를 찾아내라고 명령을 내리고 이를 시행하는 동안 계약은 일시 보류상태라고 선언했다. 그러나 각 시 당국은 개인들 간 매매에 관한 정보를 수집하라는 명령을 거의 시행하지 않고 내버려뒀기 때문에 법원으로부터 어떠한 조치도 취해지지 않은 보류상태가 한정 없이 이어졌다.

할렘 시에서 드디어 공식적인 규정을 내놓았는데 이는 3.5%의 위약금을 지불하면 원 계약을 취소할 수 있다는 판결을 한 것이다. 결국 이 공식적인 규정이 다른 지역에서도 기준이 되었다. 그리하여 당사자들은 크게 밑지지 않을 정도의 적당한 보상을 받고 이 일을 끝내는 방향으로 합의했다. 하지만 결국 이 사건을 계기로 당시 세계 최고의 경제대국이었던 네덜란드는 유례없는 경제공황을 겪게 되었고 결국 영국에 세계경제의 주도권을 빼앗기는 과정을 겪게 된다. 튤립 광풍은 황금기 네덜란드 사회의 여러 면모를 보여주고 있다.

동인도 회사

▲ 동인도 회사 로고

네덜란드의 황금산업은 발트 해 무역과 연결되어 있었다. 당시 서유럽 국가의 선박은 발트 해의 관문인 외레쥰드Oresund 해협을 반드시 지나야 했다.

당시 이 해협을 장악하고 있던 덴마크는 이곳을 지나는 선박에 통행료를 부과했다. 그런데 당시 통행료 산정방식이 매우 특이했다. 선박의 중량이 아닌 갑판의 너비를 기준으로 삼은 것이다. 즉 갑판이 좁을수록 통행료를 적게 낼 수 있었다. 이러한 산정방식은 네덜란드의 조선업 발달을 부추기는 요인이 되었다. 대량무역을 하게 된 네덜란드인들은 통행료에 대한 부담을 줄이기 위해 갑판을 좁게 만드는 대신 시설 대부분을 선체 아래에 집중시킨 플류트Fluit 선이라는 화물수송선을 만들었다. 이런 모양 때문에 플류트 선은 똥보선이라 불리기도 했는데, 이 화물선을 계기로 시작된 조선업의 발달로 네덜란드는 해상운송사업에서 우위를 점하게 되었다.

조선업이 발달하자 네덜란드는 발트 해 무역을 통해 국내 경제발전을 확대하는 한편, 원양항해를 통해 대외확장을 꾀했다. 당시 유럽의 신흥자본계급들이 앞 다투어 세계에 진출했듯이 네덜란드 역시 동서 두 방향으로 나누어 해외무역 확장을 진행했다.

동쪽으로는 아시아 대륙 및 인도양과 태평양의 무수한 섬나라를 겨냥했으며, 서쪽으로는 아메리카 대륙을 중심으로 무역시스템을 구축했다. 이러한 대외활동에서 주목할 만한 것은 해외무역 전문회사인 네덜란드의 동인도 회사이다. 사실 네덜란드의 아시아 무역은 포르투갈, 스페인과 비교할 때 1세기 가량 뒤늦었다. 그리고 영국은 이미 동인도 회사를 운영하고 있었다. 그런데도 네덜란드의 동인도 회사에 주목하는 것은 그것이 근대 주식회사의 시초가 되었기 때문이다.

네덜란드인 선원들은 리스본 감옥에 유치되었을 때 함께 수용되어 있던 포르투갈인에게서 포르투갈의 동방항로 개척 소식을 들었다고 한다.

얼마 지나지 않아 1595년 4월, 암스테르담 상인 7명이 모여 원거리회사를 설립하고 동방탐험을 위한 함대를 파견했다. 첫 항해에서 인도양 탐험에 성공했고, 다음 해 인도네시아 자바에 상업도시 반탐Bantam을 건설했다. 이러한 성공은 국내에 큰 반향을 일으켰고, 새로이 수많은 동방무역회사들이 줄지어 아시아에 진출하게 되었다.

그러나 난립하는 동방무역회사를 관리하고 조정해 줄 통일된 지휘체계가 없었으며 상품확보를 두고 벌어지는 과당경쟁은 여러 가지 손실을 낳았다. 그러자 무역회사들은 서로 힘을 합쳐 연합 동인도 회사Vereenidge Oostindische Compagnie(VOC)을 설립하게 되었다. 이렇게 해서 탄생한 VOC는 공식적으로 1602년부터 1799년까지 약 2세기 동안 존립한 세계에서 가장 큰 기업이 되었다.

VOC가 세워질 당시 이미 여러 동인도 회사가 존재했고, 영국도 네덜란드보다 일찍 회사를 소유하고 있었다. 1600년부터 네덜란드에서 회사 합병 운동이 일어나기 시작했는데, 투자지분 비율 문제와 이

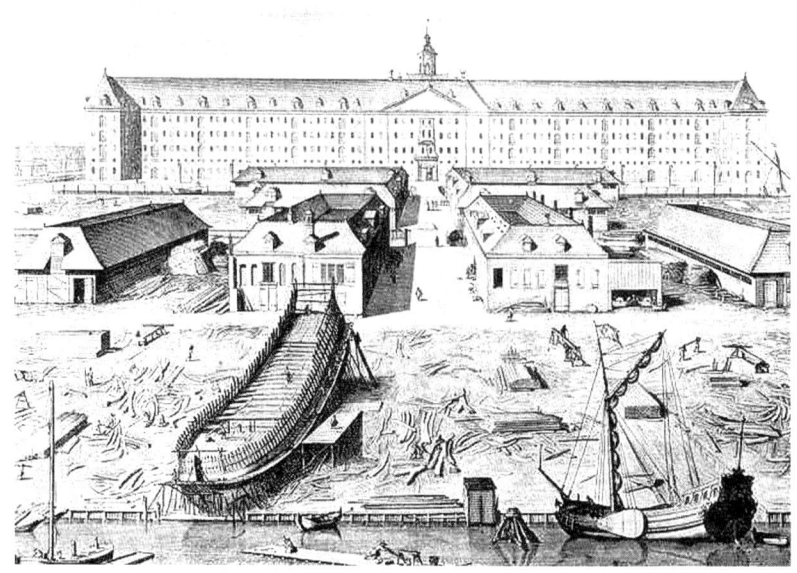

▲ 네덜란드 암스테르담의 동인도 회사 조선소

사진 배분문제 등 각종 난제를 국가가 개입해 해결하여, 1602년 3월 20일 전국적인 규모의 연합 동인도 회사인 VOC를 설립하였다.

처음 네덜란드의 동인도 진출 경로는 달랐다. 네덜란드는 스페인과 포르투갈과의 충돌을 피할 수 있고, 북동항로가 더 빨리 동인도에 도달할 수 있으며, 가는 도중 일본이나 중국을 거쳐 이들 나라와도 무역을 할 수 있다고 생각해 우선 북동항로를 개척해 동인도에 진출하고자 했다.

1594년 이후 몇 차례 북동항로 개척을 시도했지만 실현되지 않았다. 그러나 영국의 항해가 헨리 허드슨Henry Hudson의 북동항로 개척에 따라 네덜란드는 체사피크 만Chesapeake Bay에서 허드슨 만Hudson Bay까지 북상할 수 있었으며 이윤이 많은 모피 거래를 성립시켜 이 지역으로의 진출기반을 만들었다. 이후 북미 식민지정책에 따라 1622년 뉴암스테르담(현재의 뉴욕)에 식민지를 만들고 그 후 식민지 무역에 서아프리카 해안까지 포함시켰다.

한편, 1621년에는 서인도 회사가 설립되었는데 아메리카 신대륙과 아프리카와의 무역 및 식민지 건설 등을 위해 세워졌다. 서인도 회사는 아메리카, 아프리카 무역의 독점권을 가졌으며 브라질이나 아프리카의 포르투갈 식민지를 점령하여 뉴네덜란드를 설립하였고, 1791년 독일 정부가 서인도 회사의 주식을 인수하기까지 활동했다. 네덜란드 상인의 신대륙 진출은 영국처럼 밀무역과 해적의 형태를 취해 스페인의 세비야를 위협하고 서인도를 침식해 갔다. 결국 17세기 전반 신대륙 무역의 대부분을 네덜란드와 영국이 독차지하게 되었는데, 영국이 동남아시아의 향료를 포기하고 인도에 주력하게 한 것도 네덜란드 동인도 회사였다. 따라서 네덜란드의 융성은 VOC의 발전으로 설명할 수 있다.

VOC는 동방무역회사들의 상업자본을 하나로 모아 거대 자본을 형성한 결과였다. 네덜란드 상인들과 국가의 이익이 결합하여 탄생한 동인도 회사는 강력한 확장력을 바탕으로 정치적 기능을 종합적으로 갖추게 되었다. VOC가 만들어질 당시 자본금은 약 650만 길더로 영국 동인도 회사 자본금의 10배가 넘는 금액이었다. 그리고 네덜란드 의회도 투자자였는데 VOC에 각종 경제, 정치적 특권을 부여해 주는 것은 물론 희망봉에서 마젤란 해협까지 무역독점권과 향료, 비단, 면직물에 대한 면세권을 부여했다. 그리고 VOC는 의회를 대리하여 외국과 조약을 체결하고 해외 식민도시를 건설할 수 있었으며 식민지 행정과 사법, 국방의 권리까지 갖고 있었다.

이 권리를 부여받기 위해 VOC는 의회에 2만 5천 길더를 지불했는데 의회는 이 돈을 회사에 재투자했다. 의회도 국가도 대주주가 된 것이었다. 이처럼 상인들의 부와 국가 권력이 완벽하게 결합하여 탄생한 VOC는 빠른 속도로 아시아 지역으로 세력을 뻗쳐 17세기에는 유럽 최대의 아시아 무역국이 될 수 있었다. 결국 VOC의 첫 아시아 항해는 265%의 이익을 냈다.

VOC는 안정적이고 효율적인 시스템을 구축하고 있었다. 스페인과 포르투갈은 자본 운영법을 통해 모든 투자결정을 국왕이 결정하다 보니 늘 의사결정이 늦어 신속한 결정과 효율적인 결정을 하지 못했다. 하지만 VOC는 76명으로 구성된 이사회가 최고 권력기구로 회사의 중대한 사안을 논의하고 결정했다. VOC는 무역투자의 장기화를 실현했으며 대규모 근대식 주식회사로 변모하였다. 이를 위해서 도입한 것이 증권거래소이다.

애초에 동인도 회사를 설립할 때부터 주식형태로 자금을 모았는데, 회사 설립 후 10년 동안 배당을 하지 못했다. 그만큼 계속해서 재투자를 했기 때문인데 이를 해결한 것이 증권거래소이다. 투자금은 주식형태로 보존되기 때문에 언제든지 현금화가 가능했다. 증권거래소에서 주식을 매도하면 되기 때문이다.

현대 경제학자들은 주식회사의 기원을 동인도 회사에서 찾는다. 그뿐만 아니라 최초의 주식제도, 주식회사, 증권거래소를 만들었고 현대식 회사 제도의 기초를 다졌다. 또한 안정적인 통화량 조절을 위해 은행을 만들었는데 로마 시대에도 은행은 존재

▲ VOC 모노그램

했지만, 근대적 은행은 네덜란드에서 제일 먼저 등장하게 된다. 증권거래소에서 막대한 자금이 유통되고, 작은 나라에 막대한 돈이 들어오자 인플레이션 압력을 받을 수밖에 없었다.

유동자금을 잡는 방법은 은행뿐이라는 것을 네덜란드인들은 이미 알고 있었다. 이 은행을 통해 돈이 막히지 않고 흐르게 되었다. 은행의 지급준비율제도를 통해 통화량을 조절하고 현대금융업의 핵심인 신용대출제도로 새로운 통화량도 창출한 것이다.

네덜란드의 황금시대

　네덜란드는 유럽에서 최초로 도시화된 나라였다. 새로 탄생한 네덜란드 공화국은 17세기 당시 세계에서 가장 부유한 나라이자 세계무역의 중심지가 되었다. 천연자원은 부족한 편이었지만, 경쟁력과 기술력에 의존하고 상업에 치중해 경제성장에 큰 성공을 거두었다. 17세기 네덜란드의 황금시대엔 인구의 절반 이상이 도시에 거주했다. 네덜란드는 경제가 튼튼했고 도시에는 부유한 고객들이 많이 살았다. 네덜란드 사람들의 사고방식도 세계주의와 자유주의 이념이 널리 퍼져 있어 혁신과 개방에 관대한 편이었다. 네덜란드는 왕궁이나 군주제가 없는 대신, 비교적 고른 계층에 분포한 부유한 시민들이 분산된 도시들을 기반으로 발전해 나갔다.

　암스테르담은 당시 세계에서 가장 큰 항구이자 무역도시가 되어 네덜란드의 경제와 사회가 짧은 시간에 엄청난 성장을 이루는 데 주도적 역할을 했다. 많은 사람들이 이제 막 싹을 틔운 네덜란드의 번영에 따른 다양한 혜택을 바라고 시골이나 유럽의 다른 지역에서 암스테르담으로 이주해 왔다. 네덜란드로 이주한 르네 데카르트Descartes René는 암스테르담을 일컬어 '나를 제외하고, 모두가 장사꾼인 굉장한 도시'라고 말할 정도였다.

　당시 유럽 각국에서 가톨릭으로부터 박해를 받던 신교도들이 종

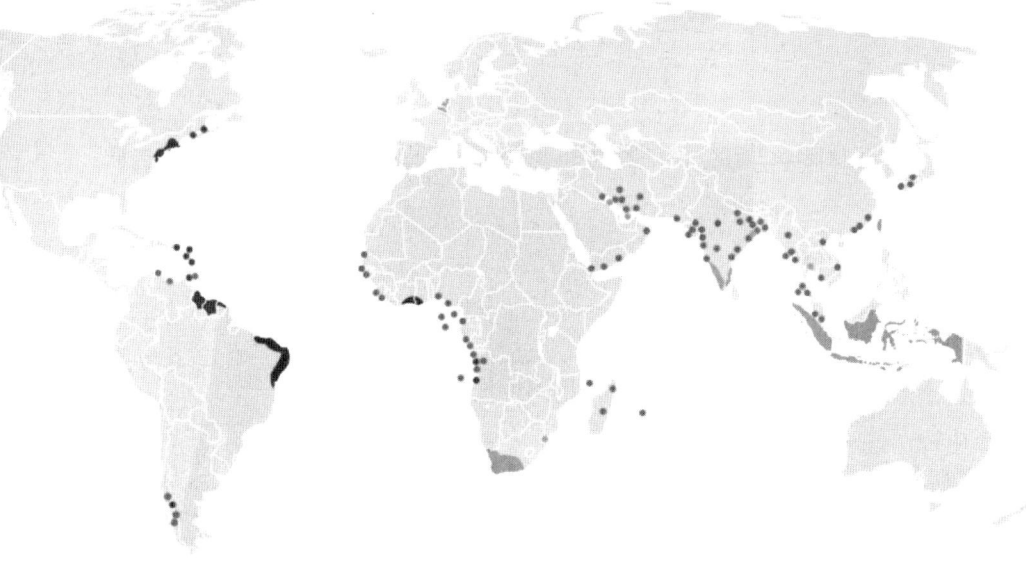

▲ 네덜란드 식민지 제국

교의 자유를 위해 네덜란드로 피해 왔으며 이들의 유입으로 네덜란드에는 유럽 대륙의 주요 무역상과 상인들이 밀집하게 되어 이로 말미암아 국가가 부유하게 되었다. 신앙의 자유를 찾아 네덜란드로 들어온 개인의 부와 지식인들의 유입은 네덜란드를 유럽의 중심지로 만들기에 충분했다. 유럽으로부터의 이러한 지식과 부의 유입은 암스테르담을 자유로운 시민사회로 탈바꿈시켰다.

아울러 자유주의에 기초한 네덜란드의 동시대에는 시인, 철학자, 화가, 문필가 등 수많은 예술인들이 탄생한 시기이기도 했다. 이처럼 위대한 예술을 낳을 수 있었던 직접적인 계기는 상업적 번영과 해양 무역의 발달에서 기인하였다. 17세기 네덜란드는 전 세계 해상권을 제패할 만큼 강대국이었고 뛰어난 상술을 발휘하여 상업의 중심지가 되었다. 1588~1652년까지를 네덜란드의 황금기라고 부른다.

네덜란드의 경제적 규모는 1650년 네덜란드가 소유하던 선박은 16,000척, 선원 163,000명, 조선 능력은 연간 1,000척이라고 알려져 있다. 이는 당시 영국의 4~5배, 프랑스와 비교하면 50배 이상에 해당하는 것으로, 17세기 중반 네덜란드는 가장 앞선 해운국으로서 번영의 절정에 있었다. 이때의 네덜란드를 가리켜 '노르웨이는 그들의 삼림이며, 라인 강변은 그들의 포도원, 독일, 스페인, 아일랜드는 그들 양의 목장, 페르시아, 폴란드는 그들의 곡창, 인도, 아라비아는 그들의 정원이다'라고 표현될 정도로 황금시대였다.

17세기 초, 신대륙에서 은이 고갈될 징조가 보이자 네덜란드는 북아메리카 대륙을 중심으로 식민지 경영에 착수했다. 설탕, 담배, 면화를 시작으로 하는 플랜테이션 시스템을 시작했고 이는 서인도 회사에 의해 추진되었다. 네덜란드가 가장 번영했던 시기는 17세기 중반까지라고 해도 이의가 없을 것이다.

네덜란드의 쇠퇴

네덜란드는 17세기 황금기를 거쳐 18세기에 이르러 쇠퇴기를 맞게 되는데, 당시 무역이 발달할수록 정보가 개선됨으로써 직교역 비중이 커지고 네덜란드를 거치는 무역의 비중이 감소하였기 때문이다. 이것은 중계무역에 강점이 있던 네덜란드로서는 큰 타격이었다. 또한 영국의 항해법 제정에 의한 중상주의 추진으로 영국과 프랑스의 공세가 있었고 원료인 석탄도 부족하게 되었으며 능숙한 기술자들도 떠나갔다. 그리고 상업 중심에서 금융산업으로의 전환도 쇠퇴의 이유 중 하나라고 할 수 있다. 쇠퇴의 징후는 여러 곳에서 보였다. 토지와 사치, 품위에 대한 집착과 과거의 혁신의지가 감퇴하였고 세금문제에서 지방의 저항과 비대칭적인 소득분배로 양극화가 심화되며 네덜란드는 쇠퇴하게 되었다.

세계체제론자 조반니 아리기Giovanni Arrighi의 저서 『장기 20세기』에 따르면, '패권국이 주도하는 독특한 자본의 축적체제를 가진다고 한다. 이런 축적체제는 새로 등장한 패권국 안에서 형성되어 세계적 규모로 확장된 뒤 전성기를 누린다. 하지만 일정기간이 지나면 이윤율 하락과 체제유지비용의 증대로 위기를 맞게 되고, 결국 새로운 국가 기업 복합체가 주도하는 경쟁력 있는 축적체제로 대체된다.

여기서 주목되는 것은, 모든 세계적 축적체제가 최종적 붕괴를 맞기 전 금융부문이 일시적으로 팽창하면서 반짝 호황을 누린다는 점이다. 축적체제가 활력을 잃게 되면 자본이 과잉축적되면서 생산유통부문의 이윤율이 금융수익률보다 하락하고, 유동자본을 얻으려는 국가 간의 경쟁이 치열해지는데, 그 결과 실물부문의 자본이 금융부문으로 이탈하면서 두 부문 모두에서 이윤율이 일시적으로 상승하게 된다. 그러나 이런 호황은 금융부문의 투기적 활황과 생산부문의 부분적 경쟁완화를 통해 달성된 것이기에 오래가기 어렵다.' 이러한 분석은 네덜란드 쇠퇴의 특징이 당시 상황과 일치한다고 볼 수 있다.

찰스 P. 킨들버거Charles P. Kindleberger도 비슷한 주장을 하는데 그는 그의 저서 『경제 강대국 흥망사 1500~1990』에서 '성장의 요소들이 쇠퇴의 요인'이 되기도 한다며 정도의 문제라고 주장한다.

즉, 그 선을 넘어서면 변화를 방해하는 보수적인 모습을 갖게 된다는 것이다. 단순히 수익이 감소하는 것뿐만 아니라 국가의 경제구조 특성이 발전을 가로막는 형태로 변한다는 것으로 처음 국가들의 성장을 이끈 힘은 생산이나 상품교역에 있었지만, 점차 국가가 쇠퇴기에 들어서면서 사람들의 관심이 금융, 부동산 혹은 관직 등으로 이동하는 경향을 보인다고 지적한다. 결국 네덜란드는 보수적인 모습으로 새로운 혁신 없이 정체된 무역정책으로 무역에서의 강점을 잃는 것과 동시에 금융부문에서의 타격이 심화되어 발전의 한계에 직면한 것이라고 볼 수 있다.

아무튼 네덜란드 산업생산의 경쟁력이 급속히 약화되었다. 네덜란드의 생산기술이 이웃 국가로 전이되어 기술격차가 줄어들면서 경쟁력이 약화되어 가는 반면 임금은 유럽에서 가장 높았다. 이를 극복하기 위하여 근대화된 농촌 지역으로 생산입지를 옮겨 노동비용을 줄이는 것도 어려웠다. 결국 경쟁력을 점차 상실하며 산업생산이 감소하고 고용이 줄어들었다. 근 100여 년 이상 공업생산이 늘었으나 1660년을 정점으로 줄어들기 시작했다. 조선업은 1670년경부터 영국 조선업이 가파르게 상승했는데 바로 이 시점에 네덜란드에서는 생산이 감소했으며 이런 추세는 18세기로 이어졌다.

암스테르담에서는 자금이 남아돌아 이자율이 2~3%대로 떨어졌다. 이자율이 낮다는 것은 국내에서 자본의 출구를 찾지 못한다는 뜻이다. 따라서 자본은 이웃 나라로 흘러갔다. 자국자본이 경쟁국인 영국에 투자됨으로써 네덜란드의 국내생산은 더욱 위축되었다.

네덜란드의 번영은 항상 영국과의 경쟁 속에서 이룬 것이었다. 그러나 17세기 중반이 되면서 네덜란드는 아시아에서 교역활동이 어려워지기 시작했는데, 이는 일본의 통상수교거부정책과 청나라의 대외교역통제강화 때문이었다.

한편, 유럽에서의 후추 가격폭락과 영국의 네덜란드 해상권의 위협 그리고 프랑스의 아시아 진출로 네덜란드의 상황이 어려워졌다. 또한 17세기 후반 영국과의 전쟁으로 미국에서의 권익 대부분을 영국에 넘겨주었으며, 프랑스에도 위협을 받게 되었다. 이러한 패권경쟁 속에서 18세기에 들어서 네덜란드는 자바 섬을 중심으로 동남아시아에서 본격적인 식민지 경영에 돌입해 대규모 사탕수수. 커피 플랜테이션을 경영하게 된다. 17세기 후반 영국의 상업자본이 기세를 더해 오자 네덜란드는 이를 저지하지 못하고 상업전쟁으로부터 위축되어 갔던 것이다.

네덜란드 상업자본의 패퇴요인은 네덜란드 무역의 특징 안에서 찾을 수 있다. 네덜란드는 무역의 주체를 신대륙 무역보다 중계무역인 동인도 무역에 두었다. 그리고 네덜란드 상업자본은 향료무역을 지배해 가치 이하에서 사들여 가치 이상으로 파는 전기적 자본의 실체인 부등가교환의 결과인 양도이윤을 추구했다. 이는 전자본주의 시대에 일반적으로 나타나는 이윤창출 방법으로 네덜란드에서만 나타나는 현상은 아니었다.

　네덜란드 무역은 경제적으로 전근대적 시장을 수중에 거두는 것과 등가교환원칙이 발달하지 못한 공동체 생산물의 교환 매개를 통해 발생하는 이윤을 착취했다.

　반면 영국의 무역은 무엇보다도 공업생산물, 특히 모직물 수출을 기반으로 하고 있었다. 물론 네덜란드에서도 모직물공업은 발달했지만, 그것은 중계무역을 기반으로 한 가공공업이 산업구조의 기초를 형성하고 있었다. 그리고 영국산 모직물은 네덜란드에서 염색이나 표백에 의해서 완성되었는데 면직물, 마직물, 견직물도 마찬가지였다. 영국 모직물공업은 국민적 수출산업으로서의 독립공업과는 성격이 달랐다. 네덜란드는 이러한 무역구조 특성 때문에 영국과의 장기항쟁 속에서 패배할 수밖에 없었다. 영국의 모직물공업이 순조롭게 진행되면서 1730년대에 네덜란드는 동인도 무역에서의 지위도 잃게 되었다.

　지리상의 2대 발견 이래 계속된 선두국가의 상업전쟁도 드디어 종반을 맞이했지만, 또다시 영국의 앞을 가로막은 것은 프랑스였다.

프랑스의 노력

프랑스는 15세기 중반까지 영국과의 백년전쟁에 의한 영향을 받아 상업이나 산업이 정체되어 신대륙을 향한 모직물공업이 발달하지 못했다. 자국 소비도 충분하지 않았으며 초기의 상업전쟁에의 출발이 늦었던 이유도 있다.

16세기 후반에 들어서야 해상지배권을 획득하기 위하여 해적 행위를 수반하면서 북아메리카와 캐나다에서 식민지 활동을 추진했다. 본격적인 활동은 17세기 들어서 플로리다부터 북아메리카 동해안을 끼고 북상하여 세인트 로렌스 강을 따라 북상하여 퀘벡과 오타와를 건설하여 북아메리카 식민지의 기반을 닦았다.

앙리 4세(1589~1601년 재위) 이후, 산업보호정책을 받아들였으며 루이 14세 시대인 17세기 후반 재무장관 콜베르Jean-Baptiste Colbert에 의해 중상주의 정책이 취해진 후 본격화되기 시작했다. 그는 농업과 목축이 프랑스의 부를 증진함을 신뢰하고 산업보호정책 이론을 도입했으며, '국력이란 화폐획득경쟁이다'라는 신념에 따라 국가적 규제에 의한 경제정책을 실행했다. 길드 제도 역시 도입하여 상공업을 감독하고 공업에 특권을 주는 정책을 펴 직물공업을 장려함과 동시에 외국과의 무역도 중시하면서 네 가지의 규제책 또한 실시했다.

(1) 외국 산업 및 상업품의 수입은 제한 또는 금지.

(2) 국내산 상품의 수출은 자유 또는 장려.

(3) 국내 생산에 필수불가결한 원료의 수출은 제한.

(4) 외국 독점의 원료 수입은 자유 또는 장려 혹은 금지.

이러한 규제와 함께 프랑스는 1667년부터 네덜란드, 영국으로부터의 모직물에 대해 관세율을 2배로 한다는 극단적인 관세정책을 시행함으로써, 이른바 '위로부터' 육성된 모직물 공업을 기반으로 보호무역주의정책이 전개되었다.

또한 콜베르는 네덜란드를 모방하여 무역제패와 식민지 경영을 위해 동인도 회사를 1664년에 설립했으며 계속해서 서인도, 콜카타, 중국, 아프리카 등지에 특권 회사를 설립했다. 이러한 면면은 프랑스에 일시적인 성과를 올려 루이 14세 때 프랑스 번영의 기초를 쌓아 올렸으나 특권회사나 동인도 회사의 경영에서는 실패했다. 국가의 간섭으로 인해 일정 수준 이상의 발전은 이룰 수가 없었던 것이다.

5장

근세 유럽의 사회사상적 배경

르네상스 전개 과정 | 주권체제 | 종교개혁의 사회 경제적 파장 |
부르주아 문화의 대두 | 계몽전제정치 | 계몽사상의 대두

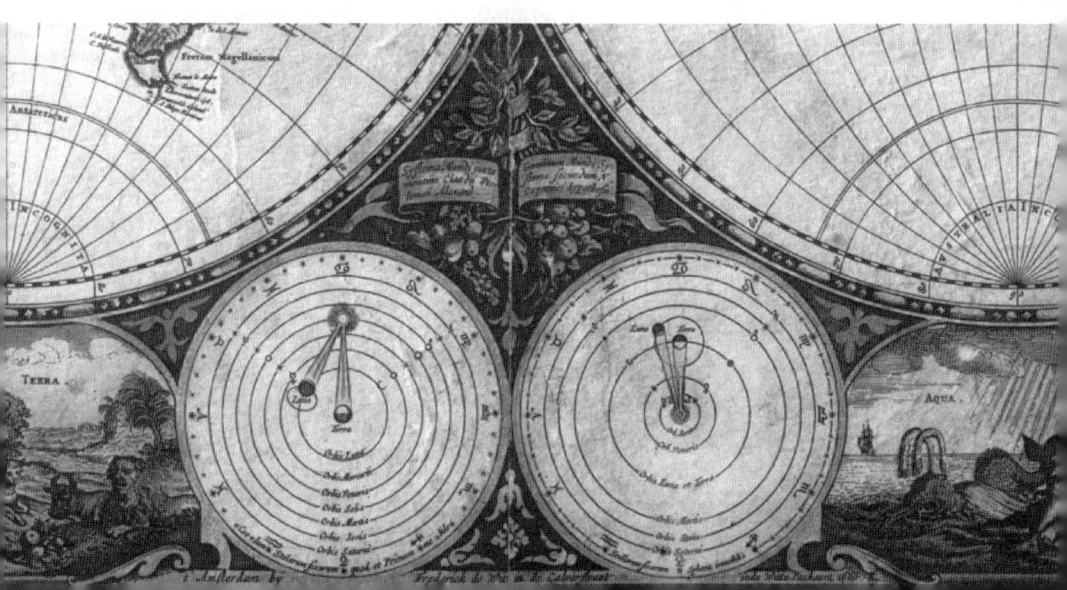

르네상스 전개 과정

로마에서 성공하기 위해서는 그리스에 대한 지식이 필수적이었다. 대다수의 로마 엘리트들은 종종 헬레니즘Hellenism, 즉 그리스 철학과 문학 및 시각예술을 흠모했다.

로마 문화의 모사품들이 그리스의 진품과 거의 구별되지 않을 정도로 그리스 문화에 대한 추앙은 종종 노예적이었지만 로마인들은 그들 나름의 문화를 창출했다.

유명한 웅변가인 키케로Marcus Tullius Cicero는 언변과 문장력이 뛰어나 로마 수사학의 표본이 되었고, 그가 제시한 말하는 방식과 사고방식은 교육받은 사람들이 따라야 할 기준이 되었다.

고대 그리스 로마 문화에 대한 관심은 샤를마뉴 대제의 궁정에서 부활하였는데, 그 관심은 흔히 알려진 대로 15, 16세기가 아니라 이미 12세기부터 뚜렷하게 존재해 왔다.

그러나 사실 고대 그리스 로마 문화에 대한 관심은 로마가 쇠퇴한 이후 꾸준히 있어 왔다. 다수의 고전 텍스트가 고의적으로 파괴되거나 혹은 시간이 경과함에 따라서 분실되기도 했지만, 가톨릭교회는 기본적으로 기독교 교리와 갈등을 일으키지 않는 한 고대문명의 요소들을 모두 빈틈없이 보존했고, 필사본을 통해서 이를 전수했다. 따라서 교양을 갖춘 엘리트계층은 항상 고대 지중해 문화에 접할 수 있었고 그 문화와 교류할 수 있었으므로 위대한 전통은 면면히 이어졌다.

지중해 무역과 제조업이 번성함으로써 이탈리아는 13~15세기 유럽에서 가장 부유한 지역이었다. 다수의 도시국가와 공국을 통치하는 부유한 상인, 은행가, 귀족, 교황, 추기경들은 그 당시 누릴 수 있는 모든 것을 누렸다. 그들의 삶의 태도는 점차 세속화되어 신과 내세보다는 인간과 현세를 중시했으며, 창조적인 인생관을 중시하는 성향이 풍부하게 드러나 있는 고전 텍스트들을 읽음으로써 더욱 확고해졌다. 또한 학문과 예술의 발달로 예술가와 학자들로부터 영향을 받은 부유층 사이에서 개인주의적인 인간관이 발전되고 개념화되었다.

고전문화에 대한 지식의 부활은 비잔틴 제국의 수많은 지식 예술 엘리트들이 투르크족의 위협에 직면해 발칸 제국과 옛 그리스로부터 도피하면서 한층 더 가속화되었다. 유럽으로 건너간 비잔틴 학자와 예술가들은 주로 이탈리아 반도에서 신변의 안전을 찾았다. 비잔티움에서 온 망명자들은 짐 보따리 속에 수많은 필사본을 담아왔는데, 여기에는 서양에는 아직 잘 알려지지 않았던 위대한 그리스 사상가들과

1. 르네상스 3대 거장 중 한 명인 레오나르도 다빈치의 초상화
2. 비트루비우스적 인간(레오나르도 다빈치 作, 카논에 의한 인체비례도, 1490년경)
3. 르네상스의 전성기를 이룩하는데 일조한 로렌초 데 메디치(이탈리아의 정치가, 학자, 시인이며 미술과 문학의 후원자)

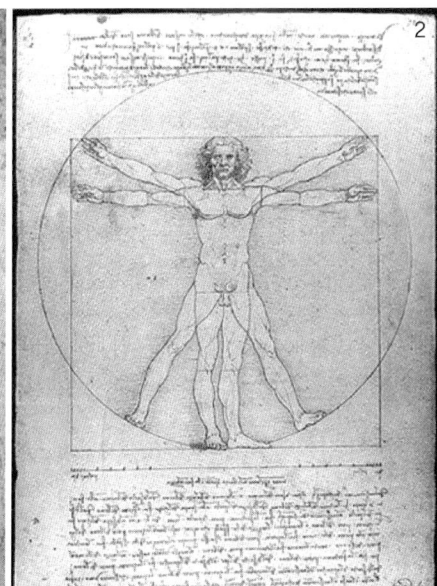

다른 작가들의 사상이 보존되어 있었다. 유럽인들은 호메로스Homeros가 쓴 것으로 알려진 위대한 시 '일리아드Iliad'와 '오디세이Odyssey'를 읽을 수 있게 되었다.

 15,16세기에 학자, 미술가, 건축가, 음악가, 작가 등 휴머니즘 문화를 형성한 모든 사람들은 점차 그들의 사회가 이전 시대의 '암흑'을 거친 후에 재탄생된 새로운 시대 즉, 르네상스Renaissance 시대로 진입했다는 보다 일반적인 느낌을 경험하기 시작했다.

 흔히 우리는 르네상스를 가리켜 고전문화의 부활과 휴머니즘의 태동이라고 부른다. 르네상스는 일반적으로 14세기 프란체스코 페트라르카Francesco Petrarca 즈음에서 시작되어 16세기 스페인의 후안 루이스 비베스Juan Luis Vives나 네덜란드의 에라스무스Desiderius Erasmus 등 코스모폴리탄적 인문주의자들로 이어진 고전문예부흥운동을 가리킨다.

 무엇보다 이슬람 세력의 공세로부터 서구문명을 보호해 준 '방파제'로써 동로마의 역할은 지대하다. 1453년 콘스탄티노플이 함락된 뒤 로마로 피신한 동로마 난민들의 보따리에서 나온 그리스 고전들은 이탈리아 르네상스를 꽃피운 풍요로운 거름이었다.

 이렇게 그리스 로마 문명과 그리스도교의 전통을 잘 보존해 서구에 전해 준 동로마제국의 운명에 결정타를 날린 것이 1204년 제4차 십자군의 콘스탄티노플 점령이었다는 사실은 역사의 역설이다.

주권체제

세계사에서 근세와 근대를 가르는 기준점은 절대주의와 중상주의가 주류를 이루던 17~18세기라고 흔히 설명하지만 명확한 구분은 쉽지 않다. 이는 세계사를 만들어낸 유럽 각국의 입장에 미묘한 차이가 있기 때문일 것이다.

프랑스에서는 혁명 이전의 역사를 근대사로, 혁명 이후의 역사를 현대사로 규정짓는다. 프랑스 혁명 이후에도 19세기 제정이나 왕정복고, 20세기 나치의 점령 등 정치적 격동이 있었음에도 불구하고 민주주의를 원칙으로 하는 현재까지를 하나의 시대로 파악하고 있다.

영국의 기준은 또 다르다. 프랑스에서 말하는 근대는 영국에서는 초기 근대이다. 영국에서는 근대의 기점을 어디에 두는지 명확하지 않은데 보통은 18세기 중반 부근을 기준으로 하는 것으로 보인다. 이 외에도 독일이나 이탈리아, 스페인 등 나라에 따라 근대를 파악하는 기준이 애매한 경우가 많은데, 프랑스처럼 혁명 등의 큰 사건으로 구분하는 경우는 드물다.

19세기의 유럽은 공업화와 국민국가라고 하는 2개의 축을 중심으로 다양한 시스템을 합리적으로 구축해 '유럽의 세기'를 실현했다. 물론 그것은 18세기 후반이나 19세기에 갑자기 이루어진 것은 아니었다. 18세기 후반에 이르러 그 이전부터 전개된 다양한 요소가 복합적으로 서로 공명하게 된 것이다.

　근세 유럽에서는 현대의 세계화로 연결되는 전 세계적인 경제팽창의 과정이 시작되었다. 공업화의 전제가 되는 대규모 설비투자가 가능한 자본이 축적되기 시작하고, 세계를 시장대상으로 하는 기계에 의한 대규모 상품생산 시대가 조성되고 있었다. 한편 근세에 들어서면서 국민국가의 전제가 되는 영토의 확정과 주권국가라는 원칙이 확립되어 갔다.

　오늘날 국제정치의 단위는 주권국가이다. 20세기 후반 프랑스와 독일 주도의 유럽연합에서는 개별 국가의 주권을 제한하고 있지만, 이것 역시 각국의 주권을 전제로 한 제한과 조정이다. 주권국가란 외부의 지배나 지시를 받지 않고 내부의 정치적 결정을 독자적으로 내릴 수 있는 국가를 말한다.

　주권국가의 존중이라는 국제정치상의 원칙은 당연한 것으로 받아들이기 쉬우나, 사실 성립된 지는 역사적으로 그리 오래 전 일이 아닌 16세기에서 17세기에 걸친 근세 유럽에서의 일이다. 그 당시 유럽에서는 중세적인 질서로부터의 전환이 이루어지고 있었다.

　유럽 중세에 있어서 지배질서의 원칙은 사람과 사람 간의 주종관계였다. 이러한 속인원리에 따른 질서에서는 주종관계에 균열이 생기면 지배할 수 있는 영역도 변화한다. 14세기 중반부터 15세기 중반까지의 백년전쟁은 이러한 배경을 바탕으로 발생한 것이었다. 이러한 질서 속에서 힘이 없던 국왕은 차츰 권력을 확립해 나가게 되는데 국왕이 권력을 확립한 이후인 근세 질서의 원칙은 속인원리가 아닌 속지원리였다. 하지만 영지를 지배하고 있던 영주는 자신의 영지 백성에 대해서는 직접적인 지배 권력을 유지하고 있던 경우가 많았기 때문에 여전히 중세적이고 봉건적인 사회구조는 일정 부분 존속하고 있었다.

유럽은 16세기부터 하위개념의 개별 권력을 국가가 통일적인 통치구조 속에 통합시켜 가던 시대였다.

근대 이전에는 개별 국가를 초월하는 권위로써 황제권이 존재했다. 모든 국왕을 내려다볼 수 있는 황제는 큰 상징적 의미를 가지고 있었고, 근세 초까지도 황제의 자리를 놓고 분쟁이 일어났다.

15세기 말 프랑스 국왕 샤를 8세Charles Ⅷ는 나폴리에 대한 권리를 주장하며 이탈리아에 쳐들어갔으나 사고로 죽는다. 이 침공으로 발생하는 이탈리아 전쟁의 배경은 오스트리아와 스페인을 동시에 통치하던 합스부르크가Habsburg Haus와 프랑스의 발루아가Valois Dynasty의 황제 자리를 둘러싼 투쟁이었다. 결론부터 이야기하자면 합스부르크가의 카를 5세는 발루아가의 프랑스 국왕 프랑수아 1세Fransois I 를 패배시키고 황제의 자리를 차지하는데 많은 도시공화국들이 분립하고 있던 이탈리아 반도를 무대로 여러 세력이 어지럽게 합종연횡을 펼쳤던 이탈리아 전쟁은 거의 반세기 동안 계속되어 1559년에 이르러서야 종결되었다.

이탈리아 전쟁의 과정과 결과에 나타난 상황들은 역사적으로 매우 의미가 크다. 초월적이고 보편적인 권위였던 황제의 권위는 실질적으로도, 상징적으로도 큰 의미를 갖지 않게 되었다. 각국은 특정국가가 압도적으로 강해지는 것을 막기 위해 세력의 균형을 맞추어 동맹관계를 구축하게 되었으며 각각의 나라가 외교관을 상주시키고 국가 간의 관계를 조정하거나 정보를 수집하는 구조로 성립되어 갔다.

종교개혁의 사회 경제적 파장

이탈리아를 무대로 전개된 전쟁에는 반도에 있어 중요한 존재였던 교황청도 군사력을 겸비한 하나의 세력으로써 적극적으로 관여하고 있었다.

이탈리아 전쟁의 시기는 15세기 피렌체에서 본격화된 르네상스가 로마로 확대된 무렵과 겹친다. 로마 교황들은 종교상의 권위뿐만 아니라 정치적으로도 예술의 후원자로서 대단한 권세를 자랑하고 있었다. 세속과 종교가 분명히 구별되지 않았던 시대이기 때문에 그 권위는 현실의 정치 정세를 좌우하곤 했다. 파문이나 이단의 선고가 강렬한 의미를 갖고 있었던 것이다.

율리우스 2세Julius Ⅱ나 레오 10세Leo X와 같은 르네상스 시대의 교황과 교황청은 신학상의 최고권위자로 행동하면서, 한편으로는 세속의 권력에 관여하여 외교적 술책을 부리고 낭비를 일삼았다. 그런데 그런 권위에 꺾이지 않는 인물이 나타났다. 독일의 성실한 신학자이자 수도승려인 마틴 루터Martin Luther다.

모든 가톨릭교도에게 있어 로마는 예루살렘이나 스페인의 산티아고 데 콤포스텔라Santiago de Compostela와 함께 가장 중요한 순례지였다. 그러나 젊었을 때 로마를 방문한 루터는 세속의 권력에 더러워진 교황청의 모습에 경악해 귀국했다. 그 후 금전으로 죄를 씻을 수 있는

▲ 마틴 루터 Martin Luther와 면죄부 판매 모습

면죄부 판매에 대해 1517년에 '95조 반박문'을 제시하고, 교황청을 공공연하게 비판했다. 가톨릭은 전통적으로 현세에서의 선행이 내세에서의 구제를 가져온다고 믿어왔다. 루터는 이를 부정하고 영혼의 구제는 믿음에 의한 것이라는 '신앙의인론信仰義認論'을 주장했다. 루터는 1년에 두 번씩 성서를 꼬박 읽는 신앙생활을 했으나, '인간이 이성에만 의존해서는 신앙의 조건을 받아들이기 어렵다'는 결론을 내리고 '그 불가사의한 문제를 설명하고자 시도하는 우리가 바보다'라는 솔직한 복음서의 가치를 재발견한 후 벌인 일이었다.

교황청은 루터를 파문했으나 그것으로 오히려 여론이 확산되었다. 그의 교설은 독일 민중에까지 전파되었다. 루터는 작센 선제후 프리드리히Friedrich III의 거성에서 보호를 받으며 '신약성서'를 독일어로 번역했다.

루터는 무엇보다도 성서를 중시했기 때문에 신자라면 성서를 읽어야 한다고 생각했다. 루터의 번역으로 라틴어를 모르면 읽을 수 없었던 성서를 드디어 세속 언어로도 읽을 수 있게 되었던 것이다. 때마침 전개된 인쇄술의 발달은 루터의 사상을 전파하는 도구가 되었고, 이것을 저지하지 못한 교황청의 초월적인 권위는 흔들리지 않을 수 없었다.

신성로마제국 황제 카를 5세Karl V는 초월적인 권위를 인정하지 않는 루터파를 탄압했다. 이미 루터파의 신앙을 받아들이고 있던 도시나 제후는 이에 일제히 항의했다. 여기에서 '프로테스탄트Protestant'라는 명칭이 반反교황청 세력에 주어지게 되었으며 이는 후에 반反가톨릭의 입장을 취하는 다양한 종교개혁파를 총칭하는 표현이 되었다.

여기에서 중요한 점은 가톨릭과 프로테스탄트와의 대립을 마무리하려고 한 1555년 아우구스부르그 종교회의Augusburg Interim에서 있었던 종교 화해이다. 루터파의 활동은 인정되었지만 개개인의 개인적인 신앙의 자유가 승인된 것은 아니었다. 독일의 각 연방 군주들이 선택한 교회가 그 연방에 있어서 정통적인 종파가 된다는 합의가 성립됐다. 군주의 선택이 그 지역의 종교를 좌우하게 된 것이다. 군주 혹은 국왕 아래에서 주권국가의 확립이라고 하는 시대의 바람이 불고 있었다.

16세기 전반 가톨릭과 프로테스탄트의 대립은 단지 신앙상, 교의상의 문제뿐만 아니라 세속 정치의 전개에도 크게 관련되어 있었다. 16세기 후반 프랑스의 종교전쟁에서부터 17세기 전반 독일의 30년 전쟁에 이르기까지 유럽 각지에서 생긴 분쟁에는 양 교회의 대립이 원인이었다. 루터파는 루터가 그랬던 것처럼 기존 정치질서 그 자체를 부정하는 것도 아니었고, 개인 신앙의 자유를 주창하는 것도 아니었다. 그가 말하는 만인제사장주의는 가톨릭교회의 초월적인 권위나 계층적 질서는 부정했지만, 현세의 질서를 부정하는 것은 아니었다.

한편 장 칼뱅Jean Calvin은 만인제사장주의에 있어 보다 철저한 입장을 취했다. 그는 주교를 시작으로 한 성직자 계층을 일체 인정하지 않고, 신도들이 선택한 지도자가 장로로서 신도공동체를 이끌어 나가는 일종의 신권정치를 지향했던 것이다. 제네바에 초청된 칼뱅은 실제로 그 땅에서 반대파를 배제하고 철저한 신권정치를 구현했다. 성서에 나타난 신의 말을 근본으로 하는 것, '구제는 그 사람의 실적에 의해서 좌우되는 것이 아니라 오로지 신앙의 것이며, 신앙은 신으로부터 주어지는 것이며, 그 은총은 신에 의해서 이미 정해져 있다'라고 하는 철저한 예정설을 주장했던 것이다.

▲ 장 칼뱅 Jean Calvin

16세기 이탈리아 전쟁이나 프랑스 종교전쟁으로부터 17세기 전반 독일을 황폐하게 한 30년전쟁에 이르기까지, 이러한 분쟁을 통해서 확실해진 것은 영역을 가진 주권국가끼리의 대립이며 무엇보다도 국가 이익이 우선되는 국제관계의 전개였다. 세속의 정치와 항쟁에는 종교문제가 항상 관련되어 있었지만, 때로는 국가의 공적인 교회가 가톨릭이라고 하더라도 필요하다면 프로테스탄트 국가를 합치는 사태가 벌어지곤 하였다.

이 시대에 그러한 자세를 나타낸 대표적인 인물이 리슐리외Armand Jean du Plessis Duc de Richelieu이다. 그는 프랑스가 30년전쟁에 참전할 때에 이를 주도한 재상이자 17세기 전반 프랑스 왕권강화에 공헌한 인물인 동시에 프랑스 가톨릭교회 최고직인 추기경이기도 했다. 그러나 리슐리외는 독일을 무대로 한 30년전쟁에 프랑스를 개입시키면서 프로테스탄트 세력과 동맹하는 것을 불사했다. 국익을 우선시하는 국가의 논리가 종파나 교의의 대립을 넘어서 있었다.

30년전쟁의 종결을 논의한 베스트팔렌 강화회의Westphalia Conference는 유럽 다수의 주권국가 간에 이루어진 최초의 본격적인 외교교섭이었다. 결과적으로 아우크스부르크 종교회의의 내용이 재확인되고, 칼뱅파도 그 존재가 승인되었다. 사실상 이미 독립하고 있던 네덜란드는 스위스와 함께 공식적으로 독립이 승인되었다. 중세적 질서의 최상위에 위치해 온 초월적인 권위는 기세를 더해가는 주권국가 앞에 굴하지 않을 수 없었던 것이다.

한편 가톨릭교회에 의한 종교개혁은 교황청이 추진한 본격적인 재건의 모색으로써 당시는 신성로마제국의 지배 하에 있던 트리엔트Trient에서 1545년부터 개최된 공의회Council of Trient에 의해서 진행되었다. 1563년까지 열린 회의에서 현재의 로마 가톨릭교회의 기본적인 틀이 결정되었으므로 이는 역사적으로 중요한 회의로 기록된다.

이 회의에 의해 교황의 초월적인 지상권이 확인되었고, 동시에 일곱 개의 비적秘積 등이 결정되었으며, 주교의 재직의무, 미사집행방식의 통일, 이단에 대한 종교재판의 강화나 금서 목록의 제정 등이 결정됐다.

종교적 측면에서 교육의 강화도 포함되었다. 이는 정규 성직자를 양성하기 위한 신학교의 설립이나, 성직자에 대한 교의나 전례집행에서의 일탈을 막기 위한 교육뿐만 아니라, 일반 신도에 대한 종교교육을 통한 교육의 강화이기도 했다. 비非유럽만이 아니라 유럽 각지의 서민도 전도와 교화의 대상으로 여겨졌던 것이다.

신구 기독교 양파는 심하게 대립하면서, 때로는 유혈을 동반하는 싸움도 감행해 포교 전투를 벌이기도 했다. 프랑스의 내란이나 30년

전쟁은 이미 언급했던 대로이다. 16세기 후반부터 17세기 초에 걸쳐 양파 모두 엄격했던 만큼 이단 심문이나 마녀재판도 빈번했다.

30년전쟁이 종결된 17세기 중반이 되면서 유럽에서 양 교회의 세력권은 거의 정착되었다. 가톨릭교회는 이탈리아나 스페인 등 지중해 일대와 프랑스의 대부분, 헝가리에서 폴란드에 걸친 동유럽에서 주도권을 재확립했다. 독일 북부에서 북유럽, 그리고 북해의 네덜란드와 영국이 프로테스탄트의 지역이 되었다.

칼뱅은 자본주의와 대의제 민주주의의 발전에도 일조했다. 칼뱅 신학은 바울과 아우구스티누스 신학의 연결선상에 있었다. 따라서 권위에 대한 복종 원칙을 가지고 있었다. 하지만 칼뱅은 권위에 불복종할 수 있는 예외를 인정함으로써 군주의 폭정을 뒤엎는 민주혁명의 문을 열어놓았다. "부富는 열심히 일한 데에 대한 정당한 대가 중 하나"라는 칼뱅의 명제는 청부淸富라는 사회윤리적 지향점이 청빈淸貧을 대체할 수 있는 근거를 마련했다. 막스 베버Max Weber가 1904~1905년에 발표한 '프로테스탄티즘의 윤리와 자본주의 정신'에서 칼뱅주의를 비롯한 정신적 종교적 요소들이 자본주의를 낳는 데 결정적 기여를 했다고 주장할 수 있었던 배경이다.

이러한 교육의 전개에 대해 가톨릭교회가 선두에 설 수 있었던 것은 트리엔트 공의회 이전인 1534년 스페인의 이그나티우스 데 로욜라Ignatius de Loyola가 여섯 명의 제자와 함께 파리에서 설립한 예수회 덕분이었다. 1540년에 예수회를 정규 수도회로 승인한 것은 트리엔트 공의회의 개최로 가톨릭교회 재건을 최우선시한 교황 바오로 3세Paulus Ⅲ였다. 공인 초기 60명 정도였던 예수회Society of Jesus는 1556년에 로욜라가 사망했을 당시 1천 명 정도까지 증가해 가톨릭교회의 유럽 내에서의 재再포교활동, 그리고 세계 각지로의 선교사 파견사업과 함께 이후 급속히 팽창하여 갔다. 17세기 초에는 회원이 1만 명을 훨씬 넘어섰다.

16세기 중반 즈음 본격화된 포르투갈과 스페인의 해양제국 혹은 식민지 제국 형성에 따라 미국 대륙은 물론 동아시아에 이르기까지 예수회의 활동범위는 넓어졌다. 1549년 일본에 전도를 개시한 프란시스코 사비에르Francisco Xavier, 16세기 말부터 17세기 초에 걸쳐 중국에서 전도활동을 전개한 마테오 리치Matteo Ricci는 예수회로부터 파견된 선교사였다.

그들은 유럽 이외의 땅에 기독교를 전하는 것과 동시에 그 땅에 유럽의 문물을 유입시켰다. 로마 교황청을 기반으로 한 조직적인 지원을 받을 수 있었던 만큼, 예수회를 시작으로 한 수도사들에 의한 전도로 인하여 유럽 이외의 지역에서는 가톨릭교회 측의 포교가 프로테스탄트보다 앞서 나갔다.

부르주아 문화의 대두

국왕이나 귀족들이 궁정에 모여 문화를 즐겼던 것은 중세부터 볼 수 있었던 현상이었다. 그러나 중세에는 잦은 전쟁이나 지배 지역 순찰 등의 이유로 군주들은 궁정을 거느리고 이동했다.

이동궁정이 정착하게 된 것은 17세기 중반부터이며, 국왕을 중심으로 한 주권국가의 성립과 깊은 관계가 있다. 궁정은 국왕에서부터 각종 공무원, 다양한 서열의 귀족과 그의 가족 등이 의례화된 예의범절과 정치질서를 지키는 정치의 장소이자 친분과 사교의 장소였다. 이러한 궁정사회가 완성된 때는 루이 14세Louis XIV의 친정이 행해진 베르사유 궁전이었다. 베르사유 궁전에는 현재 우리가 볼 수 있는 건축, 조각, 태피스트리부터 가구에 이르는 장식예술뿐만 아니라 음악, 발레, 연극, 초기 오페라까지 당시 최고의 예술이 응축되어 있었다. 프랑스식 정원은 루이 14세의 통치사상을 구현한 것이라 해석되고 궁전 그 자체는 고전주의 건축 양식의 대표작으로 전해진다.

인구가 거의 2천만을 육박한 루이 14세 시대의 프랑스는 유럽 제일의 대국이었다. 그 궁정은 프랑스 국내정치의 중심일 뿐만 아니라 유럽 내 국제정치에 있어서도 커다란 위치를 차지하고 있었다.

이러한 궁정문화는 다른 나라에도 영향을 주어 많은 군주들이 18세기 베르사유를 모방한 궁전을 짓기도 했다. 딸 마리 앙투아네트

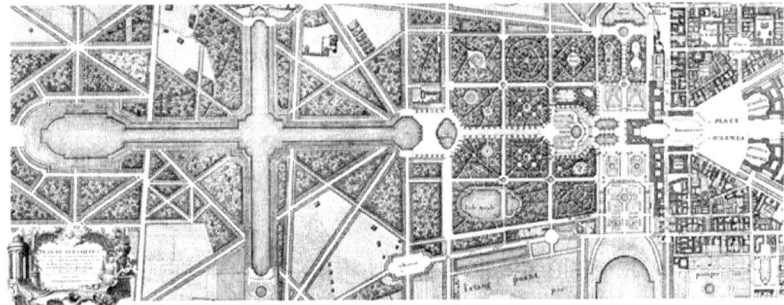

▲ 베르사유 궁전의 정원과 도면

Marie Antoinette를 프랑스에 시집보낸 합스부르크가는 광대한 정원이 있는 쉰브룬 궁전Schloss Schoenbrunn 쉐브룬 궁전을 세웠고, 프로이센의 대왕 프리드리히 2세Friedrich Ⅱ도 베를린 교외의 포츠담에 화려한 로코코 양식의 상수시 궁전Schloss Sanssouci을 건설했다.

근세의 유럽은 전쟁의 연속이었다. 중세까지 사용되었던 활과 화살이 대포와 총으로 대체되면서 전쟁의 양상도 변하였다. 중화기가 본격적으로 개발되면서 이에 견딜 만한 요새의 구축도 대형화되었고,

동원되는 병사의 수도 대규모화되었다.

초기에는 용병에 의존했지만 점차 상비군을 편제하는 변화가 본격화되기 시작했는데, 이러한 군사력 강화를 위해서는 넉넉한 국가재정이 필요했으므로 조세제도의 확립이 요구되었고 그것으로 재정을 충당해 나갔다. 주권국가의 확립은 이러한 반복되는 전쟁과 함께 진행된 것이다. 한편, 화기의 개량이나 요새구축 등 군사기술의 발전은 기술개발의 진전과도 밀접한 관계가 있었다.

잘 알려져 있듯이 17세기의 유럽은 '과학 혁명의 시대'를 맞이하고 있었다. 이 시대는 실험에 의한 검증이라고 하는 방법이 추진되던 시대로 개인의 발견이나 설명을 넘어 이론적인 가설을 세우는 태도, 체계적인 실험에 의한 가설의 확인, 수학적인 논리성 등이 공통적으로 그 중심에 있었다. 학문의 전개와 실용적인 변화가 함께 있었던 것이다. 상술한 요새의 구축이나 대포제작, 대포를 장비한 대형 함선의 건조 등 군사에 관한 실용적인 기술개량이 그랬다. 망원경의 개량, 천문관측과 항해법의 혁신, 기계시계의 제작을 위한 정밀기술, 제작과정의 분업적인 조직화, 이들은 모두 공학적인 학문의 새로운 전개였던 것이다.

15세기 구텐베르크Johaness Gutenberg 이후 활판인쇄물은 프로테스탄트 신앙 보급에 큰 역할을 했다. 가톨릭 또한 포교 및 교육활동을 위해 여러 인쇄물을 간행하였으며 서적을 출간했다. 크기뿐만 아니라 종이의 질에 따라 다양한 가격의 책이 나오면서 예전보다 많은 사람들이 책을 접할 수 있게 되었다. 새로운 지식 전달 매체의 양상이 바뀌면서, 17세기에는 이미 신문의 전신에 해당하는 인쇄물이 등장했다. 그러나 이러한 인쇄물을 읽을 수 있는 사람들은 그렇게 많지 않았다. 학교 교육이 보급되지 않았던 당시에는 민중계층에서 문자를 읽을 수 있는 사람들이 음독해 들려주는 방식으로 문자정보가 널리 퍼졌다. 교회의 사제나 목사들이 아이들에게 종교를 가르치면서 문맹퇴치교육이 어느 정도는 존재하고 있었으나, 문맹퇴치교육의 전제가 되는 문법 체계의 확립, 공통언어의 정리라는 사업이 국가에 의해 추진되기 시작한 것은 근세에 이르러서였다. 스페인이나 프랑스를 선두로 자국어의 확립, 문법체계의 확립이 왕실의 지시 하에 추진되었다.

한편 왕립아카데미라든지 왕립협회라고 하는 기관이 설립되어, 과학 및 학문의 연구가 한층 더 조직적으로 추진되었다. 학문이나 예술활동의 공적 투자도 국가전략의 일부로 근세 유럽에서 시작되고 있었다.

민중계층의 문맹률은 높았지만 생활습관 속에서 그들만의 문화가 형성되어 구두전승에 의해 계승되었다. 따라서 민중문화는 직업이나 지역에 밀착한 지역적 성격이 짙었다.

농촌공동체 속에서는 오랫동안 계승되어 온 1년 생활의 주기가 존재했으며 이에 따른 농사달력과 기독교달력이 서로 겹쳤지만 그 안에서 새로운 문화가 형성되었다.

도시의 경우 지연관계가 생활의 기본구조를 이루고 있었으며 직업마다 일종의 공동체가 형성되었다. 조금 큰 도시에서는 상인이나 감독, 직공들이 길드라고 통칭되는 동업단체를 형성하고 있는 경우가 많았다. 이는 일종의 독점적 이익보호단체인데 시장경제가 발전하기 시작하면서 비판의 대상이 되어 훗날 해체된 조직이었지만 각 직업의 독특한 습관이나 의례를 보관 유지하고 있었다.

근세에 있어 이렇게 지역마다 다양한 색채를 띠면서 농촌이나 도시의 민중이 생활 속에서 유지하고 있던 문화를 민중문화라고 할 수 있는데, 궁정사회에서 볼 수 있었던 세련된 문화와는 큰 차이가 있었다. 민중문화는 폭력을 포함하는 격렬한 언어 표현이 그 특징으로, 감정의 억제가 중요했던 궁정문화와는 반대였다.

그러나 도시주민 중 민중문화와 구분되는 계층 즉, 부르주아 계급이 등장하는데 원격지무역 등으로 부를 이룬 사람들이 같은 도시에 살면서 민중문화와 거리를 두고 감정을 억제하는 방법으로 궁정문화에 가까운 그들만의 문화를 즐겼다.

이들은 자녀의 결혼 등의 방법으로 실제 궁정사회에 들어가기도 했는데, 후에는 관직을 돈으로 사거나 영주를 매수하는 등의 방법으로 궁정사회의 일부가 되었고, 18세기 들어서 도시를 거점으로 하는 독자적인 문화를 형성해 갔다. 왕과 귀족만이 즐겼던 음악이나 발레, 연극이 도시의 극장에서 펼쳐지고 시민들도 그것을 즐겼다. 왕가나 귀족의 가문은 여전히 계층사회에서 그 나름대로 특별한 존재로 위치하고 있었지만 양식화의 극치를 이루고 있던 궁정의 사교세계는 사회적으로는 풍자의 대상이 되어 버렸다.

계몽전제정치

　1701년 카를로스 2세Carlos Ⅱ의 유언에 따라 프랑스 국왕 루이 14세의 손자인 필리프Philippe가 스페인 국왕에 올라 펠리페 5세Felipe V가 되면서 스페인 최초의 부르봉 왕가House of Bourbon가 탄생하게 되었다.
　이 때문에 프랑스의 세력 확대를 경계하던 오스트리아, 영국, 네덜란드 그리고 독일연방국가는 이에 대항하여 동맹을 맺게 되고 1714년 라슈타트 조약Treaty of Rastatt이 체결될 때까지 전쟁이 계속되었다. 이러한 왕위계승권을 둘러싼 전쟁은 18세기 내내 유럽에서 끊임없이 계속되었다.
　이 시기의 국가 주권은 국왕 한 사람에게 있었으나 왕위 계승이 문제가 되었을 경우 전쟁의 주체는 왕조가 아닌 국가였고, 전쟁을 종결하는 조약체결에 있어서 가장 우선시되었던 것은 왕가의 처우가 아닌 국가의 이익이었다. 전쟁은 국가재정을 악화시켰으므로 국가의 정치 경제를 확실히 세우고 사회질서를 안정시키지 않으면 안 되었다.
　영국은 17세기 청교도 혁명과 명예혁명으로 대표되는 대혼란을 거쳐, 18세기에는 입헌왕정 정치시스템이 안착되어 경제발전의 기틀을 마련했다. 주변국에 비해 빠르게 안정된 정치체제는 유럽에서 가장 빨리 산업혁명을 이룩하는 원동력이 되었다. 한편 영국에서는 새로운 계급이 대두되었는데 젠트리Gentry라 불리는 계층으로 이들은 평민이었지만 귀족과 구별이 없을 정도로 지위가 높았다. 이들은 대 토지를 소유하고 있거나 무역상 또는 식민지의 지주들이었다.

젠틀맨들은 금리 수입으로 여유 있는 삶을 누렸고 동시에 교양을 몸에 익혀 일반인의 선망의 대상이었다. 지배계층이 된 그들은 설탕이나 커피, 홍차 등 수입 기호품을 적극적으로 도입해 생활양식의 변화를 선도했다. 젠틀맨들은 새로운 사회 경제의 활성화를 견인하는 동시에, 질서에 새로운 안정성을 부여하는 중심적인 위치에 서게 되었다.

세계패권항쟁에서 낙오되지 않기 위해서는 국내경제 기반의 정비나 대외교역의 발전이 필수적이라는 것을 유럽의 주요국들은 인식하고 있었다. 도로의 정비나 개설로 사람의 이동이나 유통망이 개선되었고, 국내 관세폐지, 각종 규제철폐, 기술의 도입으로 국내 노동시장과 상품시장의 정비가 이루어졌다.

18세기 후반 부유한 상인계층이 지배계급으로 있던 네덜란드나 입헌왕정 체제의 영국을 제외한 대부분의 나라에서는 근대화를 향한 움직임이 위에서부터 추진되었다. 이는 왕에 의한 정치체제는 그대로 둔 채 사회 경제의 움직임을 새롭게 하려는 것으로, 계몽전제 혹은 계몽왕정이라 불리는 시대가 시작되었던 것이다.

프랑스의 경우, 계몽왕정 하에서 구조개혁을 추진하려는 정치가가 적극 등용되었으나 그들이 추진하는 정책은 기존 기득권층의 반발을 불러일으켰다. 개혁을 추진하기 위해서는 국왕이 강력한 정치적 결단력을 발휘할 필요가 있었으나 루이 16세Louis XVI는 그리하지 못했으므로 프랑스 혁명으로 이어졌다. 독일 지역의 신흥국 프로이센의 계몽군주 프리드리히 2세는 강대국과 어깨를 나란히 하기 위해 부국강병을 추진했다.

그러나 프로이센은 융커Junker라고 불리는 지주귀족이 군부와 관료 등을 장악하고 있었는데 개혁이 결실을 맺기도 전에 프랑스 혁명의 혼란에 휘말리고 말았다. 오스트리아에서도 마리아 테레지아Maria Theresia와 그의 아들 요제프 2세Joseph II 시대에 계몽전제정치가 이루어져, 중앙집권화를 강화하고 종교관용령이나 수도원의 해산령, 귀족의 면세특권 폐지 등을 추진하였다. 그러나 귀족의 강한 반발과 다양한 민족으로 구성된 인구의 이해관계에 따라 개혁은 좌절되고 말았다. 러시아에서도 예카테리나 2세Ekaterina II 때 계몽전제의 움직임이 나타나고 있었다.

그러나 영주제도 농업경영에 의한 수출용 곡물생산이 주요 산업이었던 러시아의 경제적 상황은 개혁을 원활히 실시할 수 없게 하였고, 농민대반란이 있은 후 예카테리나 2세는 입장을 바꿔 오히려 농노제를 강화했다. 18세기 영국과 네덜란드를 선두로 한 서유럽은 공업화의 움직임이 시작된 반면, 동유럽에서는 농노제가 강화되고 권위주의적인 신분계층 질서가 재생산된 것이다.

계몽사상의 대두

18세기 근대 유럽사회에서 계몽사상啓蒙思想은 즉, 넓은 의미에서 계몽주의는 영국과 독일을 포함한 유럽 전역에 걸쳐 일어났던 18세기의 광범위한 운동을 지칭하지만, 계몽운동의 중심지는 프랑스였기 때문에 계몽주의에 관한 오늘날의 논의도 18세기 프랑스를 주 대상으로 삼고 있다.

계몽사상의 싹을 틔운 곳은 영국이지만 꽃을 피운 곳은 프랑스이다. 계몽사상의 출현을 새로운 엘리트층과 새로운 독자층의 출현에 맞추느냐, 또는 사회적 상상력의 변화와 비판정신의 확산에 연관시켜 보느냐, 아니면 정치 사회적 변화에 접목시켜 논의하느냐 등 계몽의 세기를 구분하는 데는 여러 관점이 있을 수 있으나, 새로운 비판적 사고의 출현에 초점을 맞추는 사람들은 17세기 말인 1680년경을 그 출발점으로 삼는다. 군주정君主政과 종교에 대한 신념의 동요에서 비롯된 이른바 '의식의 위기'가 뚜렷한 방식으로 드러나기 시작한 것이 1680년경이었다.

1685년 전후로는 새로운 정신의 출현을 알리는 중요한 저작들이 집중적으로 나타났다. 1685년은 낭트 칙령勅令 Edict of Nantes이 취소된 해로써, 많은 신교도 지식인들이 프랑스를 떠나 망명의 길을 선택한 해이기도 하다. 이로 인해 프랑스에 사회적이자 이데올로기적 통합에 균열이 생겨났으며, 망명 지식인 중심의 종교적 정치적 저항의 물결은 계몽주의의 비판적 흐름과 동일한 맥락에 서게 되었다.

1687년에는 고대정신에 대한 근대정신의 승리로 귀결되는 신구파新舊派 논쟁이 일어났다. 앙투안느 아당Antoine Adam은 계몽주의의 본질적 측면이 17세기 말에 형성되었음을 다음과 같이 역설하였다. "1715년 이전에 모든 본질은 이미 이루어졌다. 18세기의 대담성에 놀라기는커녕, 우리는 17세기 말에 일으켜 세우는 데 성공한 합리주의적 비판의 기념물에 18세기가 실상 덧붙인 것이 별로 없음에 오히려 감탄하게 된다."

루이 14세의 절대주의 왕정에서는 잠재적이고 소극적인 성격을 띨 수밖에 없었던 새로운 시대적 흐름이 해방의 활력을 갖추기 위해 획기적이고 역사적인 계기가 필요했다.

태양왕이라 불리던 루이 14세는 72년에 걸친 재위 끝에 1715년 숨을 거두었다. 그의 증손자인 루이 15세Louis XV가 다섯 살의 어린 나이로 왕위를 계승하면서 필리프 오를레앙Philippe d'Orléans의 섭정이 시작된 이 해는 역사적 전기임에 틀림없다.

루이 14세의 치세에 비해 상대적으로 자유로웠던 섭정기의 정치적 사회적 분위기는 17세기 말부터 배태胚胎된 계몽정신에 새로운 활기를 불어넣는 토양이 되었다. 그때까지 재야에 머물러 있던 지식인들의 항의가 공공연하게 제기되었으며, 문학 분야에서도 새로운 취향이 활기를 띠기 시작했다. 희극은 새로운 길을 개척했으며, 소설이 중요한 위치를 차지해 갔고, 콩트나 대화 같은 이데올로기적 투쟁의 필요성에 더 적합한 새로운 장르들이 모색되기도 했다.

랑송Gustave Lanson 같은 문학사가는 루이 14세가 사망한 해인 1715년을 계몽 세기의 출발점으로 삼고 있다.

▲ 태양왕 루이 14세

계몽사상은 17세기 말경에 싹트기 시작해서 1715년에 중요한 계기를 맞았고, 이후 프랑스 대혁명 때까지 계속된 18세기 전체의 지적 사상적 흐름을 뜻한다고 정리할 수 있을 것이다. 즉 대혁명을 계몽사상의 귀착점으로 보는 것이다.

계몽사상을 정의하는 데 있어서 대철학자 칸트Immanuel Kant는 계몽사상을 하나의 철학이기보다 정신의 해방이며, 진보의 정신으로 고양된 이성의 자유로운 검증에 모든 것을 맡기고자 하는 용기 있는 결단, 즉 철학적 태도로 보았다. 계몽사상이 하나의 철학적 체계가 아니라 인간정신의 일정한 지향을 뜻하는 좀 더 포괄적인 의미라면, 계몽사상 안에는 하나의 공식으로 환원될 수 없는 다양한 철학이 공존할 수 있다. 철학의 세기라고 일컬어지기도 하는 계몽주의 시대는 사실상 각각의 철학적 입장에서 다소간 편차를 보이는 수많은 철학자들이 활약한 시대이기도 하다. 18세기의 여러 사상가와 지적 풍토 전체를 계몽주의의 틀 속에 넣어 그들의 공통적 속성과 경향을 강조할 필요가 있다.

계몽사상은 데카르트적 합리주의合理主義를 계승하면서도 그것을 지양한 새로운 합리주의라고 말할 수 있는데, 그것은 데카르트식 존재론적存在論的 형이상학形而上學의 길이 아니라 뉴턴Isaac Newton의 과학적 사유를 규범으로 삼았다.

뉴턴과 아울러 계몽사상에 또 하나의 전범典範이 된 인물은 영국 철학자 로크John Locke였다. 1700년부터 프랑스어로 번역되어 전 유럽에 보급된 로크의 『인간 오성론』은 계몽사상을 창설한 책 중의 하나라고 할 만큼 영향력이 큰 저작이었다. 뉴턴과 로크의 과학적이고 경험론적인 사유를 규범으로 삼은 계몽사상은 인간 이성에 대한 신뢰를 극단으로까지 밀고 나간 사상이었다.

프랑스어에서 계몽을 표현하는 단어는 뤼미에르Lumières다. 이 말은 빛을 의미하는데, 모든 사물에 빛을 쬐어 어둠이나 미지의 부분 혹은 무지를 없애 나가야 한다는 자세를 나타내고 있다. 영어로는 인라이튼먼트Enlightenment라고 하는데 역시 빛을 비춘다는 의미이다. 프랑스에서는 현실세계에서 개량이나 개선을 요구해 적극적으로 발언하는 사람들, 특히 그러한 발언을 리드하는 사람을 '필로조프Philosophe'라고 불렀다. 이는 '지知를 사랑하는 사람'이라는 의미이다.

또한 계몽사상은 인류의 진보에 대한 유례없는 낙관주의적 신념이었는데 계몽사상가들이 공동으로 저술한 18세기 최대의 저작인

『백과전서』는 이와 같은 계몽적 이념의 가장 완벽한 표현이라고 할 수 있을 것이다.

디드로Denis Diderot와 달랑베르Jean Le Rond d'Alembert가 진행한 백과사전 편찬은 초판이 1751년부터 72년에 걸쳐 총 28권으로 간행된 대사업이었다. 백과사전의 항목 집필에는 학자와 관료, 법률 관계자, 행정 실무가, 뛰어난 직공 등 다양한 분야의 사람들이 참여했다. 여기에는 계몽사상가들이 공유한 인간의 지식과 이성이 가진 힘에 대한 놀랄 만한 신뢰가 담겨 있었다. 백과사전의 독자층은 학자나 상인 등의 시민뿐만 아니라 왕후 귀족과 기존 제도권 내의 행정관료 등도 포함되어 있었다. 새로운 지식에 대한 욕구는 그 저변이 매우 넓었던 것이다.

▲ 백과사전 표지

'사회는 가르침의 울타리'라는 뜻의 백과사전은 18세기의 상징으로써 해방의 수단이라고 확신했다.

프랑스에서는 현실의 여러 문제들을 논하는 장소로 살롱이 있었다. 살롱은 17세기 전반부터 귀족의 집 객실에서 여주인의 주최로 열렸다. 궁정이라는 의례화된 장소가 아닌 사적인 공간에서 다양한 의견을 교환하였고, 문학이나 예술작품의 감상이나 비평이 이루어졌다.

영국에서는 유사한 기능을 하는 모임으로 클럽이 있었다. 이러한 살롱이나 클럽, 거리의 카페 등에서 의견이 교환되는 가운데 공론이라는 것이 형성되어 갔다. 사적인 것과 공적인 것의 구분이 이루어지고, 국정에 있어서 공과 사의 혼동은 지탄을 받았다.

18세기 출판문화의 확대는 계몽사상의 보급에 큰 도움을 주었다. 아직 인쇄는 수공업이었고 종이는 비쌌지만 서적은 종교적인 것 일변에서 벗어나 다양화되고 서적의 유통량도 크게 늘었다. 18세기 유럽의 문맹률은 매우 높았지만 어쨌든 감소하고 있었다. 서적뿐 아니라 신문이나 포스터 같은 인쇄물에 이르기까지 종이에 인쇄된 문자를 매개로 하는 정보의 교환이 사회적 커뮤니케이션으로써 중요도를 더해 가며 19세기를 준비하고 있었다. 비록 교회의 권위주의가 비판의 대상이었다고는 해도 17세기와 마찬가지로 18세기 프랑스인에게 있어서 기독교는 여전히 삶의 근간이었다. 정치, 경제, 사회현상이나 질서 등 여전히 모든 분야는 종교세계와 밀접한 관계를 맺고 있었다. 그러나 한편으로 종교는 점점 현실 영역에서 그들을 지지하는 윤리나 가치관의 영역으로 위치를 옮기고 있었다.

영국에서는 17세기 대륙보다 앞서 계몽사상이 등장했다. 이를 대표하는 사상가가 존 로크이다. 존 로크는 계몽사상이 크게 퍼지기 전인 1704년에 사망했다. 그러나 다방면에 걸친 그의 사상은 이후 계몽사상에 많은 영감을 주었다. 무엇보다도 그의 사상은 17세기 영국 입헌왕정을 이론적으로 정당화하는 것이었다.

로크는 모든 사람에게는 절대 침해해서는 안 되는 생존권이 존재하며 이를 자연권이라고 했다. 그는 또한 정부는 피통치자의 동의에 따라 정당한 통치를 해야 하며 그렇지 않은 경우 사람들은 정부의 교체를 요구할 권리를 가지고 있다고 보았다. 그리고 이성적인 지배를 유지하기 위해서는 입헌왕정이 적절하다고 생각했다.

계몽사상의 요점은 다음과 같다.

첫째, 생존권을 기본으로 하는 자연권으로써 개개인의 권리 확인이다. 이것은 근대적 인권사상과 유럽형 민주주의의 기본에 자리잡고 있는 사상이다.

둘째, 동시대 정치에서 볼 수 있던 자의성에 대한 비판이다. 이것은 정의의 추구였으며 투명성이나 공정함의 희구였다.

셋째, 당시 재판제도에 대한 날카로운 비판적 고찰이다. 고문에 대한 철저한 비판이 이루어지고, 처벌도 본보기적인 제재가 아닌 죄를 범한 사람을 교정으로 이끌기 위한 처벌로 관점이 변화하기 시작했다.

넷째, 삼권분립 사상이다. 현대에 일반화된 삼권분립 제도는 독립 후 아메리카 합중국 헌법에 의해 최초로 실현되었다.

18세기의 경제는 유효한 조직화와 운용, 절약 등의 의미를 가진 개념이었다. 규제의 배제, 경제활동에서 최대한의 자유보장은 당시 계몽사상의 기본입장이었다. 그 당시는 아직 공업화가 본격화되지 않고 자본주의적 대규모 농업이 주로 이루어지던 때로, 유통과정에서의 규제배제나 자유시장의 확보에 대한 요구가 높았다. 이러한 생각을 중농주의라 불렀다. 규제배제나 자유시장의 확보라는 생각은 경제영역뿐 아니라 자유와 평등의 추구라고 하는 전반적인 인권사상과 관계되어 있다. 경제활동과 노동의 자유, 소유권 등이 평등하게 보장된 상태에서 투자와 수익의 계산이 이루어져야 하는 것이다.

당시엔 완전하고 자유로운 경쟁이 실현되면 약육강식의 세상이 될 것이라는 우려가 존재했다. 스코틀랜드의 계몽사상을 대표했던 애덤 스미스Adam Smith는 1776년 경제학의 고전이 된 『국부론』에서 '보이지 않는 손'으로 인해 조화가 만들어진다는 낙관적인 생각을 제시했다.

하지만 계몽사상가들이 단순히 낙관적이었던 것은 아니다. 자유나 평등이라고 하는 생각의 최상에는 사회를 구성하는 사람들의 '최대 다수의 최대 행복'을 실현한다고 하는 공통목적이 설정되어 있었고, 그것이 공적인 영역에서의 지상명제였다. 자유경쟁에서 도태된 모든 것이 스스로의 책임이라고 생각하고 있던 것은 아니었다.

계몽사상은 매우 다양했으며 동시에 모순적이기도 했다. 이성을 신뢰하는 주장과 감성을 중시하는 주장의 대립, 개별의지와 전체의지와의 불일치, 이를 처리하는 구조의 부재, 자유와 평등이라고 하는 이율배반에 빠질 가능성이 높은 개념의 무조건적인 주장, 이신론과 무신론의 병존, '최대 다수의 최대 행복'이라는 이상과 약육강식에 빠지기 쉬운 현실, 계몽적 리더에 의한 합리적 관리나 정책이 가져오는 억압적 현실 등이 그것이다.

그러나 18세기 계몽사상의 다양한 모색으로부터 19세기 산업 자본주의 경제발전의 기본이 되는 발상, 자유와 평등의 서구형 민주주의 이념과 근대 학문의 정비로 연결되는 논리적인 발상 등이 준비된 것이야말로 계몽사상의 중요한 역할이라고 하겠다.

한편, 계몽주의 시대의 유럽인들이 다른 문명을 평가하는 척도로 그들의 과학적 업적과 독창성을 이용했다. 다시 말해 부르주아적 가치가 전반적으로 지배하고 있는 과학이 주도권을 쥐게 된 것이다. 과학사가 존 헨리John Henry는 『17세기 과학혁명The scientific Revolution and the Origins of Modern Science』에서는 '16세기는 여러 측면에서 과학혁명이 준비되었던 시기'라고 했다.

6장

프랑스 혁명

사회제도의 모순 | 국가 재정의 위기 | 계몽사상의 영향 | 혁명의 시작 |
바스티유 습격 | 혼돈 속의 혁명 | 귀족과 시민의 다른 희망 |
혁명의 결과와 한계 | 보나파르트 나폴레옹 | 미국에서의 혁명

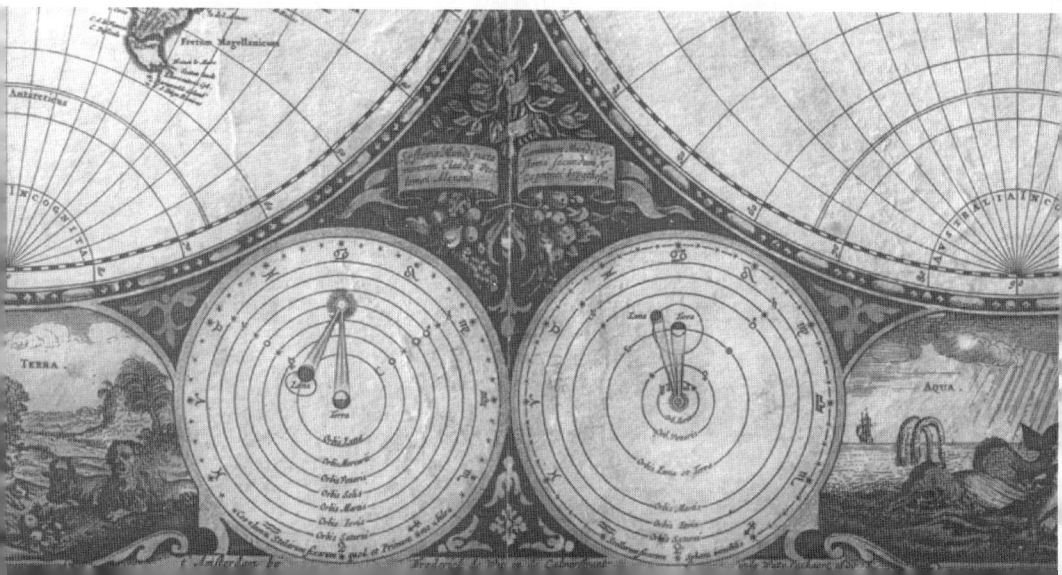

사회제도의 모순

프랑스 혁명은 인류사의 대표적인 시민혁명으로 그 원인은 앙시앵 레짐Ancien Régime이라고 하는, 혁명 전의 사회인 구제도의 모순에 기인했다.

앙시앵이란 '오래된', '낡은'이라는 의미이며, 레짐은 '제도' 또는 '체제'를 의미한다. 따라서 앙시앵 레짐은 근대사회로 변모해 가는 당시의 시대적 상황에서 낡은 봉건적 신분제도를 뜻한다. 혁명이 일어날 당시 프랑스에는 세 가지의 신분이 존재하였다.

소수의 특권층인 제1신분으로서의 성직자 수는 총인구 2천 7백만 명 중에서 극소수인 10만 명 정도였지만, 전 국토의 10%를 소유하고 있었으며 영주로서 봉건지대를 받고 십일조를 징수하는 특권과 면세의 혜택을 누렸다.

제2신분인 귀족은 40만 명 정도로 전 국토 5분의 1 정도의 넓은 토지를 소유하고 있었다. 그들은 농민으로부터 지대를 받았고, 교회 군대 행정의 고위직에 앉아 연금을 받았으며, 지세인 타이유Taille와 도로부역에서 면제되는 등의 실질적인 특권을 누렸다. 여기에다 칼을 휴대하는 등의 형식적 명예특권을 누리고 있었다.

귀족은 혈통귀족인 대검귀족과 그렇지 않은 법복귀족으로 나뉘는데, 법복귀족은 부유한 부르주아 출신으로 관직을 매입하여 귀족이 되었으며 법관직이 많았고 재산관리에 능하였다. 이들은 점차 혈통귀족과 동일한 사회적 지위를 누렸다. 처음에는 대검귀족이 법복귀족을 경시했으나 시간이 지남에 따라 양자 간의 차이는 사라졌다.

특권신분인 제1신분과 제2신분을 제외한 나머지 국민의 대다수는 제3신분에 속하였는데, 그 수는 전체 인구의 96%에 달하였고 거기에는 가장 부유한 부르주아로부터 하층민까지 다양한 사회계층이 포함되었다. 제3신분의 대다수는 농민으로서 총인구의 4분의 3을 차지하였다. 18세기 프랑스 농민은 동유럽의 농민들과 달리 농노신분에서 해방되어 있었다.

영국의 농민들이 인클로저Enclosure 운동에 따라 농업노동자로 전락했지만, 프랑스의 많은 농민들은 토지를 소유하고 있었다. 그러나 그들이 소유한 토지 규모는 살아가는 데 턱없이 부족한 수준이었으므로 지주에게 소작을 얻는 등의 방법으로 생계를 이어가야만 했다. 또한 농민들은 지세인 타이유, 교회에 내는 십일조, 인두세, 소득세 같은 직접세와 혁명 전 가장 증오의 대상이 된 염세와 같은 간접세 등의 과중한 과세로 수입의 절반을 할애해야 했다.

더구나 이들에게는 도로부역 같은 노동력 징발도 큰 고통이었다. 정부는 7세 이상은 1년에 일정량 이상의 소금을 사도록 강요하였는데, 정부에서 파는 소금은 실제 시세의 10배였다. 염세 때문에 매년 3만 명 이상이 투옥되고 500명 이상이 처형되었다. 또한 염세를 정부 관리자가 징수하지 않고 개인이나 회사에 청부를 주어 징수하였으므로 청부업자들의 횡포가 심하였다.

제3신분 중 가장 중요한 계층은 시민계급이라고 할 수 있는데 시민계급은 금융업자, 상공업자, 법률가, 의사, 문필가 등 자유업 종사자들이었다. 이들은 재력과 능력이 뛰어나 사회발전에 필요한 구성원이었다. 그러나 평민이라는 신분적 제약 때문에 특권귀족보다 하위에 있었으며 정권으로부터 배제되어 있었고, 경제 면에서는 봉건적 잔재 때문에 자유로운 활동에 어려움을 겪었다. 소시민층은 소상인과 수공업자를 포함하는데 이들은 자본주의 발달로 인해 일용직 노동자로 전락할 위협을 받고 있었다. 이러한 상황에서 제3신분 계층은 불만을 품고 구제도의 모순을 타파하고 그들에게 적합한 새로운 사회를 건설하고자 했다.

국가 재정의 위기

콜베르Colbert는 루이 14세의 재무장관이었다.

그는 세제개혁을 통해 국가가 직접 세금을 징수하고 소금, 빵, 음료에 대한 간접세를 부과했으며 동시에 국가의 경제력을 향상시키고 세수를 늘리기 위하여 무역과 상업을 장려했다. 국가 주도형의 경제 체제 아래에서는 상인들이 일차적 역할을 하기 때문에 이러한 정책을 중상주의Merkantilismus라 불렀다. 한편 18세기 후반의 프랑스 왕들은 이미 절대군주가 아니었다.

프랑스의 전반적인 경제 사정도 악화되었다. 1786년 영국과 맺은 자유통상조약으로 영국의 값싼 상품이 유입되면서 프랑스의 산업은 위기에 처하게 되었다. 프랑스는 영국에 원료와 식량을 수출했지만 오히려 생필품 값만 올라 사회 불안이 심해졌다. 당시 파리의 노동인구 가운데 실업자가 절반을 넘었다. 이러한 사회 전반의 경제적 위기와 함께 왕실 재정의 위기는 혁명 발발의 직접적인 발단이 되었다.

루이 14세 이래 악화된 재정은 루이 15세 때 더욱 누적되었으며 이에 따라 루이 16세는 1774년 중농주의 경제학자인 튀르고Anne Robert Jacques Turgot를 등용하여 경제 문제를 타개하고자 시도하였다. 이에 튀르고는 면세 특권계급인 제1신분과 제2신분의 면세 혜택을 박탈하고, 모든 토지 소유자에게 일률적으로 세금을 부과하는 개혁을 시도

▲ 마리 앙투아네트 왕비 Marie Antoinette

하였다. 그러나 그는 왕실경비를 삭감하려다 왕비 및 귀족들의 반대로 1776년 파면되었다.

이어서 스위스 은행가 자크 네케르Jacques Neker가 1776년에서 1781년까지 재무장관을 지내면서 필요한 재정을 차입하면서 감당해 왔으나, 미국 독립전쟁 원조로 인한 재정상의 위기가 닥쳐왔다.

프랑스는 미국 독립전쟁 참여로 약 20억 루블이라는 엄청난 전쟁비용을 소비했다. 이 때문에 1789년에는 45억 루블의 빚을 지게 되는데, 당시 연간 세입이 약 5억 루블 정도였다. 세출내역 중에서 약 50%가 국채이자와 원금상환이었다.

한편 법복귀족들은 왕실의 재정위기를 이용하여 과거에 상실했던 정치권력을 회복하고 절대왕권을 압박하여 귀족정치를 실현하려는 목적으로 삼부회의 소집을 요구하였다.

계몽사상의 영향

1789년 프랑스 사람들은 경제적으로 고통 상태에 있었으나 다른 유럽에 비하면 그래도 나은 편이었다. 그러나 그들은 다른 나라 사람들보다 불행하다고 느꼈으며 사회비판의식을 지니고 있었다.

이것은 계몽사상의 영향으로, 계몽사상가들은 비판과 분석의 정신을 발전시켰으며 관습과 전통을 맹목적으로 답습하지 않고 이를 비판적인 시각으로 볼 수 있는 계기를 마련해 주었다. 여기에 계몽사상가의 주장을 소화하고 받아들일 수 있는 프랑스인의 지적 문화적 수준이 더해졌다. 계몽사상의 내용은 '인간 이성의 힘과 그것에 의한 인류 진보로의 믿음'에서부터 그 논리가 전개된다.

계몽사상가들은 인류의 진보를 위해서, 계몽을 통하여 무지와 미신을 타파하고 이성에 어긋나는 구습과 낡고 모순된 제도를 과감히 시정하여 개혁해야 한다고 주장하였다. 이러한 주장은 현존하는 질서를 타파하려는 개혁사상이었으며, 현실적으로는 미국 혁명과 프랑스 혁명의 사상적 기반이 되었다.

계몽사상의 대표적 인물로는 볼테르Voltaire, 몽테스키외Charles De Montesquieu, 루소Jean Jacques Rousseau 등이 있다. 제3신분 중에서 시민계급은 계몽사상으로 무장하여 그들이 소유한 교육, 재능, 야망에 어울리는 사회적 대우를 요구하여 봉건적 요소와 전제정치를 타파하려 하였다. 이와 같이 프랑스 혁명의 배경에는 구제도의 모순과 국가의 재정상의 위기, 계몽사상의 영향이 있었다. 또한 프랑스 혁명에 앞서 미국에서 발생한 독립혁명의 성공은 프랑스 시민에게 자극과 용기를 주었다.

혁명의 시작

국가재정의 위기에 직면한 프랑스 정부는 1781년 칼론Charles Alexandre de Calonne의 개혁을 실시하려 하였으나, 법복귀족의 아성인 고등법원을 중심으로 한 귀족들의 반대로 실패하였다.

고등법원은 새로운 세금의 부과는 오직 삼부회만의 권한이라고 하여 국민의 자유와 기본권의 이름 아래 삼부회의 소집을 강력하게 요구하였다. 그들의 요구는 왕실재정위기를 이용하여 과거에 상실했던 정치권력을 회복하고 절대왕권을 제약하여 귀족정치를 실시하려는 것이었다. 결국 파산에 직면한 루이 16세는 1788년 여름, 1614년 이래 소집되지 않고 있던 삼부회를 다음 해 5월에 소집할 것을 선포하였다.

삼부회의 소집 소식이 전해지자, 전국은 벽촌의 농민에 이르기까지 희망과 기대에 부풀었다. 삼부회의 제3신분 대표의 선출 과정에서 선거 구민의 요구사항이 적힌 진정서가 작성되었는데 이 과정을 통해 앙시앵 레짐의 모순이 만천하에 드러났다. 제3신분 대표에는 주로 법률가들이 선출되었고, 제2신분에는 귀족이지만 자유주의적인 대표들도 소수 선출되었다. 또한 제1신분에는 하위성직자가 3분의 2를 차지했으므로, 제3신분 대표들은 귀족과 성직자 대표 중에서 매우 많은 동조자를 발견하게 되었다.

▲ 테니스 코트의 서약(위)과 1789년 5월 5일 베르사유 궁전의 삼부회 개회식(아래)

관례에 따르면 각 신분은 각각 300명의 대표로 구성되며 신분 투표를 하게 되어 있었다. 이는 제3신분에게는 불리한 조항이었다. 제3신분은 그들이 국민 대다수의 대표자였으므로 대표자 수를 배로 증가할 것과 신분별이 아닌 머릿수 표결을 요구하였다. 국왕은 제3신분 대표자 수를 600명으로 증가시키는 것에는 동의하였으나, 표결방식에 관해서는 침묵하였다.

바스티유 습격

결국 삼부회는 1789년 5월 베르사유에서 열렸다. 그러나 제3신분 대표자들이 신분별 회의를 지양하고 국민의회를 선포하면서 분쟁이 시작되었다. 귀족들은 이를 거부하였으나 성직자 대표들 중 하위 성직자들은 이에 호응하였다. 평민대표들은 회의 장소가 수리를 이유로 폐쇄되자 실내 테니스 코트로 이동한 후, 새 헌법이 제정될 때까지 해산하지 않을 것을 서약하였는데 이를 '테니스 코트의 서약'이라고 한다.

국왕도 하는 수 없이 귀족과 성직자 대표에게 국민의회에 참가할 것을 지시하였다. 그 결과 삼부회는 사라지고 국민의회가 등장하게 되었다. 그러나 국왕 루이 16세가 진심으로 새로운 프랑스의 창조를 바란 것은 아니었다. 국왕은 베르사유에 군대를 집결시켰고, 이로 인해 파리 시민들은 긴장하게 되었다. 파리 시민들은 무력탄압으로부터 국민의회를 지켜야 한다고 생각하였으며, 무장하기 위해서 무기와 탄약을 찾던 일부 민중은 7월 14일 바스티유 감옥을 습격하여 점령하였다. 압제의 상징이었던 바스티유를 함락시킨 사건은 혁명에 민중과 폭력이 개입하게 되는 것을 뜻하는 것이었다.

바스티유의 공략이 압제로부터의 시민해방을 고하는 행동이었다는 해석은 조금 무리가 있다. 아마도 혁명파 일부에 의한 신화화라고

▲ 바스티유 감옥 습격

보는 편이 옳을 것이다. 왜냐하면 시민들이 요새에 무기 탄약이 보관되어 있다는 정보를 얻어 그것들을 입수하려고 했었을 가능성이 높기 때문이다.

그들은 왕정 그 자체의 타도 계획 등은 없었고 그들 스스로도 예측할 수 없었던 사태였기 때문이다. 그러나 이 사건이 어느 누구도 생각하지 않았던 혁명의 급격한 전개에 길을 열었던 것은 사실이다.

당시 왕정이 시민들을 일방적으로 억압하고 있던 시기는 결코 아니었다. 일찍이 프랑스 혁명은 신분제 사회에서 억압받은 시민들의 인내가 한계에 도달하여 혁명이 발생했다는 해석이 지배적이었고, 그러한 관점에서 전형적인 시민혁명으로 파악되어 왔으나 근래에는 잘못된 해석으로 평가된다.

프랑스 왕정은 미국 독립전쟁의 지원으로 심각한 재정난을 겪고 있었고 면세특권의 폐지와 부담의 평등 등으로 위기를 타개하고자 했다. 또한 누적적자의 해소책을 논의하는 것이 삼부회의 주요 과제가 될 예정이었다. 이러한 상황에서 프랑스에 닥친 흉작과 영국 상품의 유입 등은 프랑스 경제위기를 증폭시켰다.

위기는 여러 곳에서 거듭되어 복합적으로 나타났지만, 아직 국왕과 왕정에 명확하게 적대하는 분위기는 생겨나지 않았으며 개혁의 리더들이 요구하던 것은 왕정의 부정이 아닌 입헌 왕정이었다.

혼돈 속의 혁명

국민회의는 봉건제의 폐지를 선언하였고 8월 26일에는 앙시앵 레짐의 모순과 부조리의 타파를 염두에 둔 '인간과 시민의 권리 선언'을 채택하였다.

한편 국왕 루이 16세와 귀족세력들은 혁명을 인정하지 않았다. 사회는 혼란스러웠고 흉작으로 식량이 부족하고 물가가 올랐으며 실업자도 증가하였다. 이런 상황에서 10월 초, 서민 여인들이 빵을 요구하며 베르사유로 행진하는 사건이 있었다. 이들의 압력에 못 이겨 루이 16세는 국민의회와 더불어 파리로 거처를 옮기지 않을 수 없었다.

결국 국왕은 파리 시민의 감시 하에 국민의회는 파리 시민의 보호 하에 놓이게 된 것이다. 새로운 프랑스를 건설하려는 국민의회는 교회 재산을 몰수하여 매각하고, 길드를 폐지하여 자유주의 경제정책을 추진하였으며, 교회 개혁을 위하여 수도원을 해체하고 모든 성직자를 선출제로 하여 국가가 봉급을 지급하도록 하였다. 또한 행정과 사법 제도의 정비 등 여러 개혁을 단행하였다. 그러한 가운데 1791년 6월, 루이 16세와 왕비 마리 앙투아네트가 국외로 탈출하려다 실패하는 사건이 발생하는 등 계속되는 혼돈 속에서 혁명은 점차 과격해졌다.

1791년 9월 국민의회는 입헌군주제를 규정하는 새 헌법을 제정하였다. 이에 따라 입법의회가 소집되었으나 새 헌법 아래에서 참정권은 세금납부에 따른 일부 시민에게만 부여하였으므로, 새로운 정치체제는 유산계급 지배체제였다.

한편 대외적으로는 자신의 나라로 혁명운동이 전파될 것을 두려워한 오스트리아, 프로이센 등의 간섭으로 혁명전쟁이 시작되었고, 대내적으로는 의용군이 파리에 모여드는가 하면, 8월에는 혁명에 고무된 파리 민중이 왕궁을 습격하여 방화하였다.

이에 입법의회는 왕권을 정지시키고 보통선거에 의한 국민공회 소집을 의결하였다. 유산계급 체제가 무너지고 수공업자와 소상점주인 등 소시민층을 중심으로 한 혁명적 민중의 시대가 다가오고 있었다. 국민공회는 곧 공화정을 선포하고, 이듬해 1월 루이 16세를 처형하였다. 이에 놀란 영국을 비롯한 유럽 열강이 제1차 대프랑스동맹을 결성하여 공격을 가해 오는 가운데, 국내에서는 소시민과 민중을 세력기반으로 하는 자코뱅Jacobins파와 부르주아를 세력기반으로 하는 지롱드Girondins파의 대립이 격화되었다.

전쟁에 대한 위기감이 고조되고 지방에서 반란이 빈발하는 가운데, 1793년 6월 자코뱅파는 지롱드파를 숙청하고 공안위원회를 중심으로 하는 혁명정부를 수립하였다.

자코뱅당은 모든 시민에게 선거권을 부여하는 민주적인 헌법을 제정하였으나 국내외 사정으로 실시는 보류되었다. 공안위원회는 혁명정부의 사실상 행정부로서 기능하였고, 혁명재판소를 설치하여 반대파를 단두대에서 처형하는 공포정치를 실시하였다.

한편 혁명정부는 공정가격제 등의 통제경제를 실시하고 봉건공납의 폐지, 혁명력의 제정 등 개혁정책을 실시하였다.

그러나 강압적인 공포정치에 지쳐 있던 민중의 불만이 높아지면서 1794년 7월 공포정치를 이끌었던 로베스피에르Maximilhen Robespierre

▲ 루이 16세의 단두대 처형

는 국민공회 내의 반대파에 의해 단두대에서 처형되었다. 이를 테르미도르의 반동Thermidorian Reaction이라고 한다.

로베스피에르 타도 이후 혁명재판소가 해산되고 공안위원회의 권한이 극도로 축소되었고 통제 경제도 포기하였다. 이러한 상황 속에서 1795년 새로운 헌법이 제정되었는데, 이 헌법에서는 유산계급을 중심으로 하여 5명의 총재가 주도하는 행정부 즉, 총재정부를 규정하였다. 그러나 총재정부는 대외전쟁으로 인한 경제난과 정치적 불안정에 시달리면서 동요되었고 이에 총재정부의 허약함에 실망하여 그들을 지켜줄 강력하고 유능한 군사지도자를 기대하게 되었다. 그 결과 나폴레옹의 쿠데타로 총재정부는 쓰러지고 나폴레옹의 독재정치가 시작되었다. 이로써 프랑스 혁명은 종결되었다.

귀족과 시민의 다른 희망

귀족의 어원인 Noblis는 '고귀하고 출중하다'라는 의미의 형용사이다. 귀족의 특성은 사회적 우월성으로 평판이 좋은 집단을 의미했다. 평판과 사회인식이 귀족을 구분하는 중요한 잣대였던 것이다.

그러나 혁명과 함께 사회계층에 변화가 생겼으며 귀족 세계에도 변화가 일었다. 또한 귀족과 평민 사이의 경계가 불분명해져 갔다. 새로운 세력은 귀족을 닮기 위해 귀족의 혈통과 미덕을 갖추어야 했지만 더 중요한 것은 다른 사회집단과 뚜렷이 대비되어야 했다. 귀족이 de라는 소사를 사용하고 문장紋章 Coat of arms을 사용한 것도 그 때문이었다. 귀족의 영지를 구입하고 상업을 포기하며 검을 차고 방패와 투구에 문장을 사용하고 이웃 혈통귀족과 친교를 맺음으로 귀족으로 인정받았다. 이렇게 기존 귀족세력들은 몰락해 갔다.

이 '혁명'이라고 부르는 사건은 20세기 중반의 역사가 조르주 르페브르Georges Lefebvre가 규정한 이래, 복합혁명으로 파악되어 왔다.

복합성의 내용을 어떻게 파악할지에 대한 이해는 연구 성과에 따라 변화해 왔으나, 혁명이 복합적인 사건이라는 것 자체는 오늘날 받아들여지고 있다. 복합적이라는 사실 속에는 제일 먼저 귀족과 왕정의 대립이 있다. 귀족들은 특권을 폐지하고자 하는 왕에 맞서 대립하였고, 왕과 특권귀족 사이의 미묘한 상호의존 관계는 위기 속에서 붕괴하고 있었다. 그 다음은 생활에 여유가 있는 시민층과 관계된 것으로 부르주아 체제에 대한 불만이 증폭되어 그들이 혁명에 간여하게 된 전제라고 할 수 있다.

혁명 초에 주도적이었던 사람들은 입헌왕정에 따른 정치체제로 위기를 극복할 수 있다고 생각했다. 혁명의 리더들의 동향을 크게 좌우하는 요소는 국왕이나 군대, 귀족이나 교회와의 관계뿐만 아니라 오히려 사회의 저변으로부터도 왔다. 그 다음으로 도시 민중의 동향이 있다.

1788년의 흉작은 빵 가격의 상승을 야기시켜 1789년에는 식량폭동이 각지에서 발생했다. 그러나 이 시기에 있었던 민중에 의한 식량폭동의 많은 경우는 단순한 배고픔에 의한 식량의 강탈행위로 인한 것은 아니었다. 그들의 해석에 의하면 빵 가격의 상승이나 소맥분의 부족은 벌이를 꾀하는 악덕상인이나 나쁜 영주의 획책 때문이었으며, 이는 생존을 보장하는 식량의 올바른 분배라고 하는 사회적 도덕성에 반하는 것이다.

올바른 상태를 유지하는 것이 공권력의 역할인데, 그 역할을 제대로 해내지 못하자 스스로 공권력 대신에 이를 대집행하는 것이다.

그러했기 때문에 빵을 강탈하는 것이 아니라, 스스로 결정한 가격만큼 돈을 두고 빵을 가지고 사라졌다. 이러한 민중의 가치관은 현대의 역사학에서 '모럴 이코노미Moral Economy'라고 불린다. 이는 동시대 계몽 엘리트들이 생각하고 있던 자유시장의 원리와는 완전히 별개의 논리에 서는 것이었다.

혁명의 결과와 한계

프랑스 혁명은 정치, 경제, 사회, 사상적인 면에서 프랑스는 물론 유럽에 많은 영향을 끼쳤다.

정치적인 면에서는 혁명을 통해 전제적인 절대왕정을 타도하고 시민계급이 권력을 장악하였다. 귀족, 성직자 위주의 정치 형태는 중산층을 옹호하고 육성하며 이들의 자유, 평등을 확립하는 정치 형태로 전환하였다.

경제적인 면에서는 봉건제적 잔재를 제거함으로써 자유로운 근대 자본주의의 발전을 가능하게 하였다. 영주의 토지소유 특권과 길드의 독점권을 없애고 교회 및 망명귀족의 토지를 몰수함으로써 농민은 무상으로 봉건적 부담에서 해방되었다. 그리고 토지를 유상으로 매각해 도시 주변에 대토지 소유가 등장하게 되고, 농촌에서는 중산농민층이 토지소유를 확대해 농민층의 분화가 촉진되어 농업의 자본주의적 토대를 마련하였다.

사회적인 면에서는 앙시앵 레짐 하에서 신분제적, 법적인 불평등과 특권적 신분제도를 포함한 악습을 제거하고, 귀족계급에 대하여 시민계급이 승리함으로써 자유롭고 평등한 시민이 주체가 되는 근대사회의 길을 열었다.

사상적인 면에서는, 고착되어 있던 이념이 배제되고 구습에 젖은

▲ 단두대를 통해 상징적으로 혁명의 지나침을 풍자한 만화(영국)

낡은 사고방식에 대항한 계몽사상의 확대로 자유, 평등, 박애라는 자유주의 이념이 제창되었다. 구제도의 모순을 타파하고 시민계급이 정치권력을 장악한 프랑스 혁명은 가장 전형적인 시민혁명으로 평가된다. 이 혁명으로 프랑스의 봉건제도는 막을 내렸으며, 자유롭고 평등한 시민사회의 성립이 가능해졌다. 또한 전근대 사회의 낡은 사고방식이 이성에 의거한 계몽사상으로 대체되었다.

프랑스 혁명에서 주목해야 할 점은 주권자로서의 국민이 이념적으로 탄생한 것이다. 그리고 무엇보다도 프랑스 혁명이 갖는 가장 큰 의의는 혁명의 구호로 내걸었던 자유, 평등, 박애의 이념이 근대 이후의 역사에서 가장 중요한 가치로 인식되었으며, 세계의 모든 국가들이 각국의 역사적 상황에 따라 자유와 평등을 실현하도록 했다는 점이다. 즉, 프랑스 혁명은 모든 계층이나 차이를 넘어선 모든 사람의 자유를 뜻하는 자유, 법적인 평등에서 나아가 사회적이고 경제적인 평등을 포함하는 평등, 나아가 세계 평화의 이념인 박애의 이념을 내걸고 시민계급을 중심으로 봉건적이고 귀족적인 구제도와 절대 왕정의 전제정치를 타도하고 민주주의와 자본주의로의 길을 열었다고 할 수 있다.

다만 프랑스 혁명은 시민계급이 일으킨 혁명이지만, 이때의 시민은 부르주아로서 민중과는 구별되는 개념이었다. 민중의 대부분인 농민과 노동자는 혁명의 혜택을 받지 못했다. 프랑스 혁명은 1차적으로 부르주아에게 권력을 가져다 준 셈으로써, 프랑스 혁명 이후 부르주아가 정치, 경제를 장악하게 되었고, 선거는 제한선거로써 유산자만 선거권을 갖게 되었다. 그러나 프랑스 혁명에 앞장선 농민과 노동자들에게는 참정권이 주어지지 않았다는 것이 한계점으로 남는다.

혁명은 프랑스에서 문명개념의 사회적 발생근거를 제시했으며 혁명의 근거는 18세기 들어 프랑스의 시민계급들을 이전보다 더욱 발전시켰고 지식인들도 중산층의 다른 집단들과 동화되었다. 결론적으로 프랑스 혁명은 시대에 뒤떨어진 제도들을 깨끗이 정리한 것이라고 할 수 있다.

보나파르트 나폴레옹

보나파르트 나폴레옹Bonaparte Napoléon, 그는 1769년에 태어나서 1821년까지 살았다. 프랑스의 군인이자 황제였다. 프랑스 혁명의 사회적 격동기 뒤에 필연적으로 따라온 사회 안정에 편승하여 황제의 자리까지 오른 인물이다.

1793년 툴롱Toulon전투에서 승리하여 처음으로 나폴레옹이란 이름을 세상에 알렸으며, 그 후 육군 준장에 임명되고, 이탈리아 파견 프랑스 육군 사령관에 임명되었다. 연이은 전투에서 승리한 후 파리에 개선하였다. 비록 이집트 원정에서 패하였으나 국내 정계의 혼란을 틈타 쿠데타를 일으켜 의회를 해산시키고 임시정부를 수립하여 스스로 제1통령으로 취임하여 툴롱전투 후 6년도 안 되어 30세의 젊은 나이에 프랑스의 지배자가 되었다.

▼ 보나파르트 나폴레옹 Bonaparte Napoléon

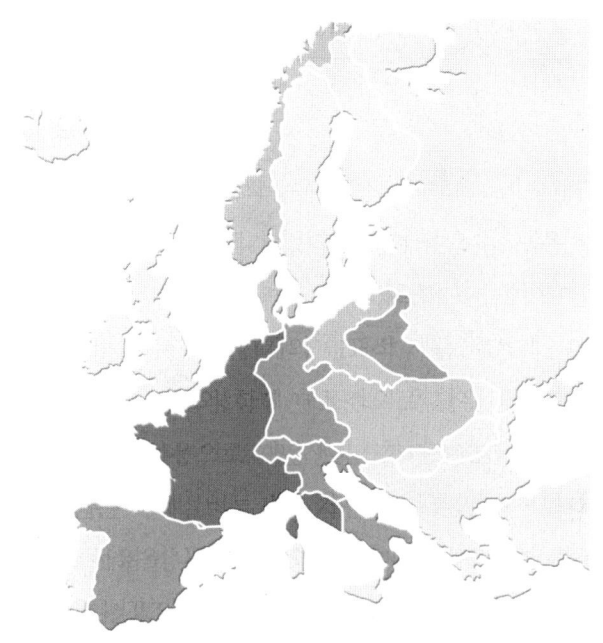

▲ 1811년 가장 넓었던 First French Empire 세력권

보나파르티즘Bonapartism이라 불리는 자신의 통치방식을 확립하고 행정 및 사법 제도에 과감한 개혁을 단행하고 법률 앞에서는 만인이 평등하다는 나폴레옹 법전(민법)을 제정하여 전 세계에 영향을 미쳤다.

1799년 11월 9일 나폴레옹에 의하여 프랑스 혁명은 종결되었다. 제1통령이 된 나폴레옹은 1804년 세습 황제로서 제정을 개시하였지만, 황제 나폴레옹과 그의 시대는 야누스적 성격을 띠었다. 무엇보다도 그는 프랑스 혁명이 낳은 존재였다. 만약 혁명이 일어나지 않았다면, 혁명 아래에서 주변 여러 나라와의 전쟁이 없었다면, 혁명 직전에 프랑스령이 된 코르시카 섬 태생의 한 청년이 이렇게도 빨리 권력의 계단을 뛰어오르지는 못했을 것이다. 나폴레옹 자신도 '혁명의 아들'

임을 드러냈다. 초상화나 자신이 등장하는 장면을 그리게 하여 자신을 적극적으로 홍보하였다.

혁명을 계승하는 측면을 이미지로만 나타낸 것이 아니었다. '자유와 해방의 기수'로서 혁명전쟁을 정당화했다. 국가에 의한 교육체제 정비에도 착수하였으나 실상 그는 군사 독재자였다. 경찰을 동원해 시민을 감시하였고 가톨릭교회를 부활시켰으며 식민지 노예제도를 정당화했다.

아이러니컬한 것은 그가 내세운 전쟁의 정당성인 국민의 자유가 그 자신을 공격하였다는 점이다. 프랑스군에 의해 점령된 지역의 나폴레옹 군대는 점령군 이외의 의미는 없었다. 나폴레옹은 평등은 믿었으나 자유를 믿지는 않았다. 자신의 출세가 왕정과 봉건제도의 파괴에 따라 이루어졌기 때문이다.

미국에서의 혁명

18세기 말에서 1820년대에 걸쳐 유럽과 아메리카에서는 혁명과 독립을 요구하는 운동이 격렬하게 일어났다. 그중 가장 먼저 발생한 미국 독립혁명의 성공은 그 후 다양한 독립운동에 많은 영향을 미쳤다.

아메리카 합중국에서 워싱턴George Washington을 초대 대통령으로 하는 연방중앙정부가 성립된 1789년, 프랑스에서도 혁명이 일어나 왕정이 쓰러졌다.

미국 독립선언이 있던 1776년에 지원요청을 위해 프랑스로 갔던 벤저민 프랭클린Benjamin Franklin은 프랑스에서 큰 환영을 받았지만 프랑스에서 혁명이 일어날 것은 생각지도 못했다.

18세기에 반복해서 벌어진 전쟁은 유럽 각국의 재정에 큰 부담이 되었다. 7년전쟁 후의 영국도 예외는 아니었다. 그 결과 영국 정부는 식민지 과세에 직접 관여하려고 했다. 이에 자립성을 인정받아 왔던 식민지 측은 크게 반발하였고, 결국 본국 정부는 과세를 철회하지 않을 수 없었다. 한발 물러났던 본국은 1767년에 직접적인 식민지 과세는 아니라면서도 차와 종이 등 식민지에서 들어오는 수입품에 관세를 부과하기로 결정하였는데, 마찬가지로 이에 대해 식민지 측은 크게 반발했다. 문제는 과세 자체라기보다는 본질적인 주권행사와 정치적 권리에 관한 것이었다.

식민지 각지에서 항의의 목소리가 높아지는 가운데, 1773년 차 수입을 위해 보스턴에 입항하고 있던 영국 동인도 회사의 배가 습격을 받아 차가 바다에 버려지는 사건이 일어났다. 그 결과 보스턴 항이 폐쇄되는 등 강경한 제재 조치가 취해졌고 이러한 조치들로 인해 오히려 사태가 악화되었다.

각 식민지의 대표들은 1774년 필라델피아에서 제1회 대륙회의를 개최하고 본국과의 통상·단절을 선언했다. 그러나 그때까지 독립을 주장하는 애국주의자들은 소수였고, 대부분은 본국과의 조정을 시도하려 했다. 사태를 악화시킨 것은 영국 의회와 정부였다.

1775년 4월 영국군은 매사추세츠의 렉싱턴에 무기가 모이고 있다는 정보를 입수하고, 이를 압수하려는 과정에서 무장한 식민지 주민들과 무력 충돌이 일어났다. 식민지 측도 동년 5월에 열린 제2회 대륙회의에서 대륙군, 즉 식민지군의 결성을 의결하고 버지니아의 대농장 경영자인 워싱턴을 총사령관에 임명했다.

이즈음 식민지 측이 모두 독립을 목표로 하여 일치단결하고 있던 것은 아니었다. 그러나 본국 정부는 식민지 측의 화해 요청을 무시하고 북아메리카 식민지는 반란상태에 있다고 선언하였다.

1776년 7월 4일, 미국에서 독립선언을 공포하였다.

독립선언은 존 로크의 사회계약론에 의거한 것으로, 개인의 자유와 권리를 자연권이라 하여 무엇보다도 우선시하였다. 그리고 정부가 권력을 남용해 이를 침해한다면 정부를 개폐하는 혁명권이 인민에게 있다고 명언하였다. 이제 막 만들어진 미국 군대는 영국군과의 싸움에서 고전할 수밖에 없었으나, 프랑스와 스페인의 지원과 다른 유럽 제국들의 영국에 대한 견제로 곧 전쟁은 미국 측에 유리하게 전개되었다. 1781년 요크타운에서의 항복 이후 영국은 더 이상의 군사 작전은 손해라고 판단해 평화 교섭에 들어가기로 결정하였고, 1763년 파리조약으로 미국 식민지의 독립을 승인했다.

이렇게 하여 미국 동부에 있던 13개의 식민지는 독립을 달성하였지만, 곧바로 국가로서의 기능을 발휘한 것은 아니었다. 중앙정부와 각 주를 어떠한 관계에 둘지 등의 조정은 난항을 겪었다. 합중국 헌법이 제정된 것은 1787년에 각 주의 대표가 필라델피아에서 헌법제정회의를 열어 4개월에 이르는 심의를 거친 후였다.

헌법에서는 공화정을 원칙으로 하는 연방제를 채택하였다. 입법권은 상하 양원의 연방중앙의회가, 행정권은 대통령 아래의 연방중앙정부가, 사법권은 최고재판소가 통할하는 삼권분립의 원칙이 처음으로 명문화되었다. 그러나 이후에도 연방중앙정부의 강한 권한을 반대하는 세력은 여전히 강했다. 그들의 주장은 독자적으로 식민지 개발에 종사해 온 각 주의 자립성을 높게 평가해야 한다는 것이었다. 그 때문에 각 주에서의 헌법 비준이 용이하게 진행되지 않았다.

1788년 여름 9개 주가 비준하고 합중국 헌법이 발효되어, 1789년 4월 워싱턴이 초대 대통령으로 취임함으로써 연방중앙정부가 정식으로 수립되었다.

독립한 미국은 계몽사상의 영향을 받아 인민주권의 원칙을 명확하게 하여, 당시로서는 이례적이었던 공화정을 채택하였다. 다만 그 권리는 유럽에서 이주해 온 이민자 자손 중에서 남성에게만 있었다. 사회 구성원의 절반을 차지하는 여성은 범위 밖에 놓여졌다. 동일하게 원주민과 노예들, 그리고 그 자손들도 기본적 권리 승인의 적용 범위 밖에 놓여 있었다.

유럽에서 구상된 계몽적 제도개혁이 실현 가능하다는 것을 보여주었다는 측면에서 미국의 독립은 큰 의의가 있다. 미국에서 현실이

된 공화정은 독립을 목표로 하는 라틴아메리카 각 식민지들의 모델이 되었다. 국민 주권의 원칙이 독립선언과 헌법에 명시되었다는 것은 자유를 요구하는 사람들에게 있어서 미국을 동경의 땅으로 만들었다.

한편, 독립 이후에도 미국은 영국 자본의 중요한 투자처였다. 역사적으로 되돌아볼 때, 영국이 북아메리카를 빨리 단념해 독립을 승인한 것은 현명한 결정이었다고 할 수 있다. 이후 양국은 앵글로 아메리카로서의 관계를 지속하고 있으니 말이다.

7장
혁명 후 사회 경제

유럽의 경제성장 | 산업환경의 변화 | 사회의 변화 | 부르주아지

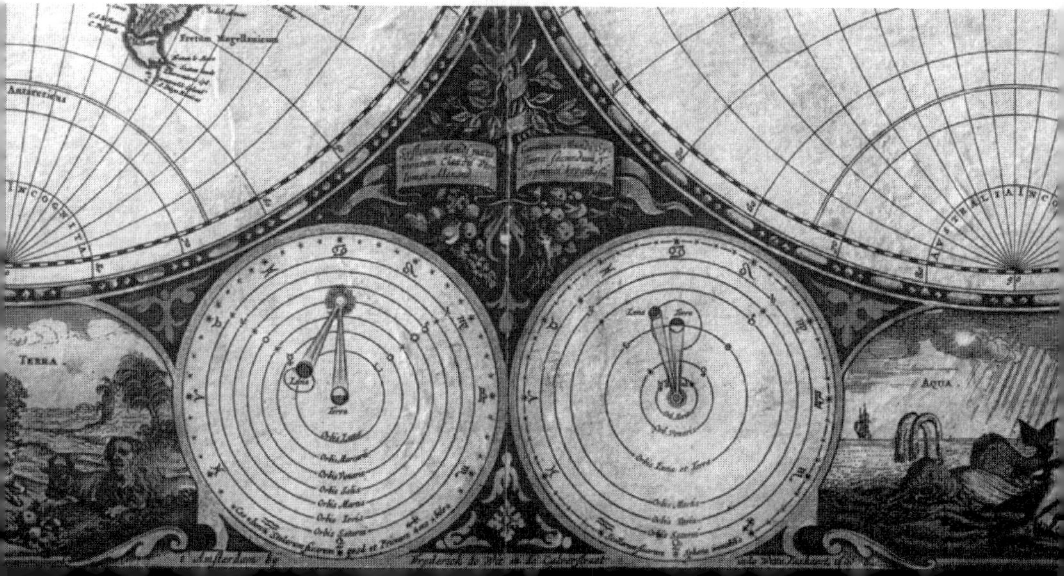

유럽의 경제성장

18세기 제국 간의 반복되는 전쟁에도 불구하고 경제 상태는 호전되어 갔다. 우선 대서양에 접해 있는 영국, 네덜란드, 프랑스 북부 등 해외 진출에 주도권을 잡고 있던 북서 유럽을 중심으로 지속적인 경제성장이 이루어졌다.

18세기에 들어서면서 유럽의 식량 사정은 나아졌는데, 일반적으로 '농업혁명'이라고 알려져 있는 농업기술의 발전과 농법의 개량 덕분이었다.

17세기에 아일랜드에서 본격화된 감자재배가 18세기에 들어서는 대륙의 제국들에까지 전파되는 등 신新작물이 도입되었다. 감자는 18세기부터 유럽에 정착했으며 불에 익혀도 비타민 C가 파괴되지 않고 한랭지에서도 재배가 가능했기 때문에 서민의 영양을 지키는 데 큰 역할을 했다. 이를 포테이토 혁명이라고 한다.

밀의 생산도 증가했다. 중세 때 파종 한 알당 6~7개의 알곡이 생산되었다면, 18세기에 들어서는 일부 지역에서 10개를 넘을 정도로 사정이 개선되었다. 이 같은 농업개량의 복합적인 작용 덕분에 북서 유럽 일대에서부터 식량 사정이 나아졌다. 19세기가 되면서 농업에 기계가 도입되고 기술이 개량되면서 유럽뿐만 아니라 오스트레일리아, 남북아메리카 등 유럽과 관계가 깊은 지역까지도 식량 사정이 좋아지게 되었다.

18세기 중반부터 1870년대 불황기에 이르기까지 유럽에서 실현된 농업에서의 일대 변화는 공업화와 경제의 세계화를 가능케 하는 인구 증가에 크게 기여했다.

이전까지의 유럽은 인구학적 구체제에 있었다고 표현된다. 인구가 증가하면 흉작으로 인해 영양실조에 걸려 저항력이 약해진 서민에게 질병이 유행되고, 사망률이 급상승하여 인구성장이 억제된다는 것이다. 인구의 성장을 억제하고 있던 주요 요인은 기아, 역병, 전쟁이라고 하는 세 가지였다. 그러나 18세기부터 식량 사정의 호전으로 인하여 계속적으로 인구가 증가했으며, 증가한 인구는 18세기 들어서 본격화된 도시의 발전, 또 그것과 연동된 취업 기회의 증가와 다양성이라고 하는 사회적 조건과 맞아떨어졌다. 잉여인구의 증가는 19세기 들어 새롭게 발전하기 시작한 기계공업을 지탱하는 노동력을 제공하였다.

1710년대에 뉴코멘Thomas Newcomen이 증기의 힘을 활용한 배수기를 실용화하였다. 그 후 와트James Watt는 뉴코멘식 증기기관을 개량하였다. 비슷한 시기에 제철법의 개량이나 방적 기계의 발명과 개량이 진행된 것이 확실하다. 그렇지만 18세기는 아직도 수공업이 압도적이었으며, 기계의 발명이나 개량이 진행된 것만으로 공업화가 본격적으로 전개되었다고 볼 수는 없다.

중세 이후 유럽에서 생산활동이

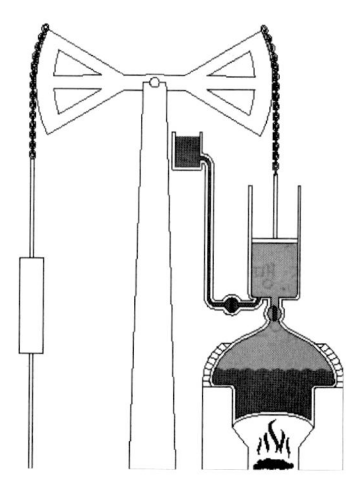

▲ 뉴코멘 배수기

나 상업활동은 오랫동안 길드로 불리는 동업자조합이나 동업단체를 중심으로 이루어졌다. 국왕이나 도시가 이들에게 독점권을 승인함으로써 이러한 직업단체는 후계자를 육성하고, 상품의 품질을 보증하는 특권을 가지게 된다. 경제규모가 국내에 한정되는 한 나름대로 안정된 구조였다. 그러나 경제규모의 확대나 자유로운 시장활동에 있어서는 장애가 되었다. 특히 영국에서는 일찍이 길드의 해체가 진행되고 있었다. 18세기의 계몽사상가들은 경제가 발전하고 그 구조 자체를 변화시키기 위해서는 길드에 의한 규제를 철폐하여 능력과 자금만 있으면 누구라도 경제활동을 할 수 있도록 해야 한다고 주장하였다.

한편 유럽 내에서는 유럽의 각 지역의 광역시장을 대상으로 하는 경제활동이 활발해지게 되었다. 이에 따라 원격지 교역을 전제로 한 생산활동도 행해지게 되었다. 곡물뿐만 아니라 수공업에서도 이러한 생산방식이 행해졌다. 그것은 농촌의 잉여노동력을 잘 활용하는 방법이기도 하였다. 제품을 원격지 교역에 이용하기 위하여, 도시의 도매상이 농촌에 일을 발주하고, 미리 생산기구나 원료를 대출해서 완성된 생산물을 회수하는 방식을 취하였다.

이렇게 고품질이 요구되지 않는 아마 직물 등의 섬유제품이나 모직물 등이 생산되었다. 생산된 제품은 발주한 도매상에 의해 무역상에게 팔려 원격지와의 교역을 위해서 수출하였다. 각 지역 사정에 따라 규모와 제품이 다양했지만 18세기에는 서유럽 대부분 지역에서 이러한 구조를 가진 생산이 퍼지고 있었다. 이는 본격적인 공업생산의 전 단계이며 광역시장을 전제로 한 수공업생산으로, 경제사에서는 프로토 공업화Proto-industrialization로 불린다. 이로써 자본력이 없는 농촌은 도매상과 결합하여 농업 이외의 경제활동도 가능하게 되었다.

이에 초기 공업화에 이르는 현상이 보이기 시작하였다. 인력이나 동물의 힘, 풍력이나 수력 등 자연력이 아니라, 인공적인 동력에 의해서 기계를 작동시키는 공장생산이 궤도에 오르기 위해서는 최소한 두 가지의 전제조건이 필요하였다.

첫째가 동력전달이나 기계작동을 가능하게 하는 기술개발의 확산이다. 정확하게 작동하는 기계가 없다면 기계생산시스템은 보급될 수 없다. 이를 위해서는 부품을 규격화하여 정확히 만들어야 한다. 동력을 정확하게 전달시키는 정밀기계의 대표적 제품은 시계인데, 18세기의 영국은 프랑스, 스위스와 함께 대표적으로 시계 공업이 발전한 나라였다.

두 번째 조건은 기계설비투자가 가능한 자본의 축적이다. 기계라는 것은 곧바로 이윤을 내는 것이 아니기 때문에 상당한 자본의 축적이 없으면 기계나 공장에 자본을 투자할 수 없기 때문이다.

영국은 17세기 후반부터 18세기 중반에 일어난 상업혁명으로 경제패권을 확보하면서 자본을 축적할 수 있는 힘을 가지고 있었다. 영국은 산업혁명에 성공했기 때문에 세계제국이 되었다기보다는, 세계제국이었기 때문에 산업혁명을 실현할 수 있었다. 17세기 정치 격동을 넘은 영국은 입헌왕정 아래에서 의회정치가 안정을 찾았고, 한편으로는 17세기 말에 설립된 잉글랜드 은행이 다른 나라에 비해 빠르게 금융 면에서 기반을 다졌다. 아울러 18세기에 힘을 갖고 있던 암스테르담 금융시장의 자본이 영국에 투자되면서 영국 경제의 기반은 한층 더 강화되었다.

기계기술과 자본을 확보한 영국은 프랑스 등 다른 나라보다 앞설 수 있었다. 그리고 식량 사정이 좋아져 인구가 증가하여 노동력도 확보되었고, 길드 해체와 상업혁명으로 도시가 발전하고 소비가 확대되면서 영국은 타국에 앞서 공업화의 길로 나아가기 시작했다.

산업환경의 변화

　증기기관이 만든 인공적인 동력을 이용하는 기계를 공장에 설치하고, 능률적인 대량생산이 가능해지면서 기계공업이 경제의 주축이 되었다. 이렇게 대량으로 생산된 상품은 소비의 규모나 성격을 변화시키고 상품의 유통, 원료의 대량 수입 등의 전체적 산업구조를 변화시켰다. 또한 기계의 힘으로 생산함으로써 노동의 기준과 방법에도 변화가 생겼다. 일 단위의 보수가 아닌 시간 단위의 급여체계가 일반화되었다. 이러한 노동의 변화는 사람들의 일상생활에도 영향을 미쳐 경제와 사회도 근본적으로 변하게 되는데 이러한 변화를 일반적으로 산업혁명이라고 한다.

　18세기 영국에서 섬유산업을 중심으로 기계류의 발명이나 개량이 계속되고 증기기관이 발명되어 실용화되었지만, 생산현장에서 증기에 의한 기계가 중심으로 자리 잡지는 못하였다. 19세기 초기에는 아직 수력 위주였다. 기계 자체의 생산도 급속히 진전되지 못한 상태였다.

　생산현장뿐만 아니라 유통과 소비 및 일상생활에까지 본질적인 변화를 가져온 것으로 여겨지는 산업혁명은 18세기 중반부터 19세기 중반까지 1세기 정도 사이에 급격하게 이루어졌다기보다는 단지 변화가 시작되었다는 점에서 혁명이라는 표현은 적절하지 못하다는 주장도 있다. 그러나 경제나 사회에서 구조적인 변화를 의미하므로 산업혁명이라는 말은 적절하다고 본다. 인류가 식량생산의 방법을 익혀가며 동물을 도구로 이용하여 인공적으로 생산할 수 있게 되었다는 것은 큰 변화였다. 이를 신석기혁명이라고 하는데 산업혁명이라고 하는 표현은 산업부문으로서의 공업만이 아니라, 소비나 유통, 노동이나 생활까지 변화를 나타내는 것으로 그 의미 범위가 훨씬 넓다. 따라서 공업혁명이 아닌 산업혁명인 것이다.

19세기는 공업화의 진전과 함께 수송과 유통 상황에 일대 변화를 이루었던 시대이기도 했다. 이미 18세기부터 도로의 부족과 그 상태의 열악함을 개선하려고 하는 움직임이 시작되었다. 운하의 굴착이나 항만의 정비도 각국에서 실행되고 있었다. 물건을 대량으로 운반하려면 육로 이상으로 수로가 적절하기 때문이었다. 이러한 육로나 수로의 정비와 개발은 19세기 이후에도 계속 추진되었다. 상품이나 원료의 수송을 위해서는 도로의 확보가 무엇보다도 중요한 전제였다.

무엇보다도 19세기 수송과 유통에 있어서의 혁명적인 변화는 증기기관을 이용한 교통망, 즉 철도였다. 19세기 중반까지 영국에서 철도망 건설은 상당히 진행되고 있었다. 철도망에 의해서 사람들의 이동이 편리해졌고, 지역사회의 생활 반경이 확장되었다. 또한 도로를 통하던 도시의 소식이 철도망으로 인해 더욱 신속히 전해졌고, 국내시장의 일체화가 이루어졌다. 철도에 의해 초래된 변화는 사람들의 사회적인 의식과도 관계가 있었다.

예를 들어, 철도를 이용하려면 시간표를 지켜야 했다. 따라서 사람들은 시간을 의식하지 않을 수 없게 되었다. 또한 철도운행을 위해 표준시의 설정이 요구되었으며 이는 19세기의 새로운 사회개념이 되었다. 먼저 국내에서 통일적인 시각표시가 일반화되었고, 1884년 워싱턴에서 개최된 국제 자오선 회의에서 영국 그리니치를 기준으로 한 국제 표준시를 설정하게 되었다. 철도의 부설은 방위나 국내 치안의 확보를 위한 목적도 있었다. 즉 군대를 대량으로 신속하게 이동시키는 작전수단이었다.

또한 철도 건설은 국내시장의 통일이라는 명목뿐만 아니라, 그 자체가 대량의 철을 사용하기 때문에 제철업이나 관련 산업의 융성이라는 경제효과와도 관계가 깊다. 철도 건설에는 대규모 공사가 필요하기 때문에 고액의 자본이 요구된다. 즉, 중요한 투자처가 되거나 때로는 국제적인 투자대상이 되었다.

19세기 말, 러시아 철도 건설에 투자한 프랑스가 그 사례이다. 증기기관이 교통의 실용화에 응용된 것은 철도만이 아니었다. 철도보다 빠른 1809년, 이미 증기선이 등장했다. 19세기 중반까지는 원양항해에 증기와 돛의 병용이 일반적이었다. 그러나 19세기 후반 대형 기선이 세계의 바다를 돌아다니게 되면서 더 큰 경제효과를 유발하였다.

한편 18세기부터 시작된 유럽의 인구증가는 19세기에 들어서는 그 속도가 더 빨라졌다. 인구증가는 공업화에 필요한 노동력의 공급원이 되었을 뿐만 아니라, 소비시장의 확대에도 기여하게 되었다. 근대 유럽의 특징 중 하나는 공업화와 함께 진행된 도시화이다. 주어진 사회 상황에서 사람들은 조금이라도 더 나은 상황을 만들기 위해 일자리를 찾아 도시로 이동했다.

공업화가 진전되던 19세기, 특히 그 후반 들어 도시의 인구는 현저하게 증가했다. 런던의 인구는 1800년에는 약 90만, 세기 중반에는 230만, 20세기 초에는 470만이었다. 이러한 도시의 대규모화는 팽창하는 인구에 필요한 제도나 설비를 제공하지 못했고, 여러 문제를 일으켰다. 더욱이 19세기 중반까지 유럽의 도시에서는 다양한 사회운동이 격렬하게 전개되었다. 가혹한 노동조건에 반발한 파업, 정치적인 발언권이나 사회적인 평등의 요구, 혹은 이데올로기적 주장 등이 다양한 양상을 나타내고 있었다.

이때 마르크스Karl Marx의 『자본론』이 출간되었고 그의 친구 엥겔스Friedrich Engels는 영국 공업도시인 맨체스터 시 노동자들의 비참한 생활을 보고, 노동자 계급의 생활상을 고발하는 글을 써 자본주의 경제를 대신할 사회주의의 길을 열었다.

앞서 언급한 대형 증기선의 등장은 19세기 중반부터 세기를 넘어 타 대륙으로의 이민을 급증하게 하였다. 거의 4천만 명이 주로 아메리카 대륙을 향해 증기선을 탔다. 유럽에서 때마침 진행되고 있던 공업화를 위한 노동력 수요로 인해 유럽 내 국경을 넘는 이민자도 생겼지만, 과잉공급이 되면서부터는 구조변화에 뒤처진 사람들, 근대화에의 적응이 힘든 사람들, 신천지를 희망한 사람들로 이루어진 이민자들이 대부분이었다.

아일랜드 같은 경우는 주식으로 사용하던 감자가 흉년이 들면서 대기아가 발생하여 해외로 탈출하게 되었다. 프랑스에 의한 의도된 이주정책도 있었다. 알제리를 식민지화하면서 벌인 이민정책이었다. 세기 후반에는 전신망과 만국우편연합이 생기고 고향을 떠나온 이민자들이 고향의 가족과 연락을 유지할 수 있게 되자 또 다른 이민을 촉진하는 계기가 되기도 했다. 이 부분에서 유럽의 근대문명이 유럽인의 이민으로 인해 세계로 확산되었음은 부인할 수 없다.

사회의 변화

유럽에서는 18세기 말까지의 소비변화과정이 주목할 만하다. 특히 과시적 소비가 등장하고 사회계층이 변화함에 따라 이전과 다른 소비형태를 보이게 되었다.

18세기부터 19세기 말까지도 유럽 일부 지역의 대부분 가정에는 반드시 필요한 가재도구 이외의 여분 물품을 필요로 하지 않았다. 그러나 사회변화에 따라 특정 집단에 의한 과소비의 행태가 고발되었다. 당시 과소비의 사회현상에 대해 비판이 주류를 이루었으나 버나드 맨더빌Bernard de Mandeville 같은 경제학자는 과소비가 도덕적으로는 퇴폐적이지만 경제사회발전에는 기여한다고 했다. 18세기 말의 사회상으로는 소비의 증대에 따른 의식구조의 변화로 수많은 혼외정사가 이루어지고 하녀에 대한 성적학대가 빈번했다. 심지어 대중적 노래에서도 성적 소망을 희구하는 가사가 등장했다.

한편, 15세기에는 대학이 유럽의 지적 세계를 지배하고 있었으며 13세기에 마련된 대학의 전형을 그대로 따르고 있었다. 철학적 교육의 내용은 스콜라주의적 아리스토텔레스주의를 대체로 따르고 있었다. 과거의 영향을 벗어 던지고 이전 체계의 계율을 따르지 않겠다는 기대가 싹트고 있었다.

18세기 들어 발전해 가는 과학에 커다란 영향을 준 것은 서유럽의 상업국가들이었다.

　경제와 부의 분포가 변화하는 가운데 귀족을 대신하여 지배적인 위치에 이른 계급은 부르주아 계급이다. 물론 부르주아 계급 내에서도 많은 서열이 존재했다. 19세기 초엽에는 기반을 굳히고 있던 대상이나 금융가가 그들이었으나 기업을 일으켜 성공한 실업가나, 은행가 등이 더해졌다. 재능과 근면, 노력에 의해 성공으로의 길을 열망하는 것이 부르주아의 도덕임에도 불구하고 이는 가능성이 그리 큰 것은 아니었다.

　당시 부르주아 계급은 세 가지 점에서 그 지배력을 발휘할 수 있었다고 말할 수 있다. 첫째로는 자본력의 크기라고 하는 경제적인 힘이고 둘째로는 정치적인 힘이다. 상층부 부르주아 대표는 의회에 대해 큰 세력을 나타내게 되었으며 행정 기구가 정비되는 가운데 상급 관직을 맡게 된 것도 엘리트 교육을 받은 그들의 자제들이었다. 셋째는 문화적인 힘이다. 그것은 엘리트만의 네트워크로 지적 엘리트층을 이루며 엘리트의 재생산뿐만 아니라 언론과 출판의 직간접적 지배를 통한 사회 지배를 말한다. 서유럽에서는 이미 구체제 같은 신분제 사회는 아니었으나 부르주아 계급과 최하위 노동계층 그리고 그사이에 여러 계층이 만들어졌다.

　19세기의 공업화는 유럽 곳곳에서 대량의 노동자를 만들었다. 인구가 급증하는 가운데 노동시장은 자연히 구매자시장이 되었으므로, 노동자는 불안정한 고용이나 저임금, 장시간 노동이나 열악한 노동조건에도 인내를 강요당하지 않을 수 없었다.

　초기의 공업화는 명확하게 노동수탈형 경영이었다. 비참한 노동자가 일하는 현장의 조사나, 건강상태 혹은 생활에 대한 조사가 이루어져 개선을 바라는 제안들은 세기의 중간을 지날 때까지도 거부 내지 무시되는 것이 통례였다.

1833년 영국에서 아동노동법이 제정되었다. 그 내용은 실로 놀라운데 8세 이하 아동노동의 금지, 9세부터 13세까지는 하루 8시간 이내, 14세부터 18세까지는 12시간 이내의 노동으로 되어 있던 것이다. 14세 이상이면 야간 노동도 가능하다는 것이다.

1847년, 영국에서는 여성과 18세 이하의 노동시간을 하루 10시간 이내로 정했고, 프랑스에서도 1848년 혁명이 일어난 후 파리에서는 10시간 이내, 지방에서는 11시간 이내로 정했다. 비록 이러한 법률이 제정되어도 그 시행이 엄격하게 감시된 것은 아니었으므로 노동쟁의는 끊임없이 지속되었다. 하루 8시간 노동과 주휴제도가 도입된 것은 유럽에서도 영국 등 일부를 제외하고는 제1차 세계대전이 지난 후였다. 20세기 전환기에도 하루 10시간 노동을 둘러싼 분쟁이 일반적이었기 때문이다.

한편 노동자 측의 지속적인 조직화 움직임이 진행되었다. 가장 먼저 운동이 일어난 곳은 영국이었다. 1848년에 운동이 정점으로 달한 인민헌장운동은 노동에 관한 경제적 요구와 의회를 둘러싼 정치적 요구를 전개한 것이었다. 처음에는 상호협력을 위해 결성되어 숙련노동자를 중심으로 노동조합을 조직화하여 스스로의 요구를 실현하고자 했던 운동이다. 이어서 이러한 운동은 많은 나라에서 합법화되었으나 사회구조의 근본적인 전환을 요구한 사회주의 운동과 미묘한 관계에 있었다.

영국의 노동조합 운동인 트레이드 유니온 운동은 19세기를 통해서 정치적인 문제와 선을 분명히 하고 그 요구를 오로지 직업 관련으로만 집중하였다. 이러한 경향은 독일이나 미국, 북유럽 등지로 퍼져 나갔다. 다만 프랑스나 이탈리아 등에서 세기말부터 활발하게 된 노동조합 운동은 파업 등 직접적인 행동을 포함한 정치적인 의도와 결합한 혁명적 성격을 띠고 있었다.

이러한 노동운동은 나아가 사회변혁을 요구하는 움직임으로까지 확산되어 1848년 유럽 각지의 도시에서 거의 동시에 발발했던 '48년 혁명' 봉기, 민중의 자생적인 파워에 신뢰를 보냈던 무정부주의자들 등, 사회 변혁을 꿈꾸는 운동까지 등장하게 되었다. 이러한 변화는 더 나아가 19세기 말에 조직되었던 제2인터내셔널 등, 사회주의를 주창하는 국제운동이 등장하여 과거의 계급 투쟁에 의한 사회혁명이론에서 수정된, 의회 정치에 참여하는 방식으로 발언권을 확보한다는 의회정당으로서의 사회당이나 사회민주당의 형성 발전으로 현실화되어 갔다.

부르주아지

부르주아Bourgeois 시대는 18세기에 등장한 순수한 상품생산 경제 양식을 바탕으로 했던 근대 자본주의 시대를 말한다.

자본주의는 사유재산 제도의 급격한 발전에 기초하여 현대의 사회적, 정치적 문화를 지배하고 있다. 이 새로운 상황에 적합한 정치 및 사회 체제로써 영국은 1648년의 청교도혁명으로, 유럽 대륙은 1789년 프랑스 혁명으로 그 모습을 갖추기 시작했다. 1648년과 1789년의 두 혁명은 영국과 프랑스에만 국한된 것이 아니라 '유럽의 혁명'이라고 할 수 있다. 두 혁명의 결과로 유럽인의 역사는 전혀 새로운 형태를 취했다. 그것은 단지 사회 내에 존재하는 어떤 계급이 낡은 정치조직에 대해서 승리했다는 의미가 아니라, 새로운 유럽 사회를 위한 정치조직의 탄생을 선언한 것이었다. 시민계급은 혁명에서 승리했다.

절대주의 시대를 대체한 부르주아 시대가 되자, 각 계급의 역학관계는 완전히 달라졌다. 각국의 중산계급이나 하층계급은 공개적인 비판이 가능한, 그러나 사회적으로는 제한적인 선거권을 가진 유권자로 지위가 높아졌다. 이러한 이유로 인해서 이 시기에는 공공도덕의 법칙이 정반대의 방향으로 공식화될 수밖에 없었다. 게다가 새로운 시대의 생활과 요구의 내용이 완전히 변했다는 것 역시 커다란 요인이었다. 부르주아 국가가 나타남에 따라 이제까지의 신민과 농노는 국민으로서 질적인 변화를 경험하게 되었다. 부르주아 국가는 국민에게 인권과 자결권을 부여했으며 만인이 평등한 권리를 가졌다고 선언했다. 제3계급은 '자유, 평등, 박애'라는 슬로건 아래 봉건 유럽과 싸워서 불후의 승리를 쟁취했다. 그리고 부르주아 국가는 여성을 끌어냈는데 이것은 여권의 추락이 아니라 오히려 그 향상이었다.

각 나라가 근대 부르주아 국가로 발전한 시기는 동시에 입헌국가로 이행한 시기이기도 했다. 이 점에서는 영국이 가장 앞섰다. 영국의 역사적 상황은 무엇보다 먼저 근대적 생산방법을 가능하게 했으며, 이는 곧 절대주의의 이해관계에 대항한 부르주아의 이익쟁취와 연결되어 발전하였다. 런던은 지리적으로 혜택받은 위치 덕택에 최초로 자연적인 세계무역의 중심지가 되었다.

런던과 더불어 파리는 처음부터 당시 세계무역의 제2의 자연적인 중심지였다. 그 덕택에 거부巨富의 상인계급이 나타났다. 특히 절대주의 체제는 항상 적자재정으로 허덕였기 때문에 오히려 시간이 갈수록 더 새롭고 큰 이익을 상인계급에게 안겨주게 되었다.

프랑스 공업은 지배계급에게 다양한 종류의 사치품을 대량으로 판매함으로써 절대주의로부터 지속적으로 엄청난 이윤을 만들어냈다. 앙시앵 레짐 시대의 지배계급은 초호화판 향락생활을 누리기 위해서 그와 같은 사치품을 필요로 했기 때문이다. 궁정사회의 귀부인들 대부분이 수백 벌에 달하는 화려한 옷을 가지고 있었다는 것만 보아도 가히 짐작할 수 있다. 마리 앙투아네트가 이보다 더 많은 옷을 가졌다는 것은 말할 나위도 없다. 게다가 프랑스의 견직물공업과 파리의 재봉사는 1세기에 걸쳐서 전 유럽 궁정사회의 어용공업과 어용상인이었다는 것만 보아도 충분하다. 프랑스의 직물공장과 양장점은 러시아 궁정에만도 매년 수천 필에 달하는 값비싼 비단과 수천 벌의 예복을 수출했다. 러시아의 여제 엘리자베타가 사망했을 때, 그녀의 옷장에는 파리에서 맞춘 1만5천 벌 이상의 값비싼 예복이 있었다고 한다. 이처럼 당시의 프랑스 공업은 사치품 제조공업이 주류를 이루었다.

이러한 부르주아 계급은 10세기 말경 도로가 보다 안전해지기 시작하면서, 그리고 상업도 시장의 증대와 더불어 새롭게 나타나면서 등장한 것으로 본다. 그곳에서 상인들은 동양에서 온 향신료와 향수 그리고 옷감들을 사고팔았다.

소도시는 인구의 결집현상을 말해 주는 요소이다. 당시 소도시는 근본적으로 지배적인 위치에 있었다. 소도시는 자신의 용역을 필요로 하는 주변 시골마을들 위에 군림하며 이들 덕분에 지내지만 또한 이들 없이는 존재할 수 없었다.

소도시를 의미하는 Bourg라는 단어가 12세기 들어 부르주아라는 단어가 되지만 도시는 상업활동의 최적지이자 상업 다음으로 산업의 최적지가 되었다. 상업과 산업, 이 두 가지가 도시에 사는 부르주아의 바탕이 되었다. 이러한 부르주아는 후에 세속영주나 교회지도자로부터 자유롭게 통행하고 자신을 지키며 결사할 수 있는 권리와 자치권을 획득했다.

부르주아 계급은 과거부터 확립된 가치와는 다른 가치를 중요시하게 되는데 금전이 중요한 역할을 하게 되었다. 그전까지는 토지를 소유하는 것이 부의 유일한 원천이었다. 이때부터 상업과 공업이 경제발전의 새로운 원동력이 되었고 부르주아 계급은 경제를 조금씩 장악하게 되었다. 부르주아들은 갈수록 제약을 하는 봉건 법규들을 참아낼 수 없었다. 그들은 정권에 참여하고 싶어 했고 결국 프랑스 혁

▲ 부르주아들의 의상

명 후 혁명조치의 최대 수혜자가 되었다.

부르주아는 처음에는 호의적이고 존경할 만한 사람으로 비쳐졌지만, 19세기 중반에 들어서면서 미움받는 계층으로 전락하게 되었다. 이는 브렐J Brel의 샹송에서 부르주아를 '멧돼지과에 속한 동물'로 불렀던 데서도 나타난다.

부르주아는 원래 도시의 지리적 경계를 표시하는 성곽의 내부에서 생활하는 사람을 뜻했다. 귀족계급보다는 열등하지만 하층민보다는 우월한 계급, 그리고 무산계급에 반대되는 유산계급에 속한 중간계층의 사람들을 지칭했다. 그러나 사회 경제적인 그들 스스로 계층의 차이를 강조하기 위해 'Grand(대)'나 'Petit(소)'를 덧붙여서 그 의미를 구별하기도 했다. 성城이란 것은 권세와 경제력이 있는 자들의 공간이었다. 그런데 자본주의 시대로 넘어오면서 부르주아라는 말은 생산수단을 소유한 계급이라는 의미로 바뀌었다. 즉, 생산수단이 없어서 자신의 노동력을 시장에 계속 팔아야 하는 프롤레타리아에 대한 대칭적인 의미로 쓰이며, 생산수단을 소유한 자를 부르주아라 하므로 유산계급有産階級이라고 한다. 현대에서는 부정적인 의미로 프롤레타리아를 착취한다는 의미로 쓰이고 있다.

앙시앙 레짐 하에서 의상의 형태, 직물, 색상은 정해진 조건, 자질, 계급, 신분을 의미했다. 부르주아들은 그들 스스로 남과 구별짓고 싶어 했다. 인간이 옷을 입는다는 것은 추위 때문이 아니라 자아확신과 자아실현에 도움이 되는 것에 자신을 맡기려는 근심 때문이라고 생각했다. '모든 세상 사람들처럼 되는 것보다 더 비통한 것은 없다'고 발자크Honore de Balzac는 말했다. 부르주아들 옷차림의 통일성에 대하여는 백화점의 역할이 컸었는데, 당시 처음 선보인 백화점은 팽창하는 산업사회의 모범적인 상징이었고 산업사회는 소비를 위해 생산했으며 또한 생산을 위해 새로움을 창조했다.

대부분의 백화점들은 제2제정시기(1852~1870년)에 이미 출현했는데 백화점은 새로운 계층의 소비자들로 인해 소비의 물질적, 심리적 조건들을 설정하고 그들에게 정당하다고 인정되는 의복과 기호들의 자유로운 사용을 만들어냈다. 의복에서의 차이점은 예의범절의 시대를 맞이하게 된 데 있다. 19세기 교양인을 위한 파리의 살롱과 19세기 처세술의 규정들은 예절교육을 통해 사회의 상태, 남과의 관계 등을 익히는 공간과 지식이었다. 부르주아 시대의 젊은 여성들은 무도회야말로 성공 가능성과 사회생활에 엄청난 영향력을 끼친다는 사실을 깨달았다.

당시 숙녀들이 애용하던 부채는 암시를 위한 또한 엿보기 위한 가림의 미학이었다. 남성에게 조끼가 부르주아 계급의 상징으로 남은 것도 당시의 관례 때문이었다. 넥타이를 착용하는 것도 부르주아지Bourgeoisie의 선호 때문이었고 청결하게 씻는 것도 바로 '구별짓기'의 한 부분이었다. 여성은 남성이 검정색으로 엄격해지는 동안 화려함이 전통으로 확대되어 갔으며 슈미즈가 등장했던 것은 경의의 대상으로 정숙함의 상징이었고, 코르셋은 건물의 기둥과 같은 여성 신체의 기둥 역할이었다.

부르주아지들을 비판적 시각으로 보게 된 때, 부를 쌓은 뒤 중상류층으로 신분상승을 꾀하는 모습, 돈은 많으나 허상에 빠져 있으며 비합리적인 판단을 하고 귀족들이 하는 짓을 따라 하는 신분상승의 욕구만을 추구하는 부류들을 고발하는 몰리에르Molière의 『부르주아 귀족Le ourgeois gentilhomme』이란 희곡까지 등장했다.

한편 부르주아적 이상미는 절대군주제의 이상적인 미와 정면으로 대립하고 있다. 1799년에 간행된 『유행의상 철학론』이라는 책은 육체적 형태에 관한 글에서, '남자들이 목이 굵은 여자를 싫어하듯 여자들도 장딴지가 빈약한 남자를 싫어한다. 남자의 장딴지는 애정을 표현하는 온도계이며 체력의 기압계다'라고 했으며, '여자는 아이를 낳아야 하므로 골반이 커야 하고 유방도 풍만하면서 단단해야 한다'고 표현했다. 자본주의의 발전은 여성을 부르주아 계급의 남자들을 위한 고급스러운 사치품으로 전락시켜 버리면서 에로틱한 아름다움이 강하게 표출되는 것만이 부르주아적인 이상론이라고 했다. 19세기 중반 들어서 이미 유방 크게 만들기 광고가 나오고, 유방발육을 잘되게 하는 동양환東洋丸 광고까지 등장했다.

8장

영국의 상업화

영국의 근대무역 | 동인도 무역 | 캐리코와 차 무역 |
식민지 전략과 항해조례 | 산업혁명의 시작 | 잉글랜드 은행 |
기계의 등장 | 산업혁명의 영향 | 운하 | 산업자본과 자본주의 |
중상주의의 비판 | 철도의 등장 | 근대 회사의 탄생 | 해상보험제도 | 영 제국

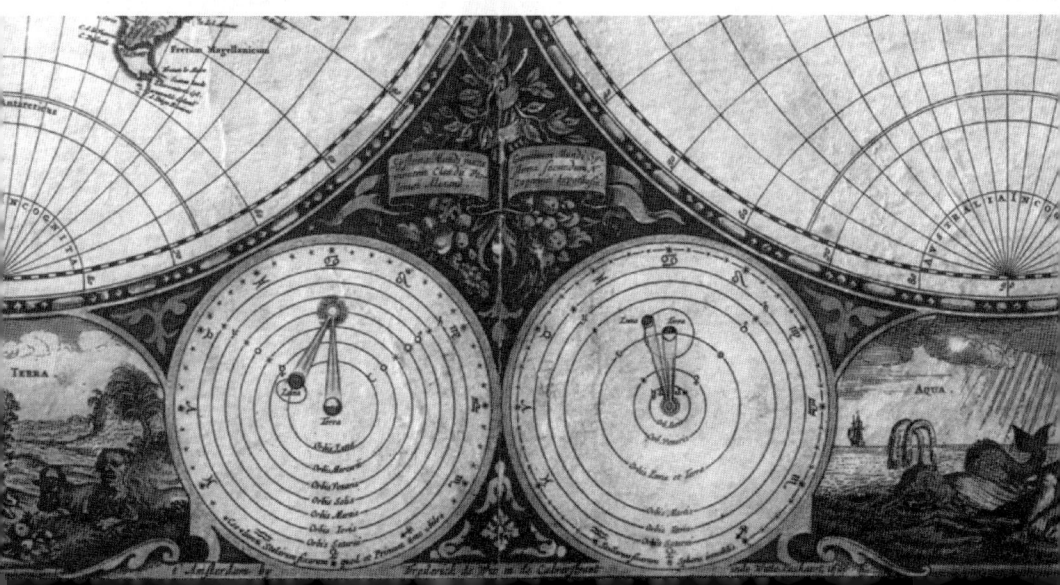

영국은 14세기까지 농업국이었으며 이탈리아, 독일, 네덜란드 등 유럽의 여러 국가들보다 공업분야에서 뒤처져 있었고 모직물공업은 발달하지도 않았다. 14세기 중반부터 에드워드 3세Edward Ⅲ의 산업보호육성정책에 의해 모직물공업이 급속히 발전하게 되었는데, 이때 무역의 성격이 양모를 수출하고 모직물을 수입하는 형태에서, 모직물을 수출하고 양모의 수출을 제한하는 형태로 전환되었다. 그리고 영국의 양모수출을 위해 양모 상인의 특권상인조합인 스테이플 상인Merchants of the Staple이 1294년에 독점적으로 설립되었다. 이 회사는 정치적 목적에 따라 그리고 필요에 따라 장소가 옮겨졌으며, 1363년 26개의 영국 상인에 의해 칼레Calais에서 공식적인 회사로 출범하여 1558년까지 존속했다. 이들의 활동은 스테이플 제도로 전개되었다.

스테이플 제도란 양모 거래에 규제를 두어 관세징수를 용이하게 하기 위해 왕이 만든 무역독점제도로, 일정한 상품의 매매를 국왕이 정한 시장 이외에는 허가하지 않는 제도이다. 영국의 국민적 상업인 모직물 수출에 의한 외국 진출은 모험상인조합Merchant Adventurer에 의해서 행해졌는데, 그들은 1407년 국왕으로부터 회사 설립을 위한 특허장을 받아 런던의 무역 상인층을 중심으로 영국 무역의 대부분을 장악하고 네덜란드의 세계무역과 겨루었다. 모험상인조합은 튜더왕조의 등장과 함께 국가의 이익과 맞아떨어지면서 전국적으로 조직을 확대하였다.

그러나 16세기 말 이후 모직물공업이 한층 더 발전하게 되자 그들의 이해와 상충되는 새로운 모직물 상인들이 등장하게 되어 모험상인조합은 쇠약해져 갔다. 13세기 이후 런던에서 영국 모직물의 절반을 거래하던 한자상인들이 영국 상인들을 압도하였는데, 이러한 경쟁 속에서 국내시장의 통일이 필요하다는 요구가 있었다. 마침 왕권 강화로 강력한 중앙집권적인 통일국가를 만들고자 했던 헨리 7세Henry Ⅶ 와 상업 부르주아지가 결합하여 절대주의정책 이후, 모직물공업이 발전하면서 16세기 중반에는 모직물 무역이 절정에 이르게 되었다.

절대주의란 국왕이 무한하고 절대적인 권력을 가진 봉건국가의 마지막 형태로, 시민혁명으로 민주적인 근대 국가가 형성되기 전까지 존재했던 과도기적 전제적인 국가를 말한다. 그러한 배경 속에서 자본주의를 실현하기 위한 요소가 육성되었으며 자본의 본원적 축적 과정이 진행되었다.

절대주의가 취한 경제정책은 중상주의였다. 즉, 자본주의의 역사적 전제인 자본의 본원적 축적시대에 있어 국가권력이 상업자본, 특히 무역자본과 결합하여 수행한 경제정책을 말한다. 1485년 튜더 절대왕정에서 시작된 영국의 중상주의는 17세기 말 식민지 제도, 국채 제도, 근대적 조세제도, 보호무역제도 등을 체계화했으며, 18세기 후반 산업혁명에 의해 자본주의로 전환될 때까지 지속되었다. 이와 같이 중상주의는 장기간에 걸친 정책이었으므로 시대에 따라서 다른 양상을 나타냈다.

중상주의는 절대주의 시대의 초기 중상주의와 초기 산업자본의 중상주의로 크게 나눌 수 있다. 막스 베버는 이를 신분적 독점적 중상주의와 국민적 중상주의로 분류하고 있다.

초기 중상주의는 국내산업에 기생하여 양도이윤으로 자본을 축적하려 하였다. 그러나 이러한 형태는 산업자본을 육성하기보다 오히려 약화시켰다. 국민적 산업의 확립과 그 기반이 되는 생산력의 발전을 실현하려는 것이었으나 생산력의 발전과 전기적 자본의 독점은 국내 산업의 보호, 육성정책과는 모순된 것이었다. 초기 중상주의가 비판 받은 이유가 여기에 있다.

초기 중상주의에 구체적으로 등장한 것은 중금주의이며, 두 번째로는 무역차액주의Theory of the balance of trade이다. 그리고 후기 중상주의로 제3의 형태는 산업보호주의라고 불리는 본격적인 중상주의이다.

영국의 근대무역

영국의 근대무역은 경쟁국가인 스페인과 네덜란드와의 무한경쟁에서 비롯되었다. 16세기 중반이 되어서야 경제 내셔널리즘의 형성을 이루는데 지나지 않았던 영국의 무역은, 도약을 위한 위기의 극복과 기회의 수용 과정이었다. 뒤처질 수도 있었고 발전을 기약할 수도 있었다.

영국의 경제는 모직물에 의존하고 있었고 모직물의 해외시장거래는 앤트워프에 집중되고 있었다. 앤트워프에는 300~400명의 영국 상인이 항상 거주하고 있어 런던을 경유하는 모직물의 70~80%를 처리하고 있었다. 이는 앤트워프가 영국의 무역과 경제의 핵심을 잡고 있는 곳이라고 할 수 있다.

이러한 현상을 간파한 세실Robert Cecil 장관은 과도한 무역의존의 위험성을 경고했으며, 세실의 경고에 따라 원격무역 중에서도 대표적으로 동방무역을 주관하는 레반트 무역Levant Trade이 10세기경부터 북이탈리아 상인을 중개로 하는 동서교역에 뛰어들게 되었다. 그리고 1582년에 처음으로 선박 수전호The Great Susan가 지중해를 향해 출항하였다. 이는 영국 상인에 의한 영국 모직물의 수출개시였다.

그러나 앤트워프의 몰락이 예상보다 일찍 발생함으로써 3년 후인 1585년, 세실 장관의 우려가 현실이 되었다. 또한 무역대상지로서의 미국은 구매력이 없는 지역이라 북방항해도 큰 기대를 걸 수 없는 판로였으므로 차라리 구형 모직물에서 신형 모직물로의 전환을 도모하면서 남보다 앞선 레반트 무역을 축으로 하여 아프리카 및 동양에 진출하게 되었다.

또 다른 원인으로는 1570~73년 사이의 베네치아와 터키의 전쟁 때문이다. 베네치아의 전쟁 몰두 때문에 영국 상인이 지중해제국과 서유럽 간의 중계무역에 종사하는 기회가 주어지게 된 것이다. 앤트워프에서 영국 모직물의 수출국은 독일이 50%, 이탈리아가 41.5%를 차지하고 있었으며, 이들의 운송은 이탈리아 상인들이 맡았기 때문에 16세기 후반에도 이탈리아 상인의 의존도가 높았을 것으로 추정된다. 이러한 판매인인 이탈리아 상인을 잃는다는 것은 영국의 모직물의 판로를 잃은 것과 같은 것이었다. 이는 영국 상인이 직수출에 적극적인 참여를 하게 된 요인이 되었다.

다른 하나는 포르투갈이 스페인에 합병되어 포르투갈이 보유했던 극동과의 독점무역에 영국이 참여할 기회를 가질 수 있었던 것이다. 이처럼 영국이 동인도와의 직접무역이 추진되면서 레반트 무역과 함께 영국 조선해운업의 번영을 가져오는 결과가 되었다. 또한 16세기 중반, 번영의 정점에 있었던 스페인 모직물공업의 쇠퇴로 네덜란드와 함께 후발주자였던 영국이 스페인으로부터 해상권을 탈취할 기회가 주어지게 되었다. 1588년 영국은 스페인의 무적함대를 괴멸시켜 약자의 지위에서 강자의 지위로 올라서는 결정적인 분기점을 마련했던 것이다.

이러한 여러 요인들은 영국의 무역정책 수립에 자립성을 요구하며 단일시장에서 복수시장으로 전개가 되었다. 영국 상인 손에 의한 새로운 시장의 개발이 17세기 영국 무역의 과제로 주어졌던 것이다.

영국 무역의 한 축을 담당했던 한자상인의 1598년 런던 추방은 이러한 무역정책 전환의 결과였다.

영국 무역정책의 전환은 연이어 영국 무역구조의 변화를 가져왔다. 구체적으로 무역권의 변화와 재수출 무역의 확대로 나타났다. 양적으로는 5배의 확대를 가져왔다. 이는 그때까지 중부 유럽을 포함한 북부 유럽무역에서 남부 유럽(지중해 연안제국, 동양, 신식민지를 포함)으로 무역 대상을 전환한 결과라고 말할 수 있다.

17세기를 통틀어 영국 무역수입의 80%를 차지한 런던 항의 수입국 별 통계를 보면, 1621년 북유럽 무역의 비율은 전체 수입액 대비 약 62%를 차지하고 있었지만, 1660년대에는 45%인 절반 이하로 1700년에는 35%까지 하락한 것을 알 수 있다.

재수출을 보면 1640년대에는 수출액 전체의 3~4%에 지나지 않았던 것이 1700년에는 약 30%까지 급증하였다. 그 대상 상품은 아시아, 미국에서 가져온 물산들로 18세기의 영국 수출입 지역 무역구조를 예고하고 있다. 따라서 영국은 새로운 해외시장의 전개에 따라 17세기에 큰 경제성장을 이루어낸 것으로 볼 수 있다.

그런데 무역시장의 전환에 따라 영국 무역의 주요 지역으로 떠오른 남유럽무역은 북유럽무역과는 다른 특성을 가지고 있었다. 북유럽무역의 경우, 취급상품이 비교적 고가의 운송비가 드는 중량과 용량 모두 큰 상품들 예를 들면, 와인, 소금, 어류, 곡물, 목재, 타르, 아마, 납, 주석, 철 등이었으므로 200~500톤급의 선박을 필요로 하였다. 하지만 남유럽무역의 경우는 취급상품이 가볍고 적재량에 비해 비교적 고가의 것인데다 또한 해상운송에서의 위험이 상존하였다.

이는 선박 대형화의 필요성을 가져왔으며 무기의 탑재와 군인의 승선까지 필요하게 되어 운항비용과 건조비가 더 들지만 빠르고 큰 선박을 건조하게 되었다. 네덜란드의 평균 360톤짜리 선박보다 더 큰 400~600톤의 건조에 노력을 기울이게 된 것이다. 이는 영국 신형 선박에 의한 항해가 더 안전하다는 인식을 가져와 네덜란드의 플라이보트Flyboat보다 신뢰성이 더해져 1600년대에 지중해에서 영국은 네덜란드보다 해상무역에서 절대적 우위에 서게 되었다. 그럼에도 불구하고 1648년 이후까지 양국은 서로를 견제하면서 경쟁하였다. 그 배경에는 스페인과의 무역을 필요로 하고 있었기 때문이다.

네덜란드에 있어서 스페인은 곡물과 조선자재의 고객이었다. 네덜란드는 스페인으로부터 선박건조에 필요한 자재를 매입해 발트 해 무역으로부터의 수입초과 분을 상쇄하기 위해 그리고 레반트 무역과 동인도 무역지불에 필요한 은銀을 얻고 있었다. 적국이면서도 스페인은 네덜란드 상업의 생명이었던 것이다.

한편 영국의 입장도 크게 다르지 않았다. 세비야Sevilla는 영국 서인도 무역의 기점이자 동인도로부터 오는 상품들을 위한 시장이고 지중해 무역의 기초를 쌓아올린 중계무역의 기지이기도 하였다.

아울러 네덜란드와 영국 모두 배후에서 밀무역을 수행했고 해적행위를 통해 재정적 기반을 잡아갔다. 이러한 방법은 스페인의 '무적함대' 격파 후에도 남았고 오히려 더욱 심해졌다. 1577~1580년의 유명한 드레이크Sir Francis Drake의 항해모험 성공 이래 해적행위는 하나의 사업으로 정착해 많은 투자를 불러일으켰다. 1596년 장관이었던 세실이 부족한 왕실재정을 해적사업으로 채우고 동시에 자신의 지위를 이용해 1595년부터 8년간 자신의 부를 쌓아올린 것은 대표적 사례일 것이다. 이러한 과정 속에서 무역의 기본은 교환이며, '무엇인가를 제공하지 않으면 아무것도 얻을 수 없다'라고 하는 사실을 깨닫기 시작했다.

영국 무역 발전의 원천인 17세기의 지중해 무역은, 국민적 산업인 모직물 시장을 찾아 해당 해역에 들어가지 않을 수 없었던 영국 상업이 새로운 조선 방법과 선박의 대형화, 적극적인 해적정복정책 등에 따라 순조롭게 시장을 잠식해 가는 과정으로 파악된다. 해상권 취득은 무역의 발전 성공 여부를 결정하였으며 영국은 근대 무역에 있어서 세계 최강의 자리를 획득하는 기초를 쌓아올리게 되었던 것이다.

동인도 무역

영국은 1588년 스페인 무적함대를 격파하자 희망하던 동인도와의 향료무역에 진출할 기회를 얻게 되었다.

1599년 10월 16일, 런던의 상인들은 엘리자베스 여왕을 알현, 동인도와 직접 무역거래를 할 회사 설립의 계획을 설명하였다. 여왕은 희망봉에서부터 마젤란 해협Magellan Straight에 이르는 지역에서 15년간의 무역독점권을 허가하였다.

런던 상인이 중심이 되어 1599년 동인도 회사가 설립되었고, 1600년에 '런던 상인 동인도 회사'가 자본금 7만 2천 파운드로 설립되었다. 초대 총재에는 토마스 스미스 경이 취임했으며 회사는 수마트라와 자바를 향해 떠날 5척의 선박을 준비하였다.

당시 영국의 대표적 상품인 모직물의 수출은 16세기 중반에 절정에 이르고 있었다. 영국은 동인도 무역에서 향료의 대가로 모직물을 수출하고자 했지만 동인도의 기후조건 등의 문제로 원활하지 못하다가 1601년 2월 제1회 출항 후 1603년 9월이 되어서야 후추를 포함한 많은 향료를 가져올 수 있었다. 그러나 동인도 무역

▲ 동인도 회사 깃발

에는 포르투갈과 네덜란드가 이미 독점적 지위에 있었으므로 그들과의 분쟁은 예상되었던 것이었다.

동인도 무역으로부터의 이익은 상당하여 동인도에서 원래 후추 1파운드의 가격은 2.5펜스였는데 유럽에서는 그 8배인 20펜스나 되어 10만 파운드의 투자로 약 40만 파운드의 이익을 얻을 수 있었다. 처음 2회의 항해 이익률은 95%였지만 대부분 200%를 넘을 때가 많았으며 1640년경의 평균 이익은 100~200%였다.

인도 진출에서 영국은 인도 본토와의 무역에 중점을 두어 포르투갈을 배제한 후 인도의 서부부터 페르시아, 홍해 방면으로 나아가는 등 인도에서의 발판을 만들었다.

그리고 몰루카 제도에도 진출하여 양질의 향료를 얻고자 하였으나, 1623년 네덜란드와 충돌하여 상업전쟁인 암보이나 학살사건 Amboina Massacre이 발생하였다. 암보이나 학살사건은 지금의 인도네시아 암본Ambon에서 1623년 발생한 처형사건으로 당시 네덜란드의 암보이나 식민정부에서 일본인 10명, 영국인 10명, 포르투갈인 1명을 처형한 사건이었다.

이 사건으로 인해 영국과 네덜란드 정부가 수년 동안 추구해 왔던 양국 간 협력에 대한 희망이 무너졌으며, 이 사건은 인도네시아에서 네덜란드 세력의 부상이 시작되었음을 상징했다. 1601~25년 네덜란드 동인도 회사는 스파이스 군도인 몰루카 제도의 한 섬인 암보이나에 기반을 닦았다. 네덜란드 수비대가 빅토리아 요새에 주둔했으며 네덜란드인 지방총독이 임명되었다.

그러나 영국 동인도 회사와 손잡고 있던 영국 상인들 역시 이 섬에 상당한 매력을 느끼고 있었으므로 그들의 관심은 결국 네덜란드와의 분쟁을 야기하였다. 1623년 초, 영국 상관의 일본인 용병이 네덜란드 상관을 정찰한 것에 불신을 가지고 있던 네덜란드인 지방총독 헤르만 반 스포일트Herman van Speult는 영국 상인들이 일본인 용병들의 도움으로 그를 죽이고 이들을 지원할 영국 함선이 도착하면 네덜란드 수비대를 무장해제 시키려는 음모를 꾸미고 있음을 확인하였다. 그래서 그는 혐의자로 추정되는 사람들을 체포할 것을 명령하였다. 이들은 고문을 받고 자신의 유죄를 인정했으며, 암보이나 법정에서도 혐의가 인정되어 1623년 2월 사형에 처해졌는데 이 사건에 학살이라는 명칭을 붙인 쪽은 영국 측이었다.

암보이나 섬Amboina Is.은 향료들 중에서도 특히 귀한 정향나무 재배의 중심지였기 때문에 유럽은 경쟁적으로 식민지로 지배하고자 하였다. 1512년 이후, 이 섬은 포르투갈이 지배했지만 네덜란드가 1607년에 지배권을 빼앗고, 영국도 네덜란드와의 협정에 의해 이곳에 진출하여 동인도 회사의 상관을 설치하며 향료무역의 기회를 노리고 있었다. 이 때문에 네덜란드에 밀린 영국은 중요한 향료 무역으로부터 배제되어 아시아 지배의 중점을 몰루카 제도가 아닌 인도 특산 면직물인Ccalico 무역의 거점 인도로 이행하지 않을 수 없었다. 이후 영국 동인도 회사는 영국의 파견 기관이자 식민지인 인도를 지배하는 중추적 역할을 할 수 있도록 성격을 바꾸어 갔다.

암보이나 사건은 후에 양국 외교문제로까지 발전해 네덜란드는 1654년에 배상금 30만 파운드를 지불함으로써 네덜란드의 몰루카 제도 지배를 확립시켰다. 동인도의 향료를 둘러싸고 영국과 네덜란드는 분쟁을 겪었지만 이는 단지 인도양에 한정된 것이 아닌 확실히 세계의 무역패권 분쟁이었다. 이 때문에 양국은 1652년부터 1674년에 걸쳐 무력으로 전쟁을 일으켰던 것이다.

인도로 주 거점을 옮긴 영국은 17세기 말까지 인도 지배의 중심이 되는 마드라스Madras(1639년), 봄베이Bombay(1661년), 콜카타Kolkata(1690년)에 무역거점을 확보했다.

한편 프랑스의 동인도 진출도 네덜란드, 영국과 같은 시기에 이루어졌으며 무력을 동반한 상업전쟁을 전개했지만 영국의 힘을 넘지 못하면서 영국이 18세기 후반 동인도 무역을 지배하게 되었다.

영국 경제는 16세기 후반부터 불황에 돌입했으나 17세기에 들어서 모직물 수출이 부분적으로 회복되고 신대륙의 담배무역이나 동인도의 향료무역이 활발해지면서 다시 안정을 찾았다. 하지만 1620년의 양모 수출의 정체, 대륙에서의 전쟁, 금은 복본위제에 의한 은 가격의 하락 등에 의해 최악의 불황에 직면했다.

불황이 지속되면서 화폐 부족 문제가 표면화되고, 이에 따라 동인도 회사의 은銀 유출이 비난을 받게 되었다. 이후에도 은 부족은 해소되지 않아 동인도 회사는 타격을 받아 5개 항목의 질의서를 담은 청원서를 1628년 의회에 제출하였다. 청원서는 토마스 먼이 작성한 것으로 유추하고 있으며 위력, 부유, 안전, 재화, 영예의 항목에 관한 질의를 담고 있고 그의 이론인 무역차액설Theory of the balance of trade, 貿易差額說을 기조로 하여 동인도 회사의 옹호 및 장려를 표방하고 있다. 토마스 먼은 이에 앞서 불황이 극심했던 1621년 '잉글랜드의 동인도와의 무역에 관한 이론'이라는 논문을 발표하기도 했다. 이러한 노력에 따라 의회를 설득시켜 위기를 벗어난 동인도 회사는 그 후 순항하게 되고 영국은 반세기도 안 되어 동인도에 거대한 시장을 만들게 되었다.

캐리코(Calico 옥양목)와 차 무역

17세기 후반 제조업의 발전 속에서 성장해 온 산업자본이나 독립적 자영농민, 그리고 신흥 무역상인은 시민혁명을 통해 자유로운 상업의 발전을 방해하는 절대주의 국가를 무너뜨리고 근대적인 부르주아 국가를 탄생시켰다. 그 즈음 동인도 무역의 구조에도 변화가 생겼다. 즉, 향료 시대에서 캐리코Calico 시대로 전환했던 것이다. 전환과 동시에 견직물이 인도로부터 수입되었다.

캐리코가 영국에 유입되면서 국민적 산업인 모직물공업과 견직물공업에 큰 영향을 미치게 되었다. 아울러 캐리코는 영국 모직물의 판매시장이었던 신대륙에까지 진출했다. 이 때문에 17~18세기에 걸쳐 동인도 회사에 대한 모직물산업의 불평이 쇄도하게 되어, 1700년에는 '캐리코 수입금지법'이 나오게 되었고 1720년에는 '캐리코 사용금지법'이 제정되었다. 그럼에도 불구하고 인도의 캐리코, 견직물의 거래를 막을 수는 없었다. 캐리코에 대한 수요증대의 요인은 시장의 수요에 기인하였다. 당시 영국에 의복 유행 변화가 생겼던 것이다. 프랑스의 복장이 영국에 유입되어 가볍고 화려한 색채의 의복을 선보이자 우아한 면직물이나 견직물의 수요가 상류계급으로부터 일반시민에 이르기까지 증대하여 영국 전통의 모직물은 시장을 잃게 되었다. 프랑스 역시 그 공급에 참여하게 되면서 신대륙의 흑인노예의 복수요

▲ 동인도 회사 본사

역시 증가하여 모직물 중심의 무역패턴은 붕괴되었다.

또한 18세기에 진입하면서 무역상품의 중심이 차茶로 이동하여 영국 동인도 회사는 차 무역을 포함한 중국과의 무역과 이에 따른 수송의 독점권을 갖게 되고 동인도의 정치적 지배권 획득과 함께 급속히 발전하였다. 차는 17세기 후반에 영국에 소개되었으며 동양의 향기로써 매우 귀한 고가 사치품으로 소비는 왕실, 귀족 등 상류사회에만 한정되어 있었으나, 18세기에 들어 중국으로부터 대량 수입되면서 점차 서민 음료가 되었다.

1724년 로버트 월폴Robert Walpol 내각의 관세개혁에 의해 차에 80~100%의 높은 관세를 부과하면서 가격상승의 원인이 되었으나, 그 후 관세를 점차 인하하여 차 가격이 하락함에 따라 18세기 말에는 하층계급에도 차가 보급되었다. 18세기 후반에는 차의 수입이 캐리코의 수입을 추월하여 주요한 수입상품으로서의 지위를 갖게 된다.

이와 같이 동인도 무역의 초기 형태는 은과 향료에 의한 무역이었으므로 영국의 모직물공업을 위한 판매시장은 형성되지 않았다고 할 수 있다. 영국의 중상주의는 16세기 말부터 17세기 초에 걸쳐 자본의 본원적 축적을 목표로 했던 것이다. 동인도 무역이란 식민지를 판매시장과 원료시장으로 종속시키기 위해 식민지 무역을 독점적으로 추진한 제도이며, 이것이 구 식민지 제도의 본질이기도 하였다. 영국은 이러한 목적의 식민지를 철저하게 본국에 종속시켜 무역을 독점하고자 하였다.

식민지 전략과 항해조례

16세기 말 영국은 스페인 무적함대를 격파하고 해상지배권을 획득하는 계기를 만들면서 발전하고 있던 국내 모직물공업의 해외판매시장을 개척할 수 있는 바탕을 만들었다.

영국의 항해조례는 1381년 리차드 2세 때 제정되었는데 영국의 무역상품은 영국의 배로 수송한다는 규정이 그 내용이었다. 17세기 전반에는 네덜란드가 세계 상업의 패권을 잡았으므로 수도 암스테르담은 세계에서 가장 번창한 국제시장이었다. 이러한 네덜란드를 극복하지 않고는 영국의 해외무역 발전은 불가능하므로 강력한 대책이 필요하였다.

이에 제정된 것이 17세기 중반의 항해조례이다. 외국선박에 의한 무역에 중과세하여 특권적 상업자본을 보호하는 것이 주목적이었다. 이러한 조례의 내용은 시민혁명 이후 원료시장과 판매시장을 독점하기 위하여 해운업을 육성하고 해상패권을 잡아 식민지 무역을 지배하여 초기 산업자본을 보호 육성하는 목적으로 바뀌었다.

영국이 상업패권을 잡은 네덜란드의 해상권을 탈취하기 위해 만든 1651년 10월 9일의 조례 때문에 영국과 네덜란드는 20년 동안 3차례나 전쟁을 치렀다. 주된 내용은 식민지에서 생산된 상품은 반드시 영국인 소유의 선박이나 상품 원산지의 선박이 아니면 영국으로 수입할 수 없으며, 영국 선박에 의해 포획된 어산물을 제외하고는 영국과 영국 식민지에 수입될 수 없다는 조항이 담겨 있었다. 이러한 조례는 당시 해양왕국으로서 해상패권을 가진 네덜란드를 배격하여 중계무역을 영국으로 가져오고자 한 영국 상업자본과 네덜란드 상업자본 사이의 무역전쟁의 의미를 포함하여, 영국 본국에의 식민지 종속 강화와 영국의 해군력 증강을 그 목적으로 한 것이었다. 또한 암보이나 학살사건에 대한 정치적 보복 의미도 담겨 있었다.

그러나 이러한 영국의 노력에도 불구하고 영국 상업자본을 만족시킬 수는 없었다. 영국 본국과 영국 식민지 사이의 무역에서 외국 상인을 배척하는 효과는 거두었지만, 유럽 대륙과 식민지 사이의 무역에는 효과를 거두지 못하였다. 이는 영국 해운자본을 육성할 수는 있어도, 상업자본을 위해 식민지를 독점적으로 지배하여 수탈하는 것을 실현하려는 중상주의 정책에서는 충분한 효과를 거둘 수 없었다. 이러한 조례는 결국 영국과 네덜란드의 전쟁을 야기했고, 영국은 웨스트민스터 조약을 맺고 네덜란드와의 갈등에서 승리하였다.

이러한 항해조례는 1660년 들어 수정 보완되었는데, 개정의 주요 핵심은 외국선박에 의한 영국 식민지와의 무역전면금지, 영국 선박에 의한 식민지 무역독점 강화 등이었다. 그리고 예외조항을 덧붙였는데, 영국 식민지에서 생산되는 상품 중 설탕, 담배, 면화, 생강, 염료 등은 영국만이 독점 수입할 수 있다는 것이었다. 이러한 내용은 식민지로부터 수입되는 상품 및 식민지로 수출되는 상품은 영국 본국을 경유해야만 한다고 규정하여 상업자본가의 이윤과 국가의 관세 수입 증대를 가져오고, 식민지 무역독점을 강화하여 미국 식민지와 유럽 제국과의 직접무역을 금지하면서 양측 간의 중계무역에서 이윤을 만들어 영국 본국에의 종속강화를 추진했던 것이다. 이후 1704년, 1705

년, 1721년, 1764년 역시 조례수정보완을 통해 품목들을 늘렸다.

구 식민지 제도의 목적은 항해조례를 수단으로 하여 영국 모직물을 포함하는 제조상품 수출을 위해 식민지를 독점적으로 지배하는 것이며, 재수출을 위한 상품을 독점적으로 확보하기 위해 식민지를 공급시장으로 지배하는 것, 영국 제조업을 위한 원자재 시장으로 식민지를 독점적으로 지배하는 것 등이었다.

북미에서의 식민지 개척으로, 1616년에 식민지로부터 2천 5백 파운드의 담배가 수출되기 시작하였고, 1618년에는 식민지 수출액이 4만 9천 파운드를 넘어섰다. 1619년에 버지니아 식민지에 자치권이 주어졌지만 5년 후에는 영국 본국이 전 식민지를 직접 지배하게 되었다.

1620년 11월, 네덜란드에 망명하려고 한 신교도 퓨리턴Puritan 순례자 102명이 영주 목적으로 180톤의 메이플라워Mayflower 호를 타고 플리머스를 출항했으나 폭풍우에 밀려 목표지역이었던 버지니아로부터 멀리 떨어진 북부 지역에 도착하였다. 그들이 바로 최초의 뉴잉글랜드 식민지 개척자였다.

영국의 미국 식민지 건설은 본국의 봉건제도를 이식하여 독점적 상인, 금융업자, 식민지 기업가 등의 이익 획득을 위함이었으며, 제임스 1세James I는 미국 식민지로부터 스페인이 얻은 2배의 이익을 얻을 것을 기대하였다. 그러나 신대륙에는 스페인의 금, 은, 프랑스의 모피와 같은 부의 원천이 없었기 때문에 대신 농업에서 구할 수밖에 없었다. 그리고 이것은 영국이 미국 식민지에 깊게 뿌리를 내린 요인이기도 하였다. 따라서 미국 식민지는 농업을 기초로 영국 자본주의를 생성 발전시키는 수단으로써 경제적 의의를 갖게 되었다.

그러나 17세기부터 18세기에 걸쳐 발전하고 있던 영국 제조업이 필요로 하는 원재료를 미국 식민지가 공급하였다고 해도 이들 원재료

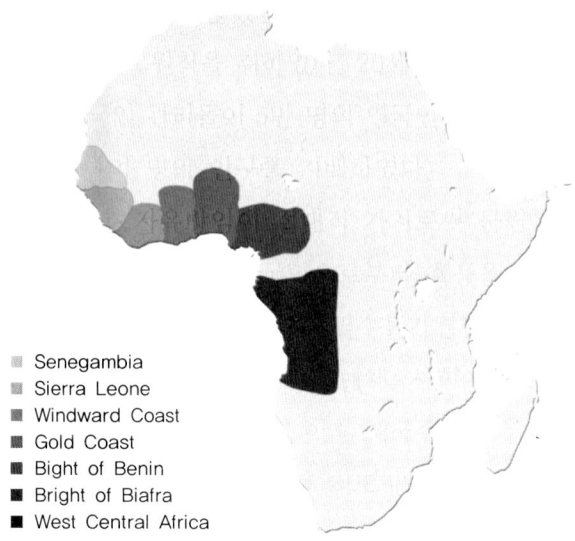

▲ 15-19세기 노예를 실어 날랐던 아프리카 주요 지역

의 공급지로서의 미국 식민지보다 오히려 재수출 상품의 공급지로서 영국 중계무역의 중심을 차지하는 역할이 더 중요하였다.

영국 식민지의 농법에는 플랜테이션이 채용되어 설탕, 담배 등의 대규모 생산을 목표로 하였으며, 이를 위한 노동력은 노예에 의해 보충되었다. 노예무역은 15세기 들어 이미 포르투갈에 의해서 수입되고 있었지만, 미국에 처음 수입된 것은 1619년 8월이며 네덜란드에 의해서 흑인노예 20명이 버지니아 식민지에 도착하였다.

17세기 후반의 플랜테이션 농업의 발전과 함께 노예무역 또한 활발해졌다. 영국 스튜어트 왕조의 노예무역은 독점회사에 위탁한다는 경제정책에 의해 1663년 '왕립 아프리카 무역상 조합'이 설립되어 운영되었다.

노예무역을 전담했던 왕립 아프리카 회사는 1680년부터 6년간 연평균 5천 명의 노예를 수송하였으며, 1700년에는 이들이 미국 식민지

인구의 5%에 이르렀다. 1760년에는 영국 항구로부터 근 150척의 선박이 아프리카로 출항하였으며, 동원한 노예의 수는 총 3만 6천 명이라고 전해지고 있다. 또한 1771년의 선박 수는 190척, 수송한 노예의 수는 4만 7천 명으로 증가하였으며, 1776년 무렵에는 식민지 인구의 20%인 약 50만 명까지 증가하였다고 전해지고 있다. 1680년부터 1786년까지 영국 식민지에 수입된 노예는 총 2백만 명 이상으로 추측되고 있으며, 18세기 노예무역의 이익률은 100~300%였다. 영국은 1620년대 들어서면서 서인도에도 진출하여 설탕생산의 전업화를 꾀했다.

항해조례와 함께 중요한 중상주의의 정책으로는 곡물법穀物法이 있다. 곡물법의 역사는 오래되었는데 1361년에 제정된 곡물법이 최초이다. 이후 영국으로부터 곡물수출을 금지한 이유는 곡물가격의 급등을 방지하기 위함이었지만 수입은 자유롭게 허용하였다. 소비자의 이익을 고려했을 때 곡물 생산자의 이익은 소비자만큼 좋지는 않았다. 그러나 17세기 후반 특히 시민혁명 이후, 곡물법은 종래의 소비자 편중주의에서 벗어나 생산자인 상류 지주계급의 이익을 위하게 되었다. 밀의 수출이 제한 없이 허가된 것은 생산과잉에 의한 손실을 보충해 주기 위함이나 이것은 소비자를 무시한 것이기 때문에 노동자계급의 생활은 곤궁에 빠지게 되었다.

영국이 18세기 후반 산업혁명에 들어가고 난 후, 곡물수출국에서 수입국으로 변하자 곡물법은 1773년에 수입제한법으로 성격을 바꾸어 새로운 단계에 들어가게 되었고 결국 1846년에 수출장려금제도가 폐지되기에 이르렀다. 곡물법의 본질은 시민혁명 후 본래 중상주의의 산업보호주의정책에 의해 부르주아적 지주와 산업자본이 대립한 것으로 마침내 산업자본의 승리로 귀결지어졌다.

산업혁명의 시작

　16세기의 유럽은 세계 전 지역을 대상으로 하는 시장을 형성하기 시작했으며 이때 상업자본은 세계시장에 유럽의 제품들을 판매하는 데 큰 역할을 행사함으로써 자본주의적 생산양식으로 진전되는 중요한 계기를 맞게 되었다.
　당시 제조업의 주류는 모직물 생산이었다.
　공장제 수공업Manufacture이란, 16세기 후반부터 18세기 말까지 봉건사회로부터 자본주의로의 이행기에 출현한 생산방식이며 자본주의 생산의 초기 발전과정에서 성립한 과도적 경영방식을 말한다. 이는 생산기술의 기초를 수공기술에 두고 있는 점에서는 수공업에 가까우나 임금노동자의 고용을 기반으로 하는 대규모 생산을 말한다. 여기에는 두 가지의 경우가 있는데, 생산물의 완성에 필요한 서로 다른 종류의 작업을 하는 독립된 수공업자가 자본가의 관리 하에 작업장에서 결합되는 경우와 같은 작업에 종사하던 노동자 사이에 분업이 도입되는 경우가 있었다.
　자본주의 생산의 지배적인 형태였던 공장제 수공업은 영국의 경우 1550년경부터 산업혁명 전인 1760년경까지 계속되었는데, 복잡한 도구나 고도의 숙련을 요하는 등 기술적 요건의 어려움 때문에 생산력은 한정될 수밖에 없었고 소규모 생산이나 자본제적 가내공업을 완

▲ 사뮤엘 크롬튼Samuel Crompton이 만든 정방기精紡機(左), 제니 방적기 모델(右)

전하게 몰아낼 수 없었을 뿐만 아니라 오히려 이들을 존립 기반으로 하지 않을 수 없었다.

농업과 공업의 완전분리와 국내시장 형성의 추진이 지연되었고, 이의 완성을 위해서 기계의 출현을 기다릴 수밖에 없었다. 공장제 수공업에서의 부분 노동자의 출현과 도구의 분화는 산업혁명에 의한 기계적 생산 창출을 준비하는 것이 되었다. 즉, 기계의 발명은 공장제 수공업이 지니는 기술적 기초의 한계를 일소하였고, 기계를 생산용구로 하는 공장제의 출현은 이들 과정을 완성시켜 산업자본을 기축으로 하는 자본주의 경제를 확립하는 기반이 되었다.

잉글랜드 은행

이러한 공장제 수공업의 발전은 국내시장을 양적으로 확대함과 동시에 금융제도의 재편성을 가져왔다. 개편의 중심에는 1694년 자본금 120만 파운드로 설립한 잉글랜드 은행Bank of England이 있었는데, 설립에 따라 화폐신용제도를 마련할 수 있었다. 당시 상업자본과 초기 산업자본은 이 금융부문의 장악을 위하여 매우 심하게 경쟁하였다. 결과적으로, 산업자본이 금융업에서의 지배권을 획득하였고 어음할인제도에 의해 많은 이익을 얻었다.

영국은 1689년 이래로 프랑스와의 전쟁으로 연 5백만 파운드 이상의 전비를 필요로 하여 재정부족에 시달렸는데 윌리엄 3세William Ⅲ 정부는 증세정책에 따라 부족분을 채우려고 하였으나 생각대로 되지 않자 국채를 발행하여 장기차입금을 맡아주는 중앙은행을 설립하게 되었다. 재정이 어려워진 정부는 스코틀랜드 출신의 금융업자 윌리엄 패터슨William Paterson의 회사로부터 120만 파운드를 빌리게 되었다.

그동안 영국에서 은행업은 롬바르드 가Lombard Street에 의해서만 영위되어 왔으나 시민들의 불신이 상당히 높았다. 17세기 후반부터 예금대제업무, 지권의 발행, 상업어음의 할인 등을 실시하였지만 어음할인율이 10~20%의 고리였다고 한다.

이러한 문제점으로 인해 정부는 자금조달에 부담을 느껴 공립은행의 설립을 단행하였다. 설립 자본금은 런던의 상인과 금융업자들로부터 모였고 네덜란드로부터 잉여자금 역시 투자되어 모인 120만 파운드는 국채인수 대금으로 국고에 납입되었다.

이렇게 잉글랜드 은행은 발권업무와 저리자금융자 등의 업무를 개시하게 되었는데 이는 사설은행에 큰 타격을 주게 되었고, 그들은 중앙은행의 설립에 반대하였으나 고리의 어음할인에 어려움을 느끼던 중소 생산자들은 중앙은행의 설립을 대환영하였다.

국가의 기본 경제정책인 중상주의의 산업보호 원칙을 위해 등장한 중앙은행의 설립은 훗날 자본의 본원적 축적이란 목적을 실현하고 근대적 금융제도에 의해 보호 육성되었으며, 자본주의의 중추적 역할을 담당할 정도로 성장하였다. 이는 국가 권력과 특권 상업자본과의 유착을 견제하면서 산업자본의 자유를 실현하는 초기 산업자본으로의 성장을 촉진하였다.

기계의 등장

생산의 변화는 면직물공업에서 시작되었다.

1767년 제임스 하그리브스James Hargreaves가 획기적인 방적기를 제작하여 그의 아내 이름을 따서 제니 방적기라 명명하였다. 제니 방적기는 이발사 아크라이트Richard Arkwright가 발전시켰으며, 그 단점을 21살 사무엘 크롬프튼Samuel Crompton이 보완하여 1799년 새로운 방적기의 발명에 성공하면서 면직물공업은 비약적인 발전을 이루었다.

기계 발달에 의한 생산량과 품질개선으로 면제품의 수출이 크게 늘어나 1701년에 23,253파운드였던 수출액이 1801년에는 7,050,809파운드로 1세기 동안 300배 이상 급증하였다.

국민적 산업의 지위를 얻을 수 있었던 원인은 국내에서의 수요 증대와 미국 식민지로부터의 수요 증가에 따른 것이었다. 이렇게 시작된 산업혁명은 교통혁명을 유발하는 요인이 되었다. 맨체스터에서 제조된 면직물은 공장제 수공업 시대의 수송수단인 운하수송으로는 불충분하여 새로운 운송수단으로 철도 부설이 필요하게 되었다. 산업혁명에 의한 대량생산이 가능해지면서 종래의 무역구조에 큰 변혁이 시작된 것이다.

산업혁명의 영향

산업혁명은 다수의 경제 행위를 동시다발적으로 변모시킨 광범위한 기술적 혁신이라고 해석하기도 한다.

그러나 당시 영국에서는 국민 1인당 GDP가 급속히 상승했던 데서 그 경제적 영향 또한 상당했다. 이러한 경제적인 영향의 배경은 '기계의 물결'로 특징지을 수 있고 그러한 기계의 시장 또한 상당했다. 세계 최초의 증기기관 제조기업인 볼턴 앤 와트Boulton & Watt의 창업자 볼턴이 말하기를, "나는 여기서 세상 모두가 갖고 싶어 하는 것을 팔고 있습니다"라고 했다. 이것은 당시의 기계생산이 의미하는 것이 무엇을 위해서였는지를 보여주는 것으로, 다시 말해 소비사회의 빠른 확대와 발전이었다.

산업혁명 초기의 기술이 과학혁명과 직접적인 관련이 있지는 않으나 과학혁명과 산업혁명 사이에는 연결고리가 있는데 그것이 바로 계몽사상이다.

계몽사상이란 이제껏 이룩한 문화와 문명에 도취되어 인간의 지성 혹은 이성을 모든 판단의 중심에 내세우고자 하는 사상이다. 반면에 산업혁명은 사람들로 하여금 고향을 떠나도록 강요하였다.

토마스 하디Thomas Hardy의 『귀향The return of the native(1878)』은 빅토리아 시대의 도시생활을 동경하면서도 고향을 떠나지 못하는 사람들

▲ 구스타프 도레Gustave Doré가 그린 인구밀집, 환경오염된 도시 그림(1870년경)

의 모습을 그린 소설이다. 이 소설에서 하디는 도시인들의 시끄럽고 자기 과시적이며 사치스러운 면을 보여주었다. 아울러 산업혁명은 공장산업에 의한 노동자의 착취를 불러오고 인류 역사 이래 환경파괴가 시작되었던 원인이 되었다.

19세기 중반 자본주의는 경제의 급성장과 함께 그 폐악의 급성장을 불러오고, 지역경제는 세계경제로 발돋움하여 세계화에 따른 자유무역 논쟁을 낳게 되면서 러스킨John Ruskin은 자본주의 경제학을 악마의 경제학이라고 비난하였다.

전반적으로 1760~1815년 사이의 산업혁명은 길드제도의 파멸, 자본주의의 발달, 집단 노동력 착취의 근본 원인이 되었다. 산업혁명의 영향은 무역규모로 나타났다.

외국과의 무역이 급속히 확대되었는데, 1770년대에는 산업혁명의 영향을 받아 수입 수출 모두 18세기 초의 2.18배로 증대되었다. 특히, 재수출은 2.93배의 급격한 성장을 보였으며, 18세기 초와 19세기 초를 비교하면 수입이 약 5.7배, 수출은 약 6.5배 증대하였다.

18세기 말의 주요 수입품목이었던 설탕, 담배, 커피 등의 식료품은 미국으로부터 수입되었고, 차, 약품, 후추 등은 동인도로부터, 포도주와 과일류는 유럽으로부터 수입되었으며, 공업제품류는 동인도로부터 캐리코와 견직물이, 유럽에서는 아마 옷감이 수입되었다.

수출상품은 모직물이 가장 많았으며 금속제품, 면직물, 견직물 등이 유럽과 미국으로 수출되었다. 재수출 상품으로는 캐리코, 견직물, 연초, 커피와 설탕이 주를 이루었다. 산업혁명에 의한 자본제 생산이 실현되면서 무엇보다도 이러한 수출입품의 증대와 다양화 현상은 예전과 달리 빠른 성장속도를 가져왔다.

그 이유는 유럽이나 미국 식민지를 판매시장으로 삼았으므로 확대가 가능했던 것이다.

한 가지 눈여겨보아야 할 부분은 면직물이 영국으로부터의 수출품 속에서 어떠한 지위를 차지하고 있었는가 하는 문제이다. 18세기 말의 면직물 생산은 증대되었고 이와 비례해 수출도 증대했지만, 이는 생산량의 3분의 1 이하일 뿐이며 대부분이 국내에서 소비되었다는 점이다.

그렇지만 18세기 말에 들어서면서 영국은 중상주의에 의해 구 식민지 제도를 성공시켜 세계 최대의 식민지 보유국이 되고 프랑스를 넘어 세계무역의 패권을 잡았다. 아울러 19세기에 들어서면서 무역구조에 질적 변화가 나타나 면직물의 수출이 모직물을 능가하게 되고 국민적 산업의 지위를 확립하게 되었다. 즉, 1802년의 모직물의 수출액이 6,487,000파운드였는데 비해 면직물은 7,130,000파운드로 역전되었다.

영국 면직물공업은 19세기 전반에는 약 50%가, 후반에는 약 60~70%가 국외로 수출되어 수출의 성격이 변하였다. 원료로써의 면화가 19세기 후반에 들어서 급증하는 모습을 보인 것은 해외시장 의존도가 높았음을 보여준다. 이와 같이 중상주의 정책으로서의 구 식민지 제도가 받아들여져 식민지의 본국 종속을 강하게 하고 산업혁명에 의해 자본제 생산을 실현하여 이를 확대해 간 것을 보면, 원재료를 외국시장인 해외 식민지에서 찾은 것이 산업혁명의 중요한 영향으로 볼 수 있다.

또한 미국 식민지로부터의 수입 원재료를 보면 1875년에는 곡물 수입이 원면을 제치고 급격한 증가를 나타냈다. 이는 식민지를 원재료 시장으로 또한 식료품 시장으로 종속시켜 갔던 것이다.

종합적으로 볼 때, 영국은 세계의 선진공업국으로 발전하였고 원재료 공급국은 농업국으로서의 역할을 가지는 국제적 분업형태가 떠오르게 되었다.

운하

영국은 17세기 후반 이후, 모직물공업을 기반으로 한 무역의 힘으로 프랑스 및 네덜란드와 격렬한 상업전쟁을 치렀다. 그리고 17세기 말까지 모직물 중간재수출로부터 완제품수출이라는 모직물공업을 발전시켜 나감으로써 네덜란드를 위협하게 되었다.

18세기 영국은 세계적인 무역국가로 세계상업 패자의 길을 걷고 있었다.

1640년대부터 1770년대의 수출을 보면 6배 이상의 신장을 나타내고 있는데 이와 비례하여, 국내의 상품유통도 번창하게 되어 수송수요가 증대하였다. 그러나 기존의 교통수단은 도로나 마차에 의한 수송이었기 때문에 도로교통은 발전하는 상품유통의 양에 따라갈 수 없었다. 그러한 이유로 17세기 후반은 '위험한 도로시대'라고 불리게 되었다. 18세기 중반 영국은 산업혁명에 돌입했지만 이러한 도로사정은 변하지 않았다. 새로운 산업도시는 지방의 여러 도시와 긴밀한 연락망의 필요를 느꼈다. 모든 산업자본가는 원재료를 공장으로, 제품을 항구로 염가에 옮기는 수송수단을 원하였다.

18세기 중반까지는 무역항으로서의 리버풀, 직물업의 맨체스터, 금속공업의 버밍햄, 칼날공업의 셰필드 등의 신흥도시들이 등장했으나 이들은 주요 도시에 집중되어 있었기 때문에 수송 문제에 직면해 있었다.

하천 교통의 발전과 가장 밀접한 관계에 있던 것은 석탄이었는데, 맨체스터 면직물 공업에 반드시 필요했던 석탄수요의 증가에 따라 하천운송이 필요하게 되었다. 운하건설은 석탄수송 문제를 해결하기 위해서 요구하였던 것이다. 이러한 경제적 필요성에 따라 가능한 한 저렴한 비용으로 석탄을 공급하기 위해, 공업의 중심지인 랭커셔 Lancashire와 요크셔Yorkshire가 주목받았고 특히 머지 강Mersey River은 운하 발생지로서의 역할을 하였다.

최초의 영국 운하인 포스 다이크Foss Dyke는 길이가 약 18km로, 서기 120년경 로마인들이 건설하였으며 현재도 영국에서 사용 중인 가장 오래된 운하이다. 토크시Torksey의 트렌트 강River Trent은 링컨Lincoln의 위텀 강River Witham과 연결하는 운하로 모직물운송을 위한 수로였다. 영국의 운하는 로마인들이 만든 것이지만, 18세기 중반 산업혁명이 도래하면서 운하 네트워크의 건설이 본격적으로 시작되어 4천 마일로 그 길이가 연장되었다. 말이 끄는 짐배가 석탄과 목화 등 기타 상품들을 값싸게 운송하는 주요 수단이 되면서 운하 체계는 영국에 이어 유럽과 미국에서도 급격하게 증가하였다.

대표적인 운하로는 리버풀 맨체스터 운하Liverpool Manchester Channel가 있는데 리버풀과 맨체스터를 연결하는 운하로 1759~1761년 맨체스터와 위슬리 사이에 건설되었다.

영국의 본격적인 운하시대는 브리지워터 운하에서부터 시작되었다. 이 운하는 1737년 4월 브리지워터Bridgewater 지역이 맨체스터 및 그 주변 토지소유자와 제조업자들이 어웰 강River Irwell에 이르는 워스리 운하를 굴착하는 토지사용 권리를 의회로부터 얻음으로써 시작되었다. 이는 기존의 수송수단보다 훨씬 저렴한 수송수단을 제공하게 됨으로써 석탄의 판로를 확대할 수 있는 기회를 갖게 된 것이다. 비록 토지 소유자, 유료 자동차 도로, 마차 수송업자 등의 반대에 부딪쳤으나, 1761년 7월 17일 개통되어 운하의 옆길을 따라 걷는 말에 끌리는 석탄운반선의 운항이 개시되었다.

이 지역 운하는 여객수송과 더불어 멀리 있는 지역으로부터 석탄이 염가로 유입되고 곡물과 일용품도 운송되면서 신흥 상공업도시인 리버풀, 맨체스터가 비약적인 발전을 하게 된 원인이 되었다. 이로써 영국은 운하시대에 돌입하여 산업혁명을 거쳐 자본주의에의 이행이라는 여정을 걷게 된 것이다.

운하는 18세기 들어서 발전하는 영국 경제에 필수불가결한 것으로 매우 중요한 효과를 발휘하였다. 즉, 저 운임에 의한 국내 상업의 발전, 탄전개발을 이끌어 철강산업의 중흥을 이끌었으며 수송의 편리성에 따라 농산물의 상품화를 가능케 하였고, 운하설비투자에 따른 자본시장의 발달을 가져왔다.

산업자본과 자본주의

　지리상의 2대 발견 이후 경쟁국과의 세계시장 전쟁에서 승리한 영국은 운하건설 등에 의한 경제적 효과를 국내시장에서 거두면서 신규기술개발과 더불어 자본제 생산 양식의 초기 형태인 공장제 수공업을 발전시켰다. 이로써 18세기 중반부터 19세기 중반에 걸친 산업혁명을 통해 영국의 자본주의가 성립하게 되었다.
　면직물 중심의 제품을 팔기 위한 판매시장의 확대와 원재료시장 확대로 곡물 등의 식료품까지 수입증대를 유발했던 것이다. 이러한 발전과정에 큰 역할을 한 것은 교통운송이었다. 운하는 비록 통일된 규격과 규칙, 다양한 수문의 크기, 겨울 시즌의 결빙 등 문제가 있었음에도 불구하고 다른 교통기관인 마차 수송과 비교해 보았을 때 요금에서 경쟁이 되지 않으므로 수송의 주역이 되었다.
　하지만 이러한 장점만으로는 시장상황이 오래가지 못하였다. 19세기 들어 운하업자들이 독점요금을 부과함으로써 분쟁이 일어났다.
　곡물운송비를 톤당 6실링 8펜스에서 12실링 6펜스까지 인상하는 등 운하의 소유자들은 이용자에게 불합리한 요금을 부과하여 때로는 상품이 6개월이나 항구에 하적된 채 놓여져 맨체스터의 많은 면직물 공장들이 조업정지 상태에 빠졌다. 이러한 독점가격 체계는 상인과 제조업자의 불만을 야기하고 수천 명의 노동자가 해고되는 사태를 불러일으켰다. 산업자본은 곧 운하를 대신할 운송수단을 고려하게 되었고 이는 곧 철도의 출현을 재촉하게 되어 이로 인해 운하는 급격한 쇠퇴의 길을 걷게 되었다.

상품생산을 기반으로 하는 경제사회가 자본주의이며, 산업자본가는 이윤 획득을 궁극적 목적으로 설정하고 그 중추를 담당한다. 산업자본가는 이윤을 획득하기 위하여 상품을 생산하기 때문에 원자재를 구입하고 시설 등의 생산수단을 마련한다. 또한 생산수단으로써 노동력을 필요로 한다. 일정량의 화폐가 자본으로 유통과정에 투입되고 상품생산 준비가 완료되면 다음 단계로 생산과정에 돌입하게 된다. 생산과정에서는 노동력과 생산수단을 결합시켜 생산한다. 여기에 노동자의 노동력을 사용하여 새로운 가치를 갖고 있는 상품을 탄생시키게 된다.

이러한 과정으로 상품은 생산되지만 이것만으로는 산업자본가의 이윤 획득이라는 목적이 달성되지 않는다. 다음 단계가 필요하다. 이윤을 포함한 상품을 소비자에게 판매해야 한다. 소비자에의 판매가 실현되어야 처음 투입한 자본과 이윤이 회수 및 창출되는 것이다. 이러한 과정은 끊임없이 반복되면서 자본을 확대해 나간다. 이러한 관계를 가진 형태를 산업자본이라고 한다. 물론 산업자본은 이들 단계를 전부 담당하지 못하므로 처음과 마지막 단계인 유통과정을 상업자본가에 맡기면서 생산에 전념하고 사회적 분업에 따라 상업자본가가 산업자본가의 대리인으로서 유통과정을 담당하는 것이다. 이는 산업자본의 지배 아래 상업자본이 활동함을 의미하고 있다. 비록 상업자본이 산업자본에 의해 지배되고 있다 해도, 독자적인 범위와 자본을 가지고 자본을 투입해 산업자본으로부터 상품을 매입하며 소비자에게 판매하는 화폐-상품-화폐라는 도식이 전개된다. 이는 산업자본가가 획득한 이윤이 상업자본가에게도 분배되는 것이다. 또한 금융자본가로부터 자금을 차입하고 기업을 운영하는 경우에도 이윤은 분배되어야 한다. 이렇게 모든 자본은 이윤을 목적으로 활동하고 있으며 이러한 경제사회를 총칭해서 자본주의라고 부른다.

이러한 자본주의는 영국에서 중상주의-자본의 본원적 축적-산업혁명이라는 과정을 거쳐 세계 최초로 실현되었다. 중상주의 시대에서는 산업자본 운용에 있어 국가 권력에 의한 보호제도가 큰 힘을 발휘하였으나 19세기 들어서면서 산업혁명을 계기로 하는 자본주의적 생산양식이 급속히 보급되고 그러한 생산력에 의해 비약적인 발전을 이룬 산업자본은 또 다른 요구를 제기하기 시작하였다. 지금까지의 보호무역주의라는 중상주의 정책은 산업자본의 큰 장애가 되었다. 이른바 자유무역주의의 탄생이다.

자유무역주의를 경제학의 기본적 이론으로 만든 사람은 『국부론제국민의 부(1776년)』을 저술한 고전파 경제학의 창시자 애덤 스미스Adam Smith이다. 스미스는 당시의 풍조인 자연법의 입장에 서서 자본주의 대두기에 자유주의 경제의 기초를 쌓아올렸다.

중상주의 비판

산업혁명기 종반 이후 중상주의 비판은 구체적으로 곡물법, 항해조례, 동인도 회사의 무역독점의 폐지로 나타났다. 즉, 자유무역이 주창된 것이다.

1820년대에 들어서서 영국은 많은 원자재와 식료품을 수입하고 보다 많은 공업제품, 특히 면직물 수출의 필요에 따라 보호관세의 폐지 문제를 제기하게 되었다. 보호무역과 자유무역에 관한 논쟁은 런던에서 이루어졌으며 이때, '경제학 클럽'이 등장하였다. 경제학 클럽 내의 학자로는 애덤 스미스, 데이비드 리카르도David Ricardo, 토마스 맬더스Thomas Robert Malthus, 존 스튜어트 밀John Stuart Mill 등이 있다.

고전파 경제학은 경제성장과 발전에 대해 설명하고자 하였고, 중세로부터 자본주의 발현에 이르기까지 사회 변화와 산업혁명의 결과 등 '장엄한 변동'에 대하여 설명하였다. 또한 개인의 이윤추구가 어떻게 사회 구성의 변화를 가져왔는지에 대하여 고찰하였다.

고전파 경제학의 주류인 데이비드 리카르도, 토마스 맬더스, 존 스튜어트 밀 등에 의해서 확립되었다. 경제학 클럽의 구체적 목적은 자유무역 정신의 원리를 추진하는 것이었다.

한편 맨체스터 학파Manchester School도 등장하였는데, 자유무역의 원리는 경제학 클럽에 의해서 구축되었지만, 자유무역론을 자유주의 경제사상으로 주장하여 경제적 자유주의를 실천한 것은 19세기 중반 맨체스터 상업회의소를 본거지로 활동했던 맨체스터 학파였다. 그들이 강력하게 추진했던 자유무역운동은 반反곡물법 운동이었다.

그러나 맨체스터 학파는 경제학 클럽과는 본질적으로 다른 성격을 띠었다. 이 학파는 맨체스터의 면직물 제조업자를 중심으로 하는 자유무역론을 주장하는 이들의 모임이었다. 그들은 1839년부터 46년에 걸쳐, 곡물법의 완전 철폐라는 목표를 추구하였다. 즉, 반곡물법운동은 경제학 클럽에 의해 이론이 정립되고 맨체스터 학파에 의해 실천 행동되어 목표를 달성하였다고 평가할 수 있다.

반곡물법운동은 지주와 산업자본의 갈등을 유발하게 되었는데, 곡물법의 실시와 폐지는 중상주의와 자유무역주의와의 대립의 증표로 나온 것이다. 바꾸어 말하면, 곡물법의 역사는 지주계급과 신흥 면직물공업을 중심으로 하는 산업자본과의 대립이며, 지주계급은 보호무역론을 주장하고 곡물 및 원자재에 대한 수입관세의 지속을 희망했으며, 국내 곡물가격을 높은 수준에 유지하고 농업자본가로부터 취득하는 지가를 높게 유지하고자 했던 것이다.

산업자본은 보다 싼 곡물 원자재를 얻기 위해서 수입관세의 폐지라는 자유무역론을 요구하였다. 관세의 폐지에 따라 보다 많은 외국 곡물이 수입되어 낮은 가격을 유지하여 노동자에게 지불하는 임금을 억제하는 것에서 생산비의 절감, 상품가격의 저하를 실현하며 다른 국가들과의 경쟁에서 우위에 서고자 했던 것이다.

영국에 있어서의 보호무역주의와 자유무역주의와의 대립은 지주계급과 산업자본의 대립으로 자유무역운동으로 구체화해 나가는 것이었다. 그들은 적극적으로 곡물법을 폐지하기 위하여 면직물공업이 번창했던 맨체스터에 1838년 '반곡물법 협회Anti-Corn Law Association'를 설립하고 반곡물법 운동을 개시했다.

철도의 등장

19세기 중반 철도가 등장하면서 운하의 역할은 쇠퇴하기 시작했으며, 대부분 유람 휴가용으로 재탄생하기까지 100년 이상 폐기된 상태로 방치하였다.

반면 영국과는 달리 유럽 대륙과 북아메리카에서는 운송 거리가 훨씬 길었으므로 철도의 등장에도 불구하고 대륙의 중심부까지 항해선이 들어갈 수 있도록 폭이 넓고 깊은 운하를 건설했다. 오늘날까지 산업계는 이들 운하를 통해 대량 화물을 수송하고 있다. 복잡한 항로를 급격하게 단축시킨 운하들인 1869년의 수에즈 운하Suez Canal와 태

▲ 초창기 철도의 모습

평양과 대서양을 연결한 1914년의 파나마 운하Panama Canal의 역할에서 운하의 유용함을 엿볼 수 있다.

인류는 지리상의 2대 발견 이후 육상에서의 또 다른 세계화를 실현할 수 있게 되었다. 바로 철도의 부설이다. 철도는 산업혁명과 함께 세계지도를, 기업에는 첨단경영기법을 만들게 했으며, 세계를 하나로 연결 지었다. 석탄을 캐던 운송기구가 세상 밖으로 나와 또 하나의 혁명을 일으킨 것이다.

제임스 힐James Jerome Hill은 1890년대 미국, 캐나다 국경을 따라 동서횡단 철도인 그레이트 노던 철도Great Northern Railway를 건설하였다. 그는 철도 부설의 목적에 대하여, 철도는 단순한 운송수단만이 아니라 인간의 일상생활과 사고방식을 혁명적으로 바꿀 것이라고 역설하였다. 철도 환상Railway Euphoria 혹은 철도 열풍Railway Mania라는 단어가 회자되던 시대였다.

철도는 본시 광부들이 발명하였다. 그들은 레일 위에 마차를 올려놓고 말로 끌어 광물과 폐기물을 운반하였다. 말의 힘에 의존한 철도는 1784년 영국의 제임스 와트James Watt가 증기엔진을 개발할 때까지 광산 밖으로 나오지 못하였다. 그러나 와트의 증기엔진 발명도 미완성이었다. 처음에는 증기의 힘이 피스톤을 누르는 데만 사용되어 분당 회전수RPM가 20회밖에 되지 않았다. 엔진 자체 무게를 이기기에도 벅찼다.

이 결점은 19세기 초 영국인 리처드 트레비딕Richard Trevithick과 미국인 올리버 에번스Oliver Evans가 각자 피스톤 양쪽에 증기 힘을 걸어주는 엔진을 개발하면서 풀렸다. 증기엔진이 개발되었다고 모든 문제점이 풀린 것은 아니었다. 철도는 첨단기술을 한데 모아야만 했다. 기계공학, 재료, 토목기술 등이 하나가 되어야만 했다. 이러한 모든 문제를 현명하게 풀어낸 사람이 등장했는데 바로 영국인 조지 스티븐슨George Stephenson이었다. 그는 1829년 영국 맨체스터와 리버풀을 연결하는 철도를 건설했다.

초기의 철도 속도는 시속 30㎞ 안팎이었다. 그러나 이는 수송부문에서 놀라운 변화였다. 미국에서 앤드류 잭슨Andrew Jackson은 1829년 미국 대통령 취임식에 참석하기 위해 마차를 타고 테네시 주 내슈빌과 수도 워싱턴 구간을 한 달 동안 달려야만 했는데, 1860년대 철도가 이어지게 되면서 3일이면 도착할 수 있게 되었다. 다른 운송수단의 방해물이었던 지형과 기후의 제약도 견뎌냈다. 19세기 미국 경제학자인 아서 해들리Arthur Twining Hadley는 1886년에 쓴 『철도교통Railroad Transportation: Its History and Its Laws』이란 책에서, '운하시대 밀의 소비지역은 생산지로부터 300㎞ 이내였다. 하지만 철도 때문에 미국 밀 농가는 남미, 인도, 러시아 밀 생산업자와 치열하게 경쟁하게 됐다'고 말했다. 철도가 시공간을 좁혀준 덕분에 그 시절 경영자들은 물류비용을 크게 줄일 수 있었다. 전문가들은 19세기 철도의 물류비용이 역마차 등의 약 5%밖에 되지 않았다고 분석하였다.

저가의 물류비는 거대 시장 탄생을 가능하게 하였고, 한 나라 안에서 지역별로 나뉘어 있던 시장을 하나로 통합하였다. 그리고 대장간 수준이었던 산업체가 대량생산 체제로 바뀌었고, 철도 자체도 거대한 산업으로 바뀌었다. 또한 레일 화차 제작과 석탄 채굴 등 철도 연관산업이 발전하면서 중공업이 탄생하였다. 해들리는 이러한 변화에 대하여 '시간과 공간 축소, 물류비용 감소, 시장 확대는 산업혁명의 배아'라며, '철도가 낳은 새로운 경제 생태계 속에서 산업혁명이 발생하였다'고 설명하였다.

철도는 자본주의 소프트웨어까지도 혁명적으로 바꾸어 놓았다.

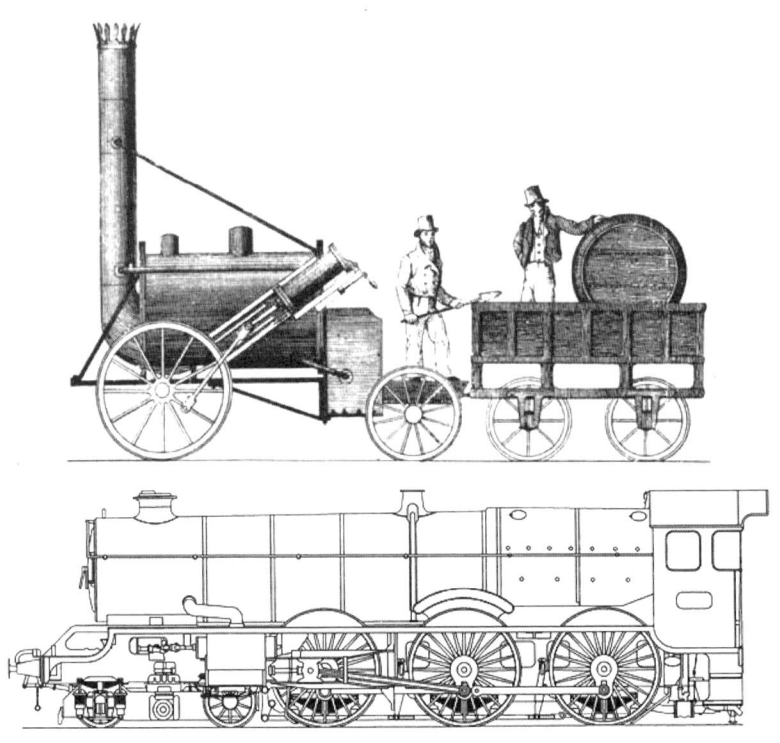

▲ 1829년 스티븐슨이 설계한 '로켓' 증기기관차(上), 당시 증기기관차 모델(下)

우선 주식회사의 자본조달 방식이 질적으로 바뀌었다. 철도 건설에 투입되는 자금은 방대하였으며, 이는 개인이나 한 가문이 감당할 수 없는 수준이었다. 16~17세기 원격지 무역회사보다 수십 배 많은 사람들을 투자자로 끌어들여야 철도 건설이 가능하였다. 주식 공모가 본격화되고 투자자의 저변이 확대되면서 거품도 발생하였다. 1840년대 이후 나라별로 부풀어 오른 철도 버블은 네덜란드의 튤립 버블, 프랑스의 미시시피 버블이나 남해포말South Sea Bubble 사건보다 훨씬 컸다. 이는 공모주 청약이라는 메커니즘을 타고 증권시장에 뛰어든 중산층 때문이었다.

버블은 과잉중복투자로 이어지기 쉬웠다. 정부가 철도 건설에 거의 개입하지 않았던 영국과 미국에서는 같은 구간에 2~3개 노선이 부설되는 일이 흔하였다. 이는 곧 철도채권과 주식의 부실화로 이어졌으며 후에 통폐합되었다. 철도회사는 소유와 경영이 처음으로 분리되기 시작한 곳이었다. 방대한 자본투입과 유지보수를 위한 막대한 인력구조 때문에 가족경영은 적합하지 않았으며 과학적인 경영이 필요하였다. 설립자나 후손보다는 체계적으로 교육받은 경영자가 중시되었다.

상품은 유통과정에서 산업자본으로부터 상업자본으로 그리고 소비자로 이전 제공되는 것이다. 유통과정에 있어 상품의 가치를 실현하며 경제생활을 유지하는데 필요불가결한 기능을 하는 것이 운송이다.

수공업 시대에는 상인이 상업의 패권을 갖고 있었지만 자본주의 시대가 되면서 산업적 패권이 상업적 패권까지 가짐으로써 산업자본과 상업자본의 역학관계는 역전되었다. 아울러 자본주의의 생산양식이 갖고 있는 법칙은 생산의 부단한 개선과 무한 확대이기 때문에 자본주의 생산 그 자체는 끊임없이 시장을 확대하려는 요구를 필연적으로 갖고 있는 것이다. 따라서 상업이 산업을 이끄는 것이 아니라 산업이 상업을 끊임없이 이끌어 나가는 것이다. 자본주의 시대에는 산업자본가가 시장을 개척 확장하는 것이다. 국내시장의 확대는 기존 운송 조직에도 급격한 변혁을 가져와 상품유통의 극대화는 교통부문에도 일대 혁명을 가져오게 된 것이다.

철도는 직간접적으로 고용의 원천으로도 중요하였다. 또한 국민경제를 발전시키며 시장들을 연결하여 새로운 교통 시스템을 형성함으로써 자본주의 경제확립에 공헌하였다.

근대 회사의 탄생

영국에서 회사는 1600년 12월 31일 엘리자베스 여왕이 15년을 기한으로 인코포레이트 차터를 동인도 회사에 부여함으로써 나타났다. 1657년 크롬웰Cromwell의 특허장에 따라 왕정복고 하에서 동인도 회사는 최초의 근대적 주식회사로 변환되었다. 이에 따라 동인도 회사는 자본불입취지서Preamble for Subscription에 기초하여 공개되어 종래의 회사 구성원 외에 일반의 출자가 허용되었다. 출자는 최저액수를 100파운드로 하였으며, 총액 739,782파운드 10실링으로 1660년까지 4년에 걸쳐 총 6회의 분할불입으로 정해졌다. 그리고 회사설립과 경영에 몇 가지의 개혁이 있었다.

첫째, 출자자의 사퇴가 허용이 되며 다른 사람들에 의해서 보충된다는 형태로 회사의 영속성이 인정되었고,

둘째, 민주적 총회의 확립으로 총회에서는 출자액에 따라서 투표함으로써 '자본과 경영의 관리'를 지배하며 출자액 500파운드마다 1표의 권리가 주어져 이 액수에 미치지 못하는 출자자는 서로 결합하고, 그중의 1명을 선택하여 다른 사람을 대표하게 하는 규율이 허용되었다. 아울러 총회 투표에 의해서 1천 파운드 이상 출자자의 후보자로부터 간부들이 선출되었다. 또한 지금까지의 '거수제' 투표에서 '무기명 투표제'로 개편되어 총회의 기능이 민주화된 것이다.

셋째, 이윤분배인 배당제Dividend가 확립되었다. 손실의 경우에는 각 출자자가 비례하여 할당액을 부담하게 되었으며, 부기의 비밀주의는 폐기되고 감사제도가 확립되었다.

넷째, 회사의 영속성과 배당제의 확립에 의해 주식은 확실한 수익을 가져오는 시장성 있는 증권이 되었다.

1687년 영국에서 폭발적인 붐을 일으킨 회사설립은 1690년대에 들어 금융혁신을 가져왔다. 1693년 정부의 차입에 대한 의회의 보증이 이루어졌으며, 1694년 잉글랜드 은행이 설립되어 지폐가 발행되었고, 1696년에는 정부의 단기증권이 등장하였다. 1690년대에는 주식매매의 상설 거래소가 생겼으며 외국인에게도 매매가 허용되었다. 1720년, 1825년, 1845년의 투기열과 더불어 회자되는 1690년대의 주식 붐은 당시 성립된 주식회사 제도 시책의 결과였던 것이다.

해상보험제도

17세기 후반 들어서 지중해 무역이 안전한 환경을 갖게 되면서 승무원의 수도 조절이 가능해짐에 따라 운항비용이 저렴해지면서 보험제도의 이용이 주목을 받게 되었다.

호위함Convoy System을 이용하거나 해적을 위협할 수 있는 대형의 무장된 상선을 건조해도 완벽한 안전보장은 없었으므로, 당시 상인들은 리스크를 줄이는 방법으로 8척 심지어 56척의 선박에 분산 항해하는 방법을 강구했었다.

17세기에 들어 상인들에게 보험제도의 이용은 비즈니스의 지속성을 도모하는 목적으로만 매력적이었다. 1720년대에 토마스 먼이 외국무역 상인으로서 필수적인 지식 12가지 중 하나라고 말할 정도였다.

보험약관은 오늘날의 보험증권과 본질에 있어서 거의 다르지 않았다. 그런데 보험지급에 관한 신뢰성은 믿음직스럽지 않았다. 손해가 발생한 경우, 보험자는 보험료를 받기 전에 불필요한 소송과 시일을 허비하게 된다는 문제 등이었다. 보험금 지불의 지연 혹은 보험자의 도산이 중재재판의 대부분을 차지하는 상황이었다. 17세기에 보험의 문제점은 보험금 청구에 대한 지불이행의 보장이라는 실무상의 문제로 발전하고 있었다.

전쟁 리스크와 같은 보험을 회피하기 위해 보험금의 분할인수가 등장하였다. 이는 보험자로서 손실 가능성의 분산이자 보험의 공동인수를 뜻하였다. 이러한 보험업의 발전은 1721년 독점적 해상보험회사들인 Royal Exchange Assurance 사와 London Assurance 사의 설립으로 나타났다.

영 제국

19세기 프랑스 역사가 쥘 미슐레Jules Michelet는 '프랑스는 개인Person이고 독일은 민족People이며 잉글랜드는 제국Empire'이라고 말하였다.

영국을 위대하게 만드는 데 기여한 요소를 세 가지로 든다면, 의회 민주주의와 자본주의 그리고 제국이라고 말할 수 있다.

대영제국의 최대 팽창 시에는 전 세계 지표의 4분의 1과 전 세계 인구의 4분의 1인 5억 명을 제국 내에 포함하고 있었다. 영국 제국주의의 가장 중요한 특성은 제국이 강한 상업적 동기에서 비롯되었다는 사실이다.

1870년대까지 대체로 그 성격이 변하지 않았는데, 그 축이 되는 양대 원칙은 자유주의적 제국의 개념과 최소한의 경비주의였다. 그러다가 1870년대 국제 정세상 독일통일(1871년)에 따른 세력균형의 붕괴와 경제적으로 독일과 미국 등의 산업화에 의한 신 제국주의 시대에 들어서면서 영국은 적극적이고 침략적 성격의 제국주의를 추구하게 되었다. 1920년대의 영 제국은 역사상 가장 큰 규모로 팽창하였다.

그러나 이미 제국화란, 시대에 역행한다는 사실이 뚜렷해져 이후 제국의 해체가 서서히 이루어졌다. 영 제국은 복잡 다양했으며 비체계적 비조직적이었으나, 여전히 경제적으로는 전 세계에 영향을 미쳤다.

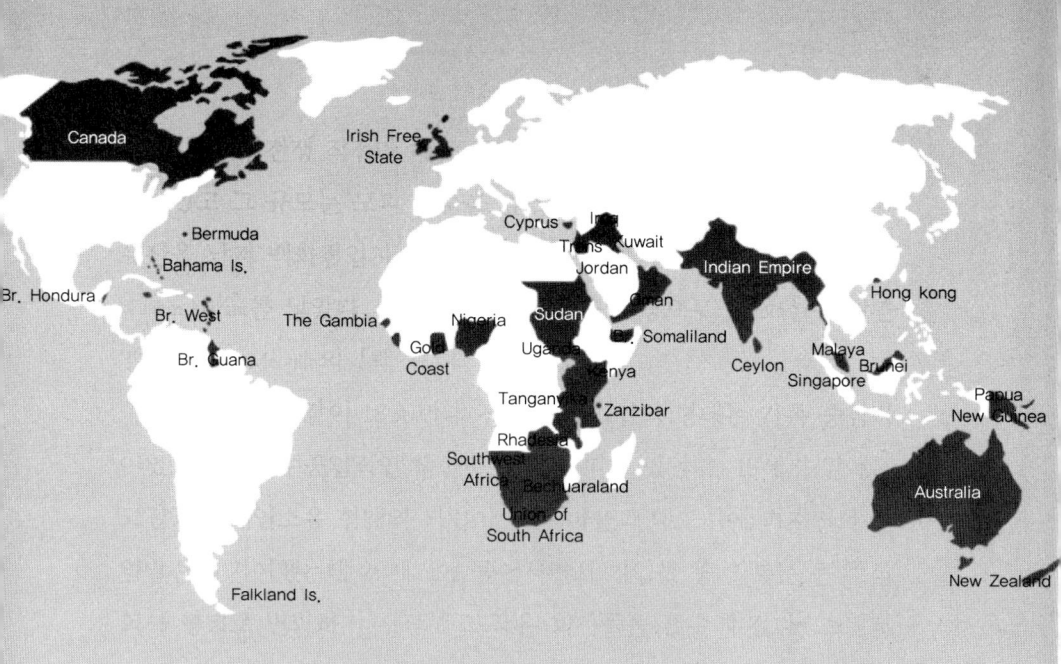

▲ 1920년 대영제국 범위

스페인 왕위계승 전쟁이 끝났을 무렵(1713년), 영국은 유럽 주요 국가 중 하나로 급성장하였다. 이후 7년전쟁(1756~63년)을 계기로 영국은 북아메리카와 서인도 제도 그리고 아시아와 아프리카를 포괄하는 최대 제국 세력으로 부상하였다.

그러나 미국의 독립으로 타격을 입게 된 영국은 나폴레옹 전쟁 때 실론, 케이프 식민지, 몰타 등을 획득함으로써 다시금 커다란 제국을 열었다. 1840~60년대에는 골드 코스트Gold Coast, 나탈Natal, 홍콩, 라오스 등지로 확장하면서 소위 자유무역 제국주의Free trade imperialism 시대를 열었다. 영국 정부 또한 자유무역을 전 세계에 실현시키기 위해 때로는 무력을 사용한다는 원칙에 당면하게 되었다.

나폴레옹 전쟁 이후 영국 주도권 하에 유지되던 유럽의 세력균형은 독일과 이탈리아가 통일국가를 형성하면서 깨졌으며, 특히 비스마르크와 독일의 등장으로 이전의 제국주의적 장치가 수포로 돌아갔다.

비스마르크는 식민지 획득이 보불전쟁Franco-Prussian War에서 참패한 프랑스에 대한 유화작전이 될 수 있다는 점에 착안하였으며, 주변부에서의 식민지 경쟁이 유럽에서의 독일에 대한 견제를 피할 수 있는 수단이 될 수 있음을 깨달았다.

영국의 국내정치 역시 1870년대 이후의 급속한 제국의 팽창에 기여하였다. 보수당의 정책, 여론의 압력 그리고 1880년대 아일랜드의 자치문제는 제국주의를 자극하였다. 제국은 쇠퇴하는 무역, 과잉인구, 실업 등 영국이 직면한 문제들에 대한 해결책으로 간주되었다.

1870년대 이후 영 제국의 팽창에서 가장 특기할 만한 사건은 이집트 점령과 보어전쟁Boer War이었다. 경제적, 전략적 이익을 지키기 위해 영국은 1882년 이집트를 군사적으로 점령, 보호령으로 만들었으며 강력한 제국주의 선전의 절정을 이룬 것은 보어전쟁이었다. 금과 다이아몬드의 쟁탈전은 갈등으로 번졌다. 보어전쟁에서 영국이 확인한 것은 취약한 육군이었으며, 더욱 사태를 악화시킨 것은 영국의 외교적 고립정책이었다. 그 결과 영국은 오랜 고립을 깨고 일본과 1902년 영일 동맹을 맺게 되었다.

영 제국은 일관된 계획에 의해서 이루어진 것이 아니었기 때문에 식민지에 관한 정부조직 역시 매우 엉성했다. 식민지의 철저한 감독이 불가능하였고, 적어도 1920년대까지는 자유방임적 제국경영 형태였다.

19세기 이전의 영국 정부는 무역과 산업에서만 모국의 이익을 위해서 엄격한 통제를 실시하였다. 식민지 무역의 독점체계는 19세기에 이르러 자유방임 이념과 산업혁명의 결과로 대전환을 맞게 되었다. 자유무역을 정책으로 받아들인 영국은 1849년 항해조례를 폐지한 후 모든 국가들에게 영국 식민지와의 무역을 개방함으로써 1931년까지 자유무역 체제를 유지하였다. 또한 캐나다에서 1839년에 일어난 두 차례 반란사건이 계기가 되어 책임정부의 허용은 백인 정착 식민지로 퍼졌다. 자치령과 직할 식민지 그리고 인도는 영 제국의 세 가지 구성요소였다.

인도는 영국 제국주의의 꽃이었다. 광대한 영토와 인구를 가진 인도는 그 자체가 하나의 제국이었고 영국인들도 인도를 다른 식민지와는 다르게 여겼다. 동인도 회사의 일차적 목표는 상업이었기 때문에 통치는 부차적일 수밖에 없었다. 그러다가 1773년 영국 의회가 인도규제법을 제정하고 총독을 파견함으로써 곧 상업활동과 행정의 구분이 이루어졌다. 인도의 영국화에 대한 노력이 시작되었다. 19세기 중엽부터 영국이 도입한 통일된 법률체제와 서구식 교육제도는 인도 사회를 서서히 변화시키고 있었다. 인도는 전 세계에서 단일 지역으로는 가장 큰 영국의 수출시장이었으며, 중국과의 삼각무역에 필요한 아편의 생산지였다. 인도의 중요성 때문에 영국 정부는 제국 내의 모든 곳에서 자유무역을 절대적으로 신봉하였지만, 인도에서만은 관세를 영국 산업에 유리하게 조작하는 등 강력한 통제를 실시하였다.

1857년 세포이 반란사건Sepoy Mutiny 후 영국은 동인도 회사를 해산하고 직접통치를 결정하였다. 영토의 3분의 2에 해당하는 영국령 인도는 영국의 직접통치 아래 있었고, 나머지 지역에 있는 약 600여 개의 공국에서는 기존의 세습지배자들에 의한 간접통치가 행해졌다.

인도의 정부예산은 주로 토지세와 소금 등의 전매상품 판매수입이었다. 영국은 정부예산의 40%를 차지하는 토지세 징수를 위해서 인도를 구역으로 나누어서 징세업자들에게 각 구역을 맡겼다. 이 구역이 사실상의 행정단위였으며, 이 징세업자들이 바로 지방의 실질적인 통치자들이었다. 제국체제를 유지하기 위해서 영국 납세자들에게 부담을 주는 것을 원하지 않았던 영국은 통치비용과 군대유지비를 인도가 자체 부담하는 원칙을 취하였다. 20세기 초에 이르러 인도에서는 4천 명의 영국인 관리들이 5만 명의 영국인 군인과 9만 명의 민간인의 도움으로 1억 명의 인구를 지배하였다.

19세기 중엽은 자유방임이 절대적 가치로써 군림한 시기였으며 자유주의적 제국주의는 영국 국민으로부터 호응을 받았다. 1870년 이후 제국은 영국의 공적 생활에서 필수불가결한 요소가 되었으며, 제2차 세계대전 발발까지 문화, 대중매체, 사회에 대한 논의에서 제국주의는 빠질 수 없었다. 1870년 이후 제국주의를 누구보다 먼저 정치적 수단으로 삼은 사람은 보수당 지도자 디즈레일리Benjamin Disraeli였다. 파머스턴Henry John Temple, 3rd Viscount Palmerston의 적극적 대외정책이 영국민의 정서에 맞아떨어진 사실을 본 디즈레일리는 파머스턴이 1865년 사망하자, 재빨리 그의 이념을 받아들여 자유당에 대항하는 보수당의 이념으로 만들었다. 제국주의와 사회개혁은 19세기 말 모든 것에 군림한 이념이었다. 활력 있고 부지런하고 용맹스러운 제국적 인종을 배양하기 위해서는 보다 나은 학교, 보다 엄격한 규율, 보다 진보적인 사회보장, 보다 유용한 것들이 필요하다는 것이었다.

20세기 초 영국 제국주의적 운동의 대명사라고 할 수 있는 관세개혁Tariff reform운동에서 볼 수 있다. 이 운동을 이끈 조셉 체임벌린Joseph Chamberlain은 19세기 말 주요 선진산업국들이 보호무역주의로 전환하면서 대륙과 미국의 시장을 잃은 영국에게 제국우대관세가 값싼 외국제품을 제거하여 영국 산업을 구제하고, 영국 노동자의 일터를 지켜주어 생활수준을 향상시킬 것이며 따라서 영 제국을 구제할 것이라고 믿었다. 그러나 영국 국민은 여전히 값싼 빵이라는 자유무역의 매력에 취해서 보호관세의 도입을 거부하였다.

그 시절 대부분의 자유주의자들은 기존 제국을 포기할 생각을 갖고 있지 않았다. 그러나 1870년 이후 영 제국은 공격적이 되었고 대중민주주의와 대중소비문화의 요인이 결부된 제국주의 정당화를 위한 여러 전략이 진행되었다.

1880년 이후의 제국주의는 대중적 성격을 띠었다는 점에서 이전 시기와 구분된다. 대중소비 시대의 도래는 제국을 이용한 사업의 부산물이었다. 결국 제국주의는 어떤 강령이나 원칙이 아니라 마음의 태도이고 정신적인 변화로 판단할 수 있다. 애덤 스미스 등 여러 반대자의 주장에도 불구하고 제국의 경제적 가치는 당연시 되었다.

20세기 초에 들어서면서 영국은 또 다른 강대국의 견제를 받게 되는데 바로 독일이었다. 1906~1914 사이에는 독일 함선의 군비확장이 심각할 정도가 되어 영국 함대를 능가할 것으로 보여졌으며 독일에 의해 유럽의 세력균형은 파괴되었다. 영국은 독일과 군비협정을 맺고자 노력하였으나 실패했으며 양국은 군비확장경쟁에 돌입하게 되었다. 이 때문에 영국은 러시아, 프랑스와 함께 3국 협정을 체결하게 되었다. 이에 따라 해군상 윈스턴 처칠Winston Leonard Spencer Churchill은 산재해 있던 영국 함대를 집결하여 북해에 강력한 기동함대를 편성했다.

1947년 8월, 인도와 파키스탄의 독립과 함께 식민지 해방의 막은 올랐지만, 1960년까지 영 제국 해체의 실적은 미미하였다. 그러나 1960~70년대에 대부분의 식민지들이 독립하였고, 1997년 홍콩의 중국 반환에까지 이르렀다. 제2차 세계대전 후 성립된 노동당 정부는 전반적으로 식민지 독립에 소극적이었고 제국 문제에 대해서 무지하였다. 영국에 우호적이 아닌 민족해방 세력이 주도권을 쥐고 있을 때에는 무슨 수를 써서든지 독립을 막으려고 꾀하였다. 이처럼 영국이

탈식민화에 소극적이었던 원인은 1945년 이후 여전히 강대국으로 인정받고 그 지위를 누리려는 환상에서 비롯되었다. 그러나 제국 유지의 부담이 커지는 반면, 제국이 기대하였던 경제적, 전략적 목표를 수행하지는 못했다. 전후 미소 두 강대국이 주도하던 세계에서 영국은 세계체제를 유지하기에 너무 미약하였다. 식민지 민족주의의 발달이 필연적으로 독립을 가져옴으로써 서서히 탈식민지화가 이루어지게 되었다.

9장

미국의 산업화

미국의 독립 배경 | 독립 전쟁 | 미국의 독립과 그 영향 |
미국의 상업화 과정 | 독립 후 대영 무역 | 남북전쟁 | 산업화 과정 |
산업화의 그늘 | 새로운 미국

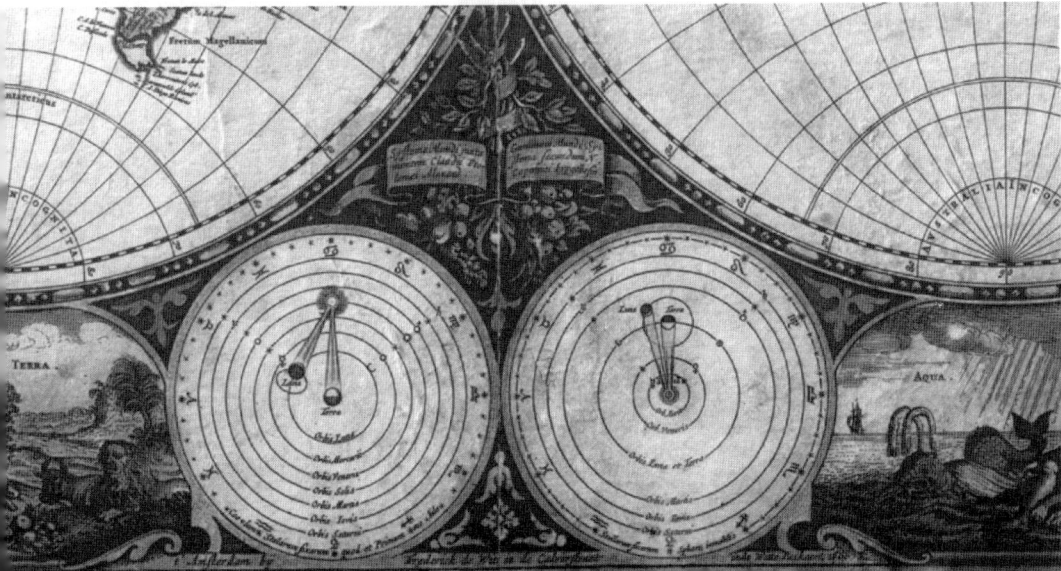

노만 그라스Norman Scott Brien Gras는 미국의 상업자본주의 시대를 대략 1750년경부터 1830년경에 걸친 근대적 상업의 발생으로 주목하고 있다. 상업의 역사는 단순한 사건의 시간적 나열이 아니라, 가치 기준을 공유하는 역사적 국면의 전개 과정으로 이해해야 한다.

대체로 1700년부터 1970년까지를 하나의 패러다임Paradigm으로 간주할 수도 있다. 유럽의 대외 진출은 미국 대륙 개발을 둘러싼 노예 매매와 같은 최악의 상업 행위를 대규모로 발전시켰지만 아시아에서도 처음부터 문제를 안고 있었다.

아시아 교역을 시작한 포르투갈이 평화적인 방법이 아닌 무력을 사용한 것이다. 압도적인 무력을 가지고 상거래를 강요하는 포르투갈의 방식은 일종의 대포 외교와 같은 성격을 처음부터 갖추고 있었다. 그러나 포르투갈이나 스페인이 시작한 유럽의 대외 진출은 군사침략이나 약탈만이 아니었다. 정당한 상업활동, 농업과 광업의 개발, 그리고 기독교 기반 문명의 전파를 동시에 포함하고 있었다.

미국의 독립 배경

18세기에 아메리카 대륙이 발견된 이후 유럽인들은 미국으로 이주하여 이를 식민지로 만들었다. 식민지 국가들 중의 하나였던 미국이 오늘날 자주적인 국가가 될 수 있게 된 계기는 영국과의 독립전쟁이었다.

독립전쟁의 원인은 영국과 프랑스 간의 세력균형 다툼의 일부로 보는 관점이 있고, 미국과 영국 간의 갈등으로 발생한 사건으로 보는 견해가 있다. 또한 미국의 독립전쟁은 단순하게는 영국으로부터 미국의 독립을 의미하지만 18세기 유럽 역사와 그 이후 세계사를 바꾸어 놓는 원인이 되었다.

미국 독립전쟁을 미국 내부의 문제로 보았을 때는 영국의 간섭에 대한 시민들의 자유를 향한 투쟁이었지만, 단순히 두 국가만의 문제로 보기보다는 17~18세기의 영국과 프랑스 사이의 세력다툼에 대해서 살펴보아야 할 것이다.

첫 번째로 대동맹 전쟁War of the Grand Alliance이 있다. 대동맹 전쟁은 프랑스와 독일 황제, 스페인, 네덜란드, 스웨덴, 영국, 사보이, 작센, 바이에른 등이 체결한 아우구스부르크 동맹 사이에 펼쳐진 전쟁(1689~97년)으로 아우구스부르크 동맹 전쟁War of the League of Augsburg 또는 팔츠 전쟁War of the Palatine Succession이라고도 불린다.

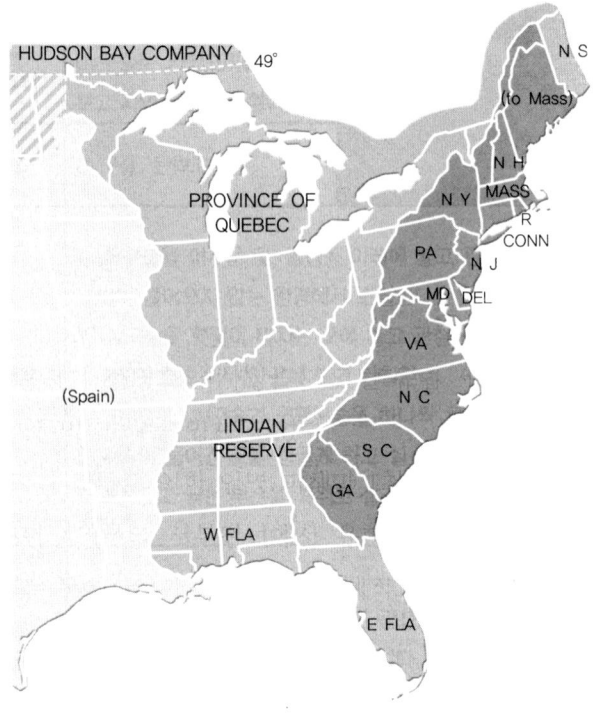

▲ 독립전쟁(1955년) 발발 당시의 경계 표시

　　1686년 프랑스에 대항하여 아우구스부르크 동맹이 결성되자 루이 14세는 열강들에게 포위된 정세를 만회하고 기선을 제압하기 위해 독일의 팔츠Rheinpfal를 향해 대군을 출동시켜 라인Rhein 마인Main 강변을 점령하였다. 이에 동맹군이 반격에 나서 네덜란드, 영국, 스페인 등으로 전선이 확대되었다.

　　프랑스 해군은 네덜란드와 영국의 연합 함대에게 패하는 한편, 육군도 패해 1697년 10월 레이스베이크 조약Peace of Rijswijk을 체결하게 된다. 스페인 왕위 계승을 둘러싸고 스페인의 카를로스 2세Carlos Ⅱ가 병약해 자녀를 두지 못하자 그와 혈연관계가 있는 프랑스와 독일의 왕은 모두 스페인의 왕위 계승권을 노렸다. 이에 영국 왕 윌리엄 3세

William Ⅲ가 간섭하게 되고 프랑스의 루이 14세와 결탁하여 스페인 분할 안을 제기하게 되면서 유럽의 국제정세가 혼란해졌다.

1700년 카를로스 2세는 사망하기 직전 루이 14세의 손자 앙주 공작Louis I d'Anjou을 펠리페 5세Felipe V로 하여금 스페인의 왕위 계승권자로 지명하였다.

한 명의 왕이 프랑스와 스페인을 다스리는 것이 위험하다고 판단한 영국은 갑자기 프랑스의 반대 진영에 가담해 독일 황제와 네덜란드와 함께 헤이그 동맹을 결성하고 루이 14세에게 선전 포고를 하였다. 전쟁(1701~14년)은 바다와 육지에서 동시에 일어났으며 영국의 말보로 공작Duke of Marlborough과 독일의 사보이 공작Duke of Savoy 두 장수가 1704년 오스트리아의 블렌하임에서 프랑스군을 격파하고 전쟁의 주도권을 얻었다. 같은 해 8월, 영국군은 지브롤터Gibraltar를 점령하였다.

또한 오스트리아 왕위 계승 전쟁도 관련이 있다. 오스트리아의 황제 칼 6세는 1713년에 조칙을 발표해 남자 후계자가 없는 경우에 한해서 여자에게도 상속을 인정한다는 조항을 넣어 미리 각국의 승인을 받았다. 그러나 1740년 칼 6세가 사망한 뒤 맏딸인 마리아 테레지아Maria Theresia에게 모든 영토가 상속되자 바이에른, 작센, 프랑스가 동맹하여 마리아 테레지아의 상속을 반대하고 프로이센의 프리드리히 2세Friedrich Ⅱ는 슐레지엔Schlesien을 침략하였다.

헝가리로 피신했던 마리아 테레지아는 영국을 동맹국으로 끌어들여 대항했는데, 전쟁 초기에는 프로이센과 프랑스 쪽에 유리하게 전개됐으나 바이에른의 선제후 막시밀리안 3세 요제프Maximilian Ⅲ Joseph가 오스트리아와 평화를 희망하였고 엑스라샤펠 조약Treaty of Aix-la-Chapelle도 성립됐다. 이로써 프로이센은 슐레지엔의 영유권을 인정받음으로써 자원과 인구가 풍부한 공업지대를 손에 넣게 되었다.

오스트리아가 오스트리아 왕위 계승 전쟁 때 프로이센에 빼앗긴 슐레지엔을 되찾기 위해 프랑스, 러시아와 동맹을 맺자 프로이센은 영국과 동맹을 맺고 작센 지방을 침입하였다. 이것이 바로 7년전쟁이다. 프로이센은 한때 우위를 점했으나 영국의 지원 군자금이 끊어지자 곤경에 처하였다. 그러나 때마침 러시아에서 프로이센의 프리드리히 2세를 지지하는 표트르 3세Peter Ⅲ가 즉위해 러시아와 강화를 맺음으로써 패하지는 않게 되었다.

프랑스는 유럽에서 벌어진 전쟁과 동시에 인도와 북아메리카에서 영국과 전쟁을 벌였다. 그러나 패하기만 하여 1763년 프랑스와 영국 사이에 파리조약Treaties of Paris이 성립되었고 전쟁의 결과 영국은 세계의 해상 왕국으로서, 식민지 제국으로서의 지위를 확립하였다.

파리조약은 7년전쟁의 종결을 위해 영국, 프랑스, 스페인 사이에 체결된 조약이다. 영국은 프랑스로부터 캐나다의 케이프 브리튼 섬 Cape Breton Island과 미시시피 강 동쪽 지역을 빼앗았으며 스페인으로부터는 플로리다를 할양받았다. 또 인도의 프랑스 식민지를 얻음으로써 약 1세기 동안 계속된 영국과 프랑스 사이의 식민지 쟁탈전은 영국의 승리로 마감하였다.

이러한 프랑스와 영국간의 다툼에서 미국의 독립혁명 전에도 영국과 프랑스가 유럽의 패권을 잡기 위해 서로 세력다툼을 1세기에 걸쳐 벌였음을 알 수 있다.

영국에게 패하기만 했던 프랑스는 아메리카 식민지의 반란을 역습의 기회로 노렸던 것으로 보인다. 프랑스의 개입이 없었다면 미국은 영국에 참패하여 독립을 하지 못하였을 것이다. 프랑스는 미국의 독립전쟁에 경제적으로 그리고 군사적으로 많은 지원을 하였다.

1777년 10월에 있었던 새러토가 전투에서 미국인들이 사용했던 탄약의 90%는 프랑스 상인에 의해 조달된 것이었다. 그리고 1781년 요크타운 전투Battle of Yorktown의 승리에서도 프랑스 선박과 군대가 절대적인 역할을 하였다. 1783년 전쟁이 끝날 때까지 프랑스는 960만 달러나 되는 비용을 미국 독립전쟁에 사용하였다. 이러한 대규모 원조로 인해 프랑스 왕실의 재정은 파탄에 빠져 프랑스 대혁명을 발발케 하는 주요 원인이 되었다.

프랑스가 원조를 한 배경에는 영국과의 뿌리 깊은 세력다툼이 숨어 있었으며 영국 또한 이를 의식하고 미국 식민지의 독립을 바라보았다. 세계패권을 경제적인 눈으로만 주시했던 영국으로서는 미국 독립전쟁의 결과는 자연스러운 파리협상의 결과였으며, 프랑스를 비롯한 여타의 유럽 국가들도 마찬가지였다.

다른 시각으로 미국 독립전쟁을 살펴보면 영국과 미국 간 금융에 관련된 문제가 있었다. 당시 북아메리카 대륙에서 대형 금광과 은광이 발견되기 전이므로, 시중에 유통되는 화폐가 극히 부족한 실정이었고 모국인 영국과의 심각한 무역적자로 대량의 금은 화폐가 영국으로 유입됨에 따라 통화 부족 현상은 더욱 심화되었다.

효과적인 교환이 어려웠으므로 각종 대체 화폐를 사용해 상품 거래를 해야 했는데, 주로 거래되는 대체 화폐는 동물의 모피나 조개껍데기, 연초, 쌀, 보리, 옥수수 등이었다. 정부와 민간에서는 이런 물건으로 세금을 받았으며, 공채 및 사채의 상환이나 서비스 매매도 이루어졌다. 당시 모든 대체 화폐는 파운드와 실링을 회계 결산 기준으로 삼았다. 이는 어느 정도 화폐 부족이라는 발등의 불을 꺼주기는 했지만 상품 경제발전은 여전히 어려웠다.

금속화폐의 부족 현상이 계속되자 현지 정부는 정부가 지폐를 발행해 통일된 표준 법정화폐로 삼는다는 계획을 내놓았다. 이 지폐는

▲ 보스턴 차 사건(1773년)

완전한 정부의 신용화폐였다.

새 화폐는 사회 경제의 빠른 발전을 촉진했으며 상품무역은 점차 번성해 갔다. 영국의 애덤 스미스도 북아메리카 식민지 정부가 시도하는 새로운 화폐를 주시하였다. 그는 이 지폐가 상업에 큰 자극을 미칠 것이라는 사실을 알고 있었다. 관리하기도 쉬운 지폐 시스템은 많은 장점을 발휘할 수 있었다. 새로운 지폐의 출현으로 미 식민지는 필연적으로 잉글랜드 은행의 통제에서 벗어날 수 있었다. 이에 반발한 영국의 은행가들이 행동에 나서자 그들의 영향을 받는 영국 의회는 1764년 통화조례Currency Act를 통과시켜 미 식민지에서 지폐를 발행하는 행위를 금지하였다. 뿐만 아니라 영국 정부에 납부하는 세금은 반드시 황금과 백은으로 지불할 것을 강요하였다.

이 법안으로 실업과 불만이 초래하였고 자신의 화폐를 발행하는 것이 불가능해진 식민지는 국왕 조지 3세George Ⅲ와 국제은행가들의 통제에서 벗어날 수 없게 되었다. 이는 독립전쟁이 발발하게 된 가장 중요한 원인이었다.

이에 미국인들은 자신들의 자유가 안전하지 못하다고 생각하게 되었다. 식민지 여기저기에서 항의의 목소리가 높아지는 가운데 1773년 차 수입을 위해 보스턴에 입항하고 있던 영국 동인도 회사의 배가 습격을 받아 차가 바다에 버려지는 사건이 일어났다. 그 결과 보스턴항이 폐쇄되는 등 강경한 제재 조치가 취해졌고 이러한 조치들로 인해 오히려 사태가 악화되었다.

각 식민지의 대표들은 1774년 필라델피아에서 제1회 대륙회의를 개최하고 본국과의 통상 단절을 선언하였다. 그러나 독립을 주장하는 측은 소수였고, 대부분은 본국과의 조정을 시도하려 하였다. 사태를 악화시킨 것은 영국 본국 의회와 정부였다.

1775년 4월, 영국군은 매사추세츠의 렉싱턴Lexington에 무기가 모이고 있다는 정보를 입수하고, 이를 압수하려는 과정에서 무장한 식민지 주민과 무력 충돌이 일어났다. 식민지 측도 동년 5월에 열린 제2회 대륙회의에서 대륙군, 즉 식민지군의 결성을 의결하고 버지니아의 대농장 경영자인 워싱턴을 총사령관에 임명하였다.

독립전쟁

1775년 4월 미국 보스턴의 서쪽 교외 렉싱턴과 콩코드 부근에서 처음으로 영국군과 급진파 사이에 무력충돌이 일었는데, 이것으로 인해 독립전쟁이 시작되었다.

5월에 제2회 대륙회의가 서둘러 소집되고, 식민지인의 권위 아래 하나의 정부를 수립하며 워싱턴을 식민지군 사령관으로 임명하였다. 해군은 전혀 없었고 병사 대부분이 훈련을 받지 못했기 때문에 어려운 전투를 계속하였다.

영국군의 작전은 허드슨 강에서 식민지를 양단하는 것이었으나, 식민지군은 1777년 새러토가Seratoga 전투에서 영국군을 격파하였고 독립전쟁의 대세를 가져오는 계기가 되었다. 프랑스는 새러토가 전투를 계기로 식민지 측의 승리를 예상하고 1778년 미국, 프랑스 동맹을 맺었다. 식민지군은 외국의 원조로 영국군을 추격해 1781년 육해군이 요크타운을 포위하여 10월 영국군의 항복을 받아냄으로써 사실상 독립전쟁은 종료되었다.

1776년 7월 4일 토머스 제퍼슨Thomas Jefferson이 기초한 독립선언이 대륙회의에서 채택되었다. 그는 생명, 자유, 행복을 추구할 자유권을 지키기 위하여 계약에 의해 정부를 세우며, 그 정부가 기본 인권을 범할 때 국민은 그 정부를 전복할 권리를 보유한다고 혁명권을 주장

▲ 1750년 영국, 프랑스, 스페인의 점령지역

하고, 국왕의 폭정을 열거하였다. 독립선언은 독립 달성에 필요한 군사적 원조를 얻기 위해서도 꼭 필요한 것이었다.

특히 프랑스는 영국과의 식민지 쟁탈전에서 패하여 식민지 제국 부활을 노리고 있었으므로, 혁명 원조의 정당화를 위해서도 독립을 권고하였다. 전쟁 중 식민지 측은 재정이 궁핍하였으나 벤저민 프랭클린Benjamin Franklin 등의 활약으로 프랑스, 스페인, 네덜란드 등지로부터 자금을 빌려올 수 있었다.

영국 측은 전쟁에 지쳐 1782년 평화를 원하게 되었다. 강화조약까지는 시간이 걸렸으나 1783년 파리조약이 성립되었다. 영국은 이 조

▲ 새러토가의 항복

약에서 미국의 독립을 승인하였다. 이에 서쪽은 미시시피 강, 남쪽은 동·서 플로리다, 북쪽은 오대호까지 이르는 광대한 영토가 미국 영토로 확정되었다.

미국의 독립과 그 영향

 이렇게 하여 미국 동부에 있던 13개의 식민지 독립은 달성되었지만, 곧이어 국가의 기능을 한 것은 아니다. 중앙정부와 각 주 사이를 어떠한 관계에 둘지 등의 조정에 난항을 겪었다.
 합중국 헌법이 제정된 것은 1787년 각 주의 대표가 필라델피아에 헌법 제정 회의를 열어 4개월에 이르는 심의를 거친 후였다.
 헌법에서는 공화정을 원칙으로 하는 연방제가 채택되었다. 입법권은 상하 양원의 연방 중앙의회가, 행정권은 대통령 아래의 연방 중앙정부가, 사법권은 최고 재판소가 맡는다는 삼권분립의 원칙이 처음 명문화되었다.
 그러나 연방 중앙정부의 강한 권한을 반대하는 세력은 여전히 강하였다. 그들의 주장은 독자적으로 식민지 개발에 종사해 온 각 주의 자립성을 높게 평가해야 한다는 것이었다. 그 때문에 각 주에서의 헌법비준이 용이하게 진행되지는 않았다. 1788년 여름에 9개 주가 비준하고 합중국 헌법이 발효되어, 1789년 4월 워싱턴이 초대 대통령으로 취임함으로써 연방 중앙정부가 정식으로 성립되었다.
 독립한 미국은 계몽사상의 영향을 받아 인민주권의 원칙을 명확하게 하여 당시로서는 이례적인 공화정을 채택하였다. 다만 그 권리는 유럽에서 이주해 온 이민자 자손 중 남성에게만 있었다. 사회 구성

▲ 존 트럼블John Trumbull이 그린 독립선언서 서명 장면

원의 절반을 차지하는 여성은 범위 밖에 놓여졌다. 동일하게 원주민과 노예들, 그리고 그 자손들도 기본적 권리승인의 적용범위 밖에 놓여 있었다.

18세기 말에서 1820년대에 걸쳐 유럽과 아메리카에서는 혁명과 독립을 요구하는 운동이 격렬하게 일어났다. 그중 가장 먼저 발생한 미국 독립혁명의 성공은 그 후에 발생한 다양한 활동에 많은 영향을 미쳤다.

아메리카 합중국에서 워싱턴을 초대 대통령으로 하는 연방 중앙정부가 성립된 1789년 프랑스에서도 혁명이 일어나 왕정이 무너졌다. 19세기에 들어서면서 아이티Haiti를 선두로 라틴아메리카의 많은 나라들도 독립을 이루었다. 이러한 혁명들은 각각 다양한 특징을 나타내면서도, 자신들의 운명에 대한 결정권을 자신이 가지고 싶어 했다는 점에서 공통점을 찾을 수 있다. 그러나 각각의 전개에 서로 연관성이 있었던 것은 아니었다.

　미국 독립선언이 있던 1776년 지원요청을 위해 프랑스에 갔던 벤저민 프랭클린은 프랑스에서는 환영을 받았지만, 왕정이었던 프랑스에서 혁명이 일어날 것이라고는 생각하지 못했었다.

　유럽에서 나타난 계몽적 제도개혁이 실현 가능하다는 것을 보여주었다는 측면에서 미국의 독립은 큰 의의가 있다. 미국에서 현실화된 공화정은 독립을 목표로 하는 라틴아메리카 각 식민지에 모델이 되었다. 국민 주권의 원칙이 독립선언과 헌법에 명시되었다는 것은 자유를 요구하는 사람들에게 있어 미국을 동경의 땅으로 만들었다. 독립 이후로도 미국은 항상 영국 자본의 중요한 투자처였다.

　역사적으로 되돌아보았을 때 영국이 아메리카를 **빨리** 단념해 독립을 승인한 것이 장기적인 앵글로 아메리카의 양호한 관계를 지속시켜 가는데 도움이 되었다고 말할 수 있을 것이다.

미국의 상업화 과정

독립한 미국의 3대 대통령인 토머스 제퍼슨Thomas Jefferson이 취임하던 당시, 뉴욕과 필라델피아 같은 동부의 항구도시를 포함한 도시 지역에는 미국 전체인구의 10%만 살고 있던 농경사회였다.

농업 중심의 미국은 20세기 초까지 근 100여 년간 지속되었다. 40% 이상의 미국인이 농업에 종사하고 있었으며 이는 당시의 정치에 커다란 영향을 미쳤다. 미국의 농산물은 국민총생산의 4분의 1에 해당했던 것이다. 그러나 미국은 농업뿐만 아니라 제조업에서 강한 산업구조를 보였다.

25대 대통령 윌리엄 매킨리William McKinley가 취임할 당시인 20세기 초에 이미 미국은 세계 제조업 생산량의 3분의 1을 차지하는 산업선진국이 되어 있었다. 4명 중 1명은 제조업에 종사하고, 또 다른 25%는 제조업을 위한 서비스 산업에 종사하고 있었다. 이러한 현상은 제조업에 의해 확대된 상업과 제조업 그 자체가 도시의 성장을 견인했던 것이다.

또한, 미국은 20세기 초 이미 인구 7천 7백만 명의 대국이 되어 있었다. 매킨리 대통령 시절에는 해외로 영토를 넓혔으며 외교, 경제면에서 강국으로 부상하였다.

미국에 사는 인종들 역시 다양해졌는데 독일 및 아일랜드계 후손들의 수가 영국계 후손들의 수를 넘어섰고 중서부 지역에는 스칸디나비아계 후손들이, 태평양 연안의 주들에는 중국계와 일본계가, 남서부 지역에는 멕시코계가 자리를 잡았으며 각기 다른 언어와 풍습을 가진 많은 이민자들이 미국으로 유입되고 있었다.

지역 특색에 따라 북서부의 벌목업, 서부의 농업, 중서부 북부의 낙농업, 중부의 옥수수와 밀 경작, 남부의 목화재배 등이 이루어지고 있었는데 특히 북동부 지역에서는 제조업이 활발했다.

20세기 초 40%의 미국인이 도시에 살고 있었고, 그중 20%는 인구 10만 명 이상의 대도시에 거주하였다. 이로써 20세기 초에 들어서면서 미국을 성장하는 산업도시국가라고 부를 수 있게 된 것이다. 20세기 들어서면서 산업도시국가로 진입하기 전까지의 상업 배경을 살펴보면 다음과 같다.

독립 후 대영 무역

　미국의 독립선언은 경제적 자립을 의미하지는 않았으며 독립 후 미국은 영국과의 경제적 제휴를 계속 유지하였다. 당시 양국 간의 무역은 양국의 관계를 보여주는 척도였다. 한편 영국도 아메리카 식민지를 상실한 후에는 일반적으로 식민지의 경제적 가치를 부정하는 경향이 있었다.

　18세기 마지막 25년에 본격화된 영국의 산업혁명은 미국에 중대한 영향을 미쳤다. 미국을 영국 공업의 원료 공급지, 완성품의 소비시장으로서 앉히는 영국의 대미 식민지 경제정책은 본질적으로 변화하지 않고 영국 산업혁명의 진전과 함께 한층 더 발전했다.

　미국이 무역으로는 영국에 대한 의존관계Dependencies가 증대하고 있었던 것이다. 면화의 수출, 영국으로부터 면제품 및 공업 완성품의 수입이라고 하는 패턴은 한층 더 명백한 형태가 되어 나타났다.

　면화는 미국의 수출액수 전체의 40~50%를 차지해 면화만으로도 이 시기의 수입 금액의 5분의 3까지도 지불할 수 있을 정도의 규모였다. 전체 수출 물동량 중에서 영국으로 향하는 부분이 1820~40년까지 약 50%를 차지하고 있었으며, 2위인 서인도 제도의 그것은 10%대에 지나지 않았다. 따라서 영국 산업의 원자재 공급지로서의 미국의 위치는 확고하였다.

수입을 보면 1820~40년에는 영국이 38~41%를 차지하고, 서인도가 10%대를 유지했다. 품목을 보면 1821년의 경우, 면제품 13%, 모직물 제품 16%, 견직물 제품 8%, 마직물 제품 5%로 섬유 제품이 전체의 42%, 2위에는 무기를 포함한 철강이 7%를 차지하고 있었다.

  전체 수입에서 차지하는 완제품의 비율은 1821년에 약 56%였는데 1830년이 되어서도 같은 비율로 남았다. 이는 1810년대에 시작되었던 미국의 산업혁명의 효과가 아직은 미미하였다고 볼 수 있다. 즉, 미국이 영국 공업제품의 최대 고객이었음을 알 수 있다.

남북전쟁

남북전쟁American Civil War은 1861~65년에 미합중국의 북부와 남부가 벌인 내전이다.

1863년 연방제도와 민주주의의 유지를 강력히 주장한 링컨Abraham Lincoln 대통령이 노예해방을 선언하였고 4년에 걸친 격전 끝에 1865년, 전쟁은 북부의 승리로 끝났다. 남북전쟁이 일어나기 전까지 미국사회는 급속한 성장과 변화의 시기로 이는 전쟁의 원인이 되었다.

이 시기에 미국은 북부, 서부, 남부 3개 지역으로 재편성되면서 각 지역은 서로 다른 방향으로 발전되기 시작하였다. 북부는 제1차 산업혁명으로 도시화, 산업화되는 가운데 보다 민주적이고 개방적인 사회로 발전해 나갔다. 특히 1820년대부터 일어난 사회개혁 운동의 일환으로 공립학교 제도가 보편화됨으로써 교육이 발전하고 합리성을 추구하는 방향으로 발전하였다. 서부 역시 이주와 개척이 활발한 가운데 소맥, 옥수수, 목재, 철광석, 납, 구리 등을 지닌 미국의 곡창지대와 지하자원의 보고로서의 진면목을 드러냈다. 자영농이 지배적으로 많지만 서부는 공업화와 도시화 방향으로 발전하였다. 그러나 남부는 북부와 서부와는 달리 도시화와 공업화의 길로 향하지 않았다.

노예제도를 기반으로 신생공화국 초기부터 정치적, 경제적인 위상을 지녔던 남부는 1792년 조면기의 발명과 더불어 면화생산에 있어서 세계에서 우위를 점하는 부유한 농업 지역으로 발전하여 갔다.

이런 남부 경제의 특수성은 노예제도의 폐지를 생각할 수 없었다. 나라가 커지고 산업이 발달하면서 북부의 생활양식이 남부를 압도하기 시작했으며 철도의 대부분이 북부에만 건설되었다. 또한 이민은 기반 잡기가 비교적 쉬운 북부와 서부에 집중되며 남부의 생활기반을 흔들고 있었다. 남부 백인들의 배타적인 지역주의는 남부 백인 전체를 결속시키는 요인으로 작용하였다. 이에 남부 백인들은 힘을 모아 북부와 흑인이라는 적에 대항하기 시작하였다.

1850년경에 이르러 남부와 북부 간의 대립은 연방을 파괴할 정도로 첨예화하기 시작하였다. 이때를 전후한 일련의 사건들, 텍사스 독립과 연방 가입을 둘러싼 대립, 멕시코와의 전쟁과 그에 따른 영토의 확장, 캘리포니아 준주로서의 연방 가입 문제를 둘러싼 의견의 차이, 노예제도 확산 반대를 슬로건으로 내건 공화당 창당 등 더 이상 남부와 북부가 대화와 타협으로 대립을 풀어 나갈 수 없는 상태까지 이르렀다.

여기에 결정적으로 1860년 대통령 선거전에서 북부의 노예제도 반대 입장을 대변하고 있던 에이브러햄 링컨이 당선되자 사우스캐롤라이나를 비롯하여 남부의 7주는 흑인의 수가 많은 주부터 차례로 연방에서 탈퇴하였다.

이들은 1861년 초에 앨라배마 주의 몽고메리에 모여 새 정부를 창설하고 헌법을 제정하여 남부연합이라는 나라를 세우고, 제퍼슨 데이비스Jefferson Finis Davis를 대통령으로 선출하는 사태로 이어졌다.

대통령으로 취임한 링컨은 두 개의 나라로 분열된 미국을 다시 하나로 환원시켜야 하는 막중한 임무를 지니고 고심하였다. 그는 취임연설에서 남부와의 화해를 역설하고 남부인들에게 연방으로 복귀할 것을 호소하였다. 그러나 그의 취임 40일 만에 남부와 북부 간 무력충돌이 일어났고 곧이어 버지니아, 아칸소, 테네시, 노스캐롤라이나 4개 주가 연방을 탈퇴하여 남부연합에 가담하였다. 그리하여 1861년 4월에 23개 주의 북부와 11개 주의 남부연합이 전쟁 상태로 돌입하였다.

전쟁을 시작하며 남부는 11개 주, 350만 흑인노예와 9백만여 명의 인구, GNP의 25%를 가지고 있었으며 북부는 23개 주에 전체 인구의 61%를 차지하는 2천 3백만 명의 인구, GNP의 75%를 가지고 있었고 물질적 자원이 풍부하였다. 그리고 남부는 무기를 외국에 의존했던 데 비해 전체 공장의 81%를 위치했던 북부는 무기의 자급자족이 가능하였다.

초기 전황은 리Robert E. Lee 장군의 부대가 내륙전에서 우세를 보임에 따라 남군에게 유리하게 전개되었다. 하지만 북군이 해안에서 우세를 차지하였고 서부와 제휴하여 50만의 의용군을 모집함에 따라 1863년을 고비로 북군에게 유리하게 전개되었다. 1863년 1월 1일 링컨은 1862년 9월 22일에 했던 노예해방선언을 실행에 옮기게 되었는데 이 사건은 전쟁 중인 북군에게 인도주의적인 위치를 부여했고 남부의 노예들은 이 사건으로 동요하기 시작했으며, 외국의 자유주의자들이 북부를 지원하기 시작하는 계기가 되었다.

1863년 7월에는 결정적으로 전세가 바뀌게 되는데 펜실베이니아의 게티즈버그Gettysburg에서 대전투를 벌인 결과 북군이 승리하게 된다. 이 전투에서 수많은 양군의 사상자가 발생했는데, 링컨은 이 지역을 국립묘지로 선언하고 전투 후 이곳에서 열린 장례식에서 유명한 게티즈버그 연설Gettysburg Address(1863.11.19)을 남겼다.

이 연설에서 링컨은 민주주의에 대한 유명한 정의를 남겼는데 그는, "The government, of the people, by the people, for the people shall not parish from the earth"란 말을 남겼다.

1864년에 그랜트Ulysses Simpson Grant 장군은 남부의 수도인 리치먼드를 함락하고, 1865년 4월 9일에 리 장군은 그랜트에게 항복하면서 만 5년간 지속된 전쟁은 종결되었다. 양측의 희생자는 남군 26만, 북군 30만에 달하였다.

전쟁의 후유증은 심각했다. 남부인에 의한 링컨 대통령의 암살, 10년 가까운 남부에 대한 군정실시 등이다. 남부의 혼란과 황폐는 격심했지만 혼란도 서서히 가라앉고 남부의 재건을 통하여 새로운 남부가 탄생함으로써 남북의 융화도 실현되고 국가적인 단합이 이루어져 미국은 새로운 비약적인 발전을 이루게 되었다.

남부에서는 노예제에 기반을 두었던 대농장 경영이 사라지고 다수의 소규모 농원이 생겨났으며 섬유, 담배, 제철 등의 공업이 급속도로 발전하고 중산계급이 형성되는 등 사회 경제 구제에 전면적인 전환이 이루어져 새로운 남부가 탄생하게 되었다. 북부에서는 공업 발전이 현저하여 1860~70년 사이에 공업생산은 배로 증가하고 농업과 교통수단에도 큰 발전이 이루어져 넓은 의미의 경제혁명을 이루게 되었다.

남북전쟁은 미국이 통일된 국민국가로 성장하기 위해서는 불가피했으며, 전쟁을 통해 국내에 남아 있던 식민지적 성격을 타파하고 통합된 광대한 국내시장을 바탕으로 자유노동에 입각한 자본주의가 비약적인 발전의 시기를 맞이하게 되었다.

산업화 과정

　미국은 독립 후 20세기 초에 이르는 100여 년 사이에 크나큰 사회적, 경제적 변화가 있었다. 이러한 변화는 상업화된 미국으로 설명할 수 있으며 자본주의화된 미국을 말한다. 더 자세히 설명한다면 시장 중심의 사회가 되었다는 점이다. 모든 생산과 소비는 시장 지향적이 되었으며 따라서 상품, 토지, 노동, 수요와 공급, 이익에 따라 가치가 설정되었고 따라서 이러한 시장활동은 더욱 확대되어 산업화를 야기하였다. 인구의 증가와 함께 시장의 팽창이 상업화된 미국을 낳은 것이다.

　산업화 과정 초기에는 영국의 산업발달 영향이 컸다. 영국으로부터의 새로운 기술도입으로 미국은 새로운 산업시대를 맞이하였다. 미국은 영국에서 개발한 방직기, 직면기기 등을 도입하였다.

　이러한 기술의 도입은 한 마을에서 공장 하나를 공동으로 운영하는 형태로 시작되었다. 이러한 공동경영 공장들이 1820년대 동부 해안에 수백 개 이상 있었다. 이러한 19세기의 공장마을은 대개 직물생산과 관련이 있었는데 산업혁명이라는 것이 바로 증기기관의 개발과 함께 방직혁명이었으므로 이러한 직물생산 산업이 산업화로 진행되는 과정의 초기에 나타난 현상이었다.

　공동운영 방식의 소규모 제조형태는 동북부에서 대형 제조회사의 출현을 가져오게 했는데 자산가들로부터의 재정지원에 따라 19세기 중엽에 이미 약 1만 명의 공장노동자를 수용하는 대형 공장이 나타나게 되면서 산업도시가 탄생하기 시작한 것이다. 이에 따라 대규모 공장들과 표준화되고 기계화된 생산품이 만들어지기 시작했다. 19세기 중반의 도시산업화 체제의 특징은 다양한 생산품과 작업시설, 세분화된 공장들, 가족 단위로 운영되는 중소기업 등을 들 수 있다.

산업화 과정에 나타난 중요한 요인으로 운송수단의 개선을 들 수 있다. 인공수로와 운하의 건설이 유행했는데 건설된 운하는 5대호와 허드슨 강을 연결하였으며 오하이오 주와 인디애나 주를 관통하여 남북을 가로지르는 수로까지 만들어졌다. 이어 미국 전역에 여러 개의 철도망이 건설되었으며 1850년에 드디어 애팔래치아 산맥을 가로지르는 철도가 완공되었다. 철도의 등장은 빠르고 저렴한 물류비용이라는 효과와 함께 시장경제를 등장시키는데 결정적인 역할을 한 것으로 산업화의 주요 동인으로 표현된다.

1860년까지만 해도 미국의 산업생산은 영국, 프랑스, 독일에 비해 뒤떨어져 있었다. 그러나 40년 후인 20세기에 접어들 무렵, 그 총량은 이들 세 국가를 합한 것보다 컸다. 남북전쟁 후 수십 년 동안 전례 없이 팽창했는데 그 원인은 제조업에서 5배 이상 생산증가를 가져왔기 때문이다. 국가 전체의 물품생산에서 차지하는 제조업의 비율은 32%에서 53%로 늘었으며 제조업에 종사하는 노동자의 숫자도 150만 명에서 590만 명으로 증가했다. 이는 미국 전체 노동력의 25%를 차지하는 수준이었다.

19세기 후반부 미국의 산업화를 설명하려면 동부 지역의 제조업 팽창을 들 수 있다. 트렌튼부터 패터슨까지 이어진 산업생산라인은 델라웨어와 매사추세츠 주에 이르기까지 확산되면서 제조업의 미국

▲ 콜리스 포터 헌팅턴
Collis Potter Huntington

을 만들게 되었다. 이러한 산업지도는 서쪽 지역으로까지 확대되어 시카고까지 뻗어나가게 되었다. 피츠버그로 대변되는 펜실베이니아를 벗어나 남북전쟁 이전부터 이미 산업의 중심지였던 신시내티가 뉴욕과 필라델피아에 이어 제3의 제조업 중심지로 부상했다.

이러한 미국은 급속한 산업발전을 이루면서 1876년 독립 100주년을 기념하여 열린 필라델피아 국제박람회에서 세계를 선도하는 기술 강국의 면모를 과시하게 되었다. 미국은 철도, 통신, 석탄, 철강, 정유 등 기간산업에서 유럽을 앞서는 생산기술로 산업 강국으로 부상하였다. 이른바 '미국의 세기'가 시작되는 20세기 초 미국은 제조업 생산능력에서 영국, 독일, 프랑스를 합친 것보다 많은 초대형 강대국이 된 것이다.

기간산업으로써 산업화를 선도한 분야로 철강산업을 들 수 있는데 19세기 말 미국의 철강산업의 성장은 경이적인 것이었다. 1875년에 38만 톤이던 조강 능력은 1920년에는 6천만 톤으로 성장하였다. 1889년부터 미국의 철강 생산량은 영국을 능가하기 시작하였으며 양적으로만 최고였던 것이 아니라 생산 효율성에서도 영국을 앞섰다.

또 하나의 미국 산업화 과정의 산물로 등장한 것이 대기업의 등장이다. 미국에서 고래잡이는 어떤 경제활동보다도 오랜 역사를 지니고 있었다. 독립전쟁 직전만 해도 고래 관련 상품은 대영수출품 주요 품목이었고 그 규모는 모피 수출을 앞질렀다. 미국의 포경업은 막대한 유산을 남겨 백화점업자 메이시Macy와 GM의 창업자 윌리엄 듀런트William Durant를 낳았다. 그 미국의 포경업을 배경으로 한 소설이 허먼 멜빌Herman Melville의 『백경Moby Dick』이다.

전술한 바와 같이 1860년대 전형적인 기업의 형태는 가족 중심적이었으며 가내수공업적인 생산자 형태를 띠고 있었다. 19세기 말에는 고전적인 개인소유 형태의 기업이 작은 마을과 대도시에 퍼지면서 산업발전에 기여했는데 20세기에 들어서면서 기업들 중 일부는 큰 주식회사 형태로 변화하기 시작했고 작은 회사들을 흡수해 갔다. 스탠더드 오일Standard Oil, 유에스 스틸US Steel 등이 대표적인 기업이었다.

무차별적 인수합병은 독점화를 낳았으며 회사의 규모를 키워나가는 동안 록펠러Rockefeller, 카네기Carnegie, 모건J. P. Morgan 등은 사회에서 비판받는 존재가 되어 있었다. 당시 사회에서 성공한 사람들 중 75% 이상은 앵글로 색슨이었으며 백인 남성 위주였고 90% 이상은 신교도였다.

대기업의 등장은 기업경영에 있어서 전문경영지식의 등장을 가져오게 했다. 미국의 정치적, 법적 시스템은 기묘한 방식이긴 했지만 대기업을 지원해 왔으며 이들 시스템은 일찍부터 지속적으로 주식회사 형태의 기업을 운영하고 지주회사와 트러스트를 구성하도록 조장하였다. 또한 분권화된 정부는 기업들의 특권을 증가시켰으며 매우 우호적이었다. 반독점 정책이 오히려 19세기 내내 기업들의 집중현상을 증대시켰던 것이다. 비록 부정적 의미로 평가되는 초기의 대기업 설립자들은 사실 열성적으로 일하였고 그 때문에 빠르고 규모가 큰 사업들을 펼칠 수 있었다.

대기업은 혁신적으로 또한 자본주의적이고 중앙집권적으로 해당 산업의 중추적 역할을 하는 기업으로 그리고 기계문명의 선두에 서는 역할로 규모가 점점 커져갔다. 그 대기업들은 19세기 전반에는 노동자 문제로 인한 불편을 겪었으나 그들은 미국을 상징하면서 더 없는 기회를 갖고 있었다. 따라서 미국의 산업화 과정이란 시장의 팽창, 임금노동제의 확산, 기계화, 이민자의 대량유입, 도시화, 중산층의 출현, 노동의 조직화, 19세기 말 등장한 대기업 등으로 설명된다.

산업화의 그늘

산업화의 이면에 등장하는 어두운 면은 자본의 집중과 노사 갈등의 심화로 대변된다. 미국은 산업대국으로서 번영을 구가했으나 노동자는 여전히 열악한 환경에서 빈곤에 허덕였다.

20세기 초 1%에 해당하는 사람들이 국가 자산 88%를 소유한 상태였다. 20세기 초 노동자 평균소득은 400~500달러였는데 이는 가구당 기본생활비로 여겨지던 600달러에도 못 미치는 수준이었다.

노동조건도 열악하였다. 공장노동자들은 하루 10시간씩 주 6일을 일하였다. 철강산업 분야에서는 일일 평균 노동시간이 12시간에 이르는 실정이었다. 빈부의 격차와 노동조건의 열악함은 산업현장에서 노사 갈등으로 나타났고 크고 작은 노동쟁의가 빈번하였다.

1881년에서 1905년까지 3만 7천 건의 파업이 있었고 쟁의에 참여한 노동자만도 700만 명에 이르렀다.

새로운 미국

19세기가 시작될 무렵 미국에 정착한 유럽인들은 시장활동의 경험이 전혀 없었다.

미국은 영국 중상주의 제도의 전초기지로 출발한 국가이다. 미국과 같은 영국의 식민지들은 영국의 경제적 이익과 왕실의 권위를 높이기 위해 존재하였다. 그러나 바로 이 중상주의가 체제의 파멸을 가져온 요인들로 물질적 분산, 적극적인 상업활동, 그리고 개인주의적 행동을 낳았고, 미국의 독립혁명은 뒤늦게 중상주의 질서에 공식적 종지부를 찍게 되었다.

미국은 국가 주도로 경제가 확장되는 신중상주의 국가가 될 수도 있었고, 규제와 간섭이 없는 시장사회가 될 수도 있었으며, 혹은 자율적인 자영농의 공화국이 될 수도 있었다.

미국 독립혁명 이후 100여 년간 정치 경제계는 이러한 경쟁적인 미래상과 가능성에 대해 의견 대립을 보였다. 이 기간 동안 중상주의의 기능은 정지되고 시장의 기능은 더욱 확산되었다. 마찬가지로 지속적인 반중상주의 정서와 18세기 말에 확립된 민주주의적 제도들은 경제문제에 대한 정부 간섭을 최소화했으며, 경쟁적이고 다원주의적인 정치활동을 낳았다. 인구증가, 이민, 그리고 서부개척 같은 요인들이 규제받지 않는 시장활동과 정치적 다원주의를 촉진시켰다. 시장활동의 증가와 산업화가 균등한 것도 아니었다.

두 변화 모두 미국의 미래 진로에 대한 정치적 논쟁 속에서 만들어진 것이었다. 이후 시장활동은 경제와 사회불안을 초래하였다. 19세기 후반 사회 속의 모든 집단, 기업가, 농부, 노동자, 전문직 종사자, 공무원들은 각자의 단체를 조직하기 시작했고, 경쟁적인 정치 경제적 질서를 타파하려고 하였다.

19세기 후반에 등장한 대규모 기업은 시장의 등장에 비해 미국의 이상실현에 더 큰 위협요소가 되었다. 안정된 사회를 만들기 위한 각계의 노력은 1910년대에 이르러 미국 사회의 개혁을 가져왔다.

10장
세기말 산업문명

또 다른 20세기 | 공업경제 시대 | 과학기술과 산업문명 |
새로운 계급사회 | 부르주아 계급 | 노동계급 |
충돌 | 국민국가 | 경제 제국주의

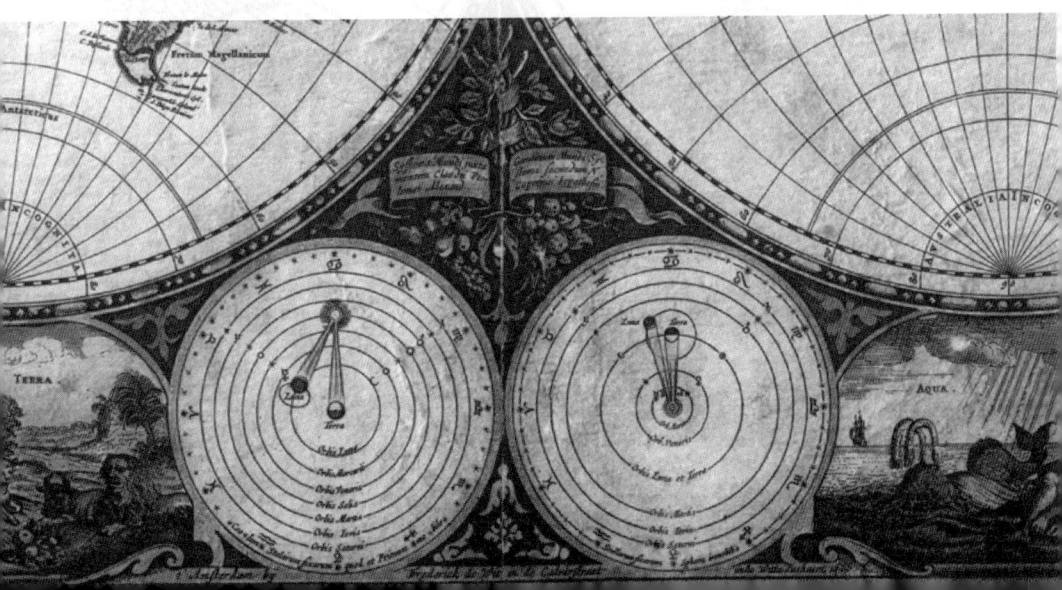

레콘키스타 이후 식민지 확장에 나섰던 스페인을 비롯한 유럽 제국들이 추구했던 제국주의 개념은 19세기 들어서 기독교의 포교를 위한 제국주의 개념 이외에 이미 문명화가 진행된 유럽의 자신감을 가지고 비유럽에 문명을 확대하는 사명을 갖고 있다는 뜻도 포함되었다. 19세기에 유럽 사회가 실현한 과학기술의 진보와 이에 동반하는 사회의 변화에 대한 자신감이었다.

세기말 유럽 각국은 너도나도 중공업분야에 뛰어들었다. 한국이 중공업분야에 뛰어들었던 1970년대 보다 꼭 100년 전 일이었다. 이때 독일의 크럽Krupp 같은 거대 기업이 나타나기 시작하였다. 독일의 에센Essen은 크럽 때문에 성장한 도시였다.

세기말에는 그때까지는 존재하지 않았던 새로운 신규산업도 등장하였다. 합성비료, 화학섬유, 합성약품이나 폭약까지 제조하는 화학산업, 발전과 송전뿐만 아니라 전기관련 설비나 기구를 제조하는 전기산업, 석유로 움직이는 새로운 내연기관을 갖춘 자동차를 제조하는 산업 등이다. 영국이 선도한 산업화의 바람은 전 유럽을 흔들었지만 제국을 가지고 있던 영국은 자본주의 체제의 핵심이 되는 금융시장으로서의 지위를 계속 유지하고 있었고, 영국의 파운드는 세계경제를 위한 기축통화로 존재했다.

보험산업에 대한 영국의 우위도 여전하였다. 19세기 중반에 영국이 주창한 자유무역론은 영국이 압도적인 지위를 가지고 있었으므로 가능했던 일이었다. 근자의 FTA의 움직임도 꼭 100년 후 벌어지는 강국에 의한 자유무역론과 다를 바 없다.

군비확장은 자국의 공업화를 촉진했으며 공업화의 촉진은 또 다른 군비의 확장을 가져왔다. 20세기 들어서 영국과 독일 사이에 벌어진 군함건조경쟁이 이를 증명한다. 이러한 움직임은 군사동맹을 만들었고 나아가 세계대전으로 귀착되었다.

금융자본의 대두와 투자활동의 확대에 따라 공업화된 산업 경제에서는 필요한 자본의 규모도 커져갔다. 고액의 자본을 조달하기 위해 19세기 중반 이후부터 세계 각국에서 주식회사의 형태가 일반적인 경영 조직 형태로 변화했다. 주식회사는 더 필요한 자본을 주식의 추가 발행 외에 사채의 발행에 의해서 조달하는 방식을 취하게 된다. 자본을 필요로 하는 기업과 이익을 요구하는 투자가가 만나는 장소로서 주식시장이 세기말을 지나 중요성을 더해 갔다. 트러스트Trust, 재벌, 카르텔Cartel 등이 등장했으며 특히 기간산업이 발전하였다.

또 다른 20세기

스스로 세계 문명화의 사명을 지녔던 유럽 제국들은 세계대전으로 전대미문의 피해를 입게 되었다.

직접적인 전투로 인한 인명 피해만 1천만 명에 달한다고 알려졌고, 1918년 4월부터 서부전선에서 유행하기 시작한 '스페인 감기 Spanish flu'는 동아시아까지 퍼져 전 세계적으로 2천 5백만 명 이상이 피해를 입었다.

전쟁으로 인한 성인 남성 인구의 격감으로 인구구조가 왜곡되고, 사회재건이 늦어졌으며 사회로 돌아온 병사들의 재적응 역시 쉽지 않았다.

유럽은 경제적으로도 극심한 타격을 입었고 그 회복 역시 쉽지 않았다. 승전국인 프랑스의 공업지수는 1913년을 100으로 하면 종전 직후인 1919년에는 57까지 떨어졌다. 전비와 더불어 경제 복구 자금은 국가 재정을 더욱 악화시켰고, 독일로부터의 배상금 징수도 원활하지 않았다. 패전국 독일의 상황은 더욱 심각하였다. 고액의 배상금이 부과되었고 중요한 공업지대를 잃었다. 최악의 인플레이션으로 마르크화 대 달러 비율은 1조 분의 1까지 하락하였다. 국민생활의 기반이 흔들렸고, 이는 나치가 두각을 나타내는 중요한 배경이 되었다. 독일 경제는 미국의 자본을 들여와 1920년대 후반에는 일시적으로나마 회복하였다. 그러나 이로 인해 미국 자본 의존도가 크게 높아졌는데 미국에 경제적으로 의지한 국가는 독일만이 아니었다. 전승국인 영국과 프랑스도 이미 전시 하에서 미국으로부터 고액의 차관을 들여와 채무국으로 전락해 있었다.

제1차 세계대전을 치르고 상황이 격변하면서 사회에 많은 변화가 일어났다. 총력전 체제 하에서 중요한 노동력이 된 여성들은 전후 다시 가정으로 돌아갔으나, 그 권리나 사회생활에서의 존재감이 커졌다. 마찬가지로 전쟁에 협력한 노동자들의 발언권도 확대되고, 반체제의 존재로 간주되던 노동조합이 인정받게 되었다.

보다 일반적으로 국민이 국가와의 직접적인 관계를 인식하게 되고 국민으로서의 자기 인식이 확립되었다. 국민이 국가에서 부과하는 병역이나 통제 혹은 의무에 응하는 한편, 국가는 국민의 생존을 보살펴 주어야 한다는 생각이 일반화되었다. 이러한 생각의 전환은 복지국가로의 전환을 촉진하는 역할이 되었다. 총력전 체제 하에서의 전쟁 경험은 민주주의적 국가 운영을 촉진하였다. 단기전을 상정한 개전 초에는 육군 대신이나 군사령관이 국정에서도 큰 발언권을 행사하였지만, 전쟁이 장기화되자 군인보다는 정치가가 국가의 방침을 결정하는 경향이 생겼다. 이는 군사적인 판단이나 명령보다 국민에게 설명하고 합의를 이끌어내는 것이 중요해졌기 때문이다.

이렇게 보면 세계대전은 긍정적인 결과를 이끌어냈다고 생각될지도 모르나, 세계대전 하의 국민국가 구축은 어디까지나 적과 싸우기 위한 것이었다.

미국 역시 1917년 영국과 프랑스를 지원해 11만 명이 넘는 전사자를 냈지만, 본토에는 아무런 피해가 없었다. 오히려 참전 전까지 양 진영에의 수출이나 차관 등으로 큰 이익을 보았다. 미국은 전쟁 후

채권국이 되었고 뉴욕의 금융시장과 달러는 세계경제 동향에 있어 결정적인 위치를 차지하게 되었다. 1925년부터 1928년에 걸쳐 유럽의 경제는 안정되어 자존심을 되찾은 것처럼 보였으나 이러한 호황은 미국 자본에 의해 유지되고 있는 것이었다.

1920년대 말까지 전 세계 제조업 생산의 40% 이상을 점했던 미국은 1929년 10월 뉴욕 주식시장의 대폭락으로 세계경제는 심각한 공황에 빠졌고, 자유주의적 경제 시스템에서 사태는 수습되지 않았다.

독일의 나치와 이탈리아의 파시스트는 이러한 혼란을 이용하여 정권을 잡았으며, 스탈린Joseph Stalin 독재 하의 소련도 세계 각지에서 혁명 운동 공작을 수행하였다.

공업경제 시대

　기계화라는 단어는 20세기를 완벽하게 뒤바꾸어 놓았다. 기계화를 비롯한 기술혁신은 지금까지와는 비교가 되지 않을 정도의 규모와 속도로 진행하였다. 초기 공업화를 견인한 것은 섬유유관 산업이었다. 바로 그 섬유산업이나 농업기계의 도입, 철도망의 발달 등에 따라 철강업과 기계제조업이 크게 발전하였다.

　영국은 19세기 중반까지는 확실하게 다른 제국들을 압도하고 있었다. 영국의 취업인구 중 공업 종사자의 비율은, 1800년에는 30% 정도였으나 1860년에는 45% 가까이 증가하였다. 대륙에서는 공업화가 빨랐던 프랑스에서도 그 비율은 19세기에 들어 30%를 넘지 않았다. 19세기 중반 석탄 산출량은 영국이 5천만 톤을 넘어 프랑스의 10배, 제철총량은 영국이 프랑스의 5배였다. 당시, 넓지 않은 영국의 국토에 총 연장 8천km에 이르는 철도 노선이 부설되었다.

　1851년의 런던 만국박람회에는 철도를 이용하여 전국 각지로부터 관람객이 모여들어 당시로서는 세계 최고의 건축물 중 하나였던 철과 유리로만 사용해서 만든 건축물 크리스탈 팰리스Crystal Palace를 관람하였다. 아울러 영국의 여행사 토마스 쿡Thomas Cook이 단체관광객을 모집하는 시대였다. 20세기 들어서 석유에 그 선두 지위를 넘겨줄 때까지 19세기를 통해 석탄업은 제철업과 함께 국가경제에 있어서 가장 중요한 기간산업의 하나로 지위를 갖게 되었다.

　18세기 말부터 이미 코크스Cokes를 연료로 하는 제철업이 자리를 잡기 시작하고 있던 영국에 비해, 대륙에서는 19세기 중반이 되어서야 코크스를 사용하기 시작했을 정도로 기술력의 차이가 났다. 프랑스 혁명 100주년 기념탑인 철골을 사용한 300m 높이의 에펠탑을 보면 산업혁명 이후 100년간의 지식, 기술, 사회적인 면에 커다란 변화가 있었다는 것을 알 수 있다.

　유럽의 경제구조는 영국을 선두로 농업 중심에서 공업화를 거쳐 산업경제 중심으로 변화하였다. 주요 경기지표는 농업 생산 동향 대신 공업 생산 동향으로 대체되었다. 이전까지는 농작물의 흉작이 불황의 원인이었기 때문에 유럽의 전체적인 불황은 드문 일이었고, 흉작은 기후나 병충해, 전쟁 등에 의한 것이었기 때문에 주기적으로 일어나는 일이 아니었다. 이러한 상황에서 사회문제는 기근과 사망률의 상승, 그로 인한 폭동이었다. 그러나 공업화 이후에는 원료수입과 상품판매 등의 이유로 글로벌 시장이 형성되어 불황은 한 나라만의 일이 아니었으며 주기적으로 찾아왔다. 공업화 이후의 사회문제는 기업의 도산이나 노동자의 실업이었다. 1870년대 중반부터 1890년대에 걸쳐 생긴 세계 대공황은 구체제에서 신체제로의 전환 시기에 구조상의 변화가 이미 생기고 있던 것이었다.

　1873년 과잉생산으로 인한 대 불황이 찾아왔다. 유럽의 산업은 이를 계기로 여전히 주도적인 위치에 있던 농업을 밀어내고 공업이 주도적인 위치를 차지하게 되었다. 공업은 경공업 위주에서 중화학공업 위주로 변화가 일어났다. 섬유제품 등의 경공업 중심의 소비재 생산에서 제철을 포함한 금속, 기계, 화학, 전기 등 자본재 생산 중심으로 재편되었던 것이다. 중화학공업 중심의 산업 재편은 대규모 자본을

▲ 런던 크리스탈 팰리스 London Crystal Palace

필요로 했기 때문에 주식회사가 발달하게 되었다. 금융자본이 발달하고 기대기업이 등장했으며, 구미 이외의 지역투자가 늘어났다.

19세기 영국은 세계의 공장이라고 말해지듯이, 섬유제품 등의 소비재를 수출하는 것만 아니라 각종 기계나 기관차, 석탄 등의 수출에서도 타국을 압도하고 있었다. 선두를 달리는 영국을 따라잡기 위해 유럽의 많은 나라들은 정책적으로 공업화를 추진하였다.

각국의 공업화 추진은 정치상황이나 사회 조건에 따라 서로 다르게 전개된다. 벨기에는 18세기부터 국가 간섭이 비교적 적은 영국에 가까운 형태로 공업화가 진행된 반면, 이웃한 프랑스는 19세기 초 나폴레옹 제정에 의한 보호정책 하에 공업화가 시작되어 제2제정기 즈음에는 제철업이나 기계산업 등이 발전하였다.

프랑스에서는 대규모 경영이 꽤 일찍부터 등장했음에도 불구하고 수공업적인 성격의 중소 경영이 광범위하게 존재했고, 농업이 차지하

▲ 1888년 7월 공사 중인 아이플 타워(에펠탑)

는 비율이 컸으며 인구증가나 도시화가 완만하게 이루어졌다.

연방국가가 분립하고 있던 독일에서는 1834년 프로이센이 중심이 되어 18연방이 참여한 '독일 관세 동맹German Custom Union'이 발족했다. 이후 서남 독일 각국이 더해져 확대되어 갔다. 그리고 1871년이 되어서야 프로이센을 중심으로 통일 독일이 형성되었다. 공업화의 출발이 늦은 독일은 석탄과 제철, 기계 제조라고 하는 자본재를 중심으로 해외에서 기술과 자본을 도입하여 공업화를 정책적으로 강력하게 추진하였다.

한편 저축은행과 상업은행 모두의 성격을 겸비한 은행 체제가 확립되어 국내 자금의 흐름이 원활해졌다. 이러한 독일의 방식은 러시아나 북유럽, 이탈리아, 일본 등 다른 후발국에 영향을 주었다.

과학기술과 산업문명

과학기술의 급속한 진보는 19세기 들어서서 일명 산업문명을 만들어냈다. 그리고 19세기 과학기술의 진보는 증기기관의 발명 등이 포함된 17, 18세기의 과학기술의 진보와는 차이가 난다.

19세기의 과학기술은 광범위한 분야에서 일제히 전개되었으며 그 포괄성과 전개의 속도 등과 함께 과학자의 두뇌나 실험실로부터 나와 생산현장이나 서민생활에까지 크게 연관되었다는 점을 특징으로 하고 있다. 자연과학을 선두로 하여 진보한 학문 연구는 그 학문의 지적인 지위를 확립하는 것과 동시에 그 학자는 사회적으로도 존경받는 전문인으로서 인식되었다.

과거에는 성직자만이 지적인 위치에 있다고 믿고 있었으나 19세기 들어서면서부터 학자들이 전문가 시대의 문을 열게 된 것이다. 그 때에는 학문의 전개와 과학기술의 응용에 의한 인간 사회의 진보가 진행될 것이라는 확신이 들기 시작하였다.

다시 말해 세기말에 들어서면서 '과학적이 아니다'라고 하는 언어까지 등장하게 되었다. 이는 단지 학문의 진보가 이루어졌을 뿐만 아니라, 생산현장에서의 상황 또한 크게 변화하여 고도화된 공업화가 시작되어 다시 말해 산업문명이 나타났다고 보는 것이다.

인류는 현재 산업혁명의 전기시대에서 산업문명의 시대를 지냈고 또다시 그 다음 문명시대를 향해 가고 있다고 본다. 그 다음 문명시대가 무엇인지는 아직 모른다. 다만 지식과 정보 문명이라고 할 수 있지 않을까.

인류에 가장 큰 영향을 미친 분야는 의학이다. 현재 의학계의 주류인 서양 의학이 치료법과 예방법을 확립한 것도 19세기 후반에 이르러서였다. 18세기 말 제너Edward Jenner가 천연두 예방을 위한 종두를 발견할 즈음, 세균이라는 존재를 밝혀내고 그 기능을 설명한 것은 파스퇴르Louis Pasteur였다. 세균이라고 하는 눈에 보이지 않는 존재를 증명해 내는 과학의 발전을 말하는 것이다.

19세기 중반 파스퇴르는 발효 연구를 하는 도중 유산균의 기능을 실증적으로 확인하게 되면서 세균의 존재를 밝혀냈다. 파스퇴르의 연구는 포도주의 산화를 예방하는 방법에 영향을 주어 포도주 생산 발전에 기여했고, 미자립병의 연구는 비단실과 견직물 산업발전에 기여하였다. 그 후 파스퇴르는 보다 직접적으로 질병과 관계되는 연구를 진행해 전염병 예방 연구에 몰두해, 그 결과 살균법과 광견병의 예방접종을 개발하였다. 이렇게 해서 19세기 후반 세균학이라고 하는 분야가 성립되었다.

독일의 세균학자 코흐Robert Koch에 의해 결핵균과 콜레라균의 치료와 예방의 길이 열려 의료에 의한 사회공헌이나 사회위생의 보급에 대하여 매우 의식적으로 사회의 인식과 가치관이 바뀌어 갔다. 개인의 보건 위생, 상하수도의 정비 등과 같은 사회위생 부분도 사회질서의 요점이 되는 것도 알게 되고 올바른 행동 양식, 도덕심, 합리적인 사고 등을 우선시 하게 되었다.

다시 말해 19세기 후반부터 20세기 초에 이르러 산업문명 아래에 경제와 사회, 이를 뒷받침하는 과학적, 기술적 토대가 마련되었던 것이다.

산업문명의 성립에 있어 가장 기본적인 조건 중 하나가 전기의 실용화이다. 컴퓨터가 아무리 뛰어난 기능을 한다고 해도 전원이 연결되지 않으면 아무런 기능도 하지 못한다. 전기에 관한 학문적 진보는 19세기 초부터 진행되어 왔으나, 그러한 성과가 사회의 다양한 분야에 실용화되는 것은 19세기 말이다. 에디슨Thomas Alva Edison이 전구를 발명하였고 사람들은 이에 열광하였다. 전기는 움직이는 영상도 실현시켰다. 이러한 전기부문의 발달은 전 세계가 케이블로 한 지역이 되어 어디에서든지 상대방의 얼굴을 보면서 통화할 수 있는 시대를 만들었다. 커뮤니케이션 혁명이라는 것이다.

전 장에서 설명했듯이 철도의 등장은 가히 폭발적이었지만 19세기 말, 사진이라는 것에 익숙해진 관객들은 화면에서 다가오는 열차를 보고 도망치려 하였다고 한다. 1880년대부터는 전화도 실용화되었다. 19세기 말경, 철도는 평균 시속 80km 정도의 속력을 낼 수 있게 되었고 런던, 부다페스트, 파리 등에서는 전철을 사용한 지하철이 영업을 개시하였다.

1886년에는 독일의 다임러Gottlieb Daimler가 가솔린 엔진의 사륜 자동차를 최초로 완성하였다. 이 시기의 자동차는 수제로 만들어진 고급품이었는데, 1908년 미국에서 절반 이하의 가격에 조작도 편리한 '포드 T형'이 개발되었다. 개발자 헨리 포드는 생산원가를 더 낮추기 위해 포드 시스템이라는 대량생산의 조립 라인을 도입했다. 1912년에는 연간 생산 대수가 200만 대를 넘었고, 자동차는 가전제품과 함께 1920년대 대중 소비사회의 상징이 되었다.

앞서 언급한 세균, 전기 등은 눈에 보이지 않는 것들이다. 물리학 분야에서도 보이지 않는 것을 보고자 하는 연구가 진행되었다. 방사선을 말한다.

X-Ray는 1895년 독일의 물리학자 뢴트겐Wilhelm Conrad Roentgen에 의해 발견되었다. 프랑스의 베크렐Antoine-Henri Becquerel은 1896년 우라늄 소금으로부터 나오는 방사선을 발견했고, 1898년 퀴리 부부Pierre Curie, Marie Curie는 우라늄 광석으로부터 나오는 방사선을 확인해 라듐Radium, 폴로늄Polonium이라고 명명하였다. 물리학은 마이크로 세계를 향해 진보해 나갔으며 이러한 성향은 분자생물학이나 유전자학 등 자연과학 여러 분야로 퍼져 나갔다.

아인슈타인Albert Einstein은 1905년 광양자 개념을, 1916년 일반상대성이론을 발표하였다. 물질의 객관성이나 연속성을 전제로 하고 있던 이전까지의 지식에서 벗어나 패러다임의 전환이 일어나고 있었던 것이다. 보이지 않는 세계에 대한 관심은 인간의 마음이라고 하는 분야에까지 도달해 19세기 말 무명의 생리학자였던 프로이드Sigmund Freud에 의해 정신분석학이라는 학문이 탄생하게 되었다.

철학에서도 니체Friedrich Wilhelm Nietzsche나 베르그송Henri Louis Bergson 등이 합리주의와 실증주의의 현실성에 대한 이의를 제기하였다.

1859년 다윈Charles Robert Darwin은 『종의 기원On the Origin of Species』을 간행하고 진화론을 주장했는데, 생물이 환경에 대응해 적자생존의 과정을 거쳐 진화한다는 그의 주장은 신이 이 세상을 창조하였다고 믿어온 사회에 큰 반향을 일으켰다. 따라서 인간 사회의 역사에도 적자생존을 적용시켜 사회진화론이라는 것이 생겨난 것이다.

실증 연구에 기반을 둔 다윈의 이론과는 달리 사회진화론은 정치목적이나 가치관에 자연도태설을 덮어씌워 자유시장에서의 승리나 제국주의를 정당화하고, 우수한 인종만을 존속시켜야 한다는 우생학을 탄생시키는 등 큰 영향력을 행사하였다. 이렇게 자신의 가치관을 과학으로 포장시켜 정당화하는 과학 신앙 역시 넓게 퍼져 있었다.

궁정문화로 대표되는 예술에 대한 기호는 19세기 들어서면서 그 저변을 크게 넓혀, 시민도 연극이나 오페라, 발레, 콘서트 등을 즐길 수 있게 되었고, 각각의 장르도 더욱 세련되어져 갔다. 주요 도시에 건설된 상설극장은 박물관과 함께 도시에 있어 필수적인 시설 중 하나가 되었다. 19세기 말부터는 영화관이 건설되기 시작하고 번역작업도 진행되어 갔으며 교통이 발전하고 신문 등 매체에 의한 정보 전달이 발전해 연극이나 각종 무대 공연, 음악 등 모든 것들이 곳곳에 보급되었다.

이들에 관한 정보는 각종 정기간행물로 보급되었는데, 그중 가장 큰 역할을 한 것은 신문이다. 19세기 말에는 100만 부를 넘는 부수의 신문이 등장했는데, 이러한 부수의 증가는 단가의 인하를 전제로 하고, 단가의 인하는 광고수입의 증가를 전제로 하였다. 이 시기에 이미 대중매체는 사람들에게 소비를 권장하고 있었다.

19세기 중반 등장한 백화점은 유럽의 노동 대중이 생산력만이 아니라 소비력으로 평가되기 시작하였다는 것을 보여준다. 신문광고가 본격화하는 것과 동시에 통신판매 시스템도 본격화하였다. 도시에서 시작된 소비의 욕망은 농촌까지 퍼졌고, 상품 카탈로그가 본격적으로 개시되었다.

새로운 계급사회

　유럽에서는 공업화가 시작되면서 부는 나라마다 축적되고 있었으나 대부분 유럽의 귀족들은 이미 봉건적 특권을 잃고 있었다. 대단위 공업이나 상업, 혹은 금융이 중심인 경제의 틀 속에서는 아무리 재산을 유지하고 있는 귀족이라고 해도 전통적인 삶의 방법에 안주하고 있을 수는 없었다. 대규모 영지가 있는 곳에서는 사회적인 명사로서 유력한 지위는 확보하고 있었는데 곧 여기에 변화가 오게 되었다. 귀족 역시 대규모 영농경영에 참여함은 물론 새로운 자본주의에 적응하도록 주식이나 공채에 투자하며 스스로 기업경영에 종사하는 일도 볼 수 있게 되었다.

　이들 귀족에게는 오랜 세월에 걸쳐 축적되어 온 문화자본이 있었다. 사교나 작법, 교양과 사교술 등이 계층으로서의 우월성을 나타내는 것으로 여겨졌다. 평민이 비록 금전적으로 유복하게 될 수 있었다고 해도, 교양과 사교술 등은 능숙하지 않았으므로 지배적인 상류계급 사교계에는 진입할 수 없었다. 귀족과 산업금융계 등 사회 상층부 사이에서는 서로의 이익을 필요로 함에 따라 동일 계층 간 혼인이 성행하게 되었다.

부르주아 계급

경제와 부의 흐름 지도가 바뀌게 되면서 귀족을 대신하여 지배적인 위치에 오른 계층이 있다. 바로 부르주아 계급이다.

같은 부르주아라고 해도 그 계급 내에는 더욱 많은 서열이 존재하고 있었다. 귀족과 인척이 되어, 상류 사교계와 교류하는 층과 노동자층과 같은 지역에 거주하며 그곳에서 거래하고 있는 하층부와의 차이는 컸다. 19세기 초 들어서는 이미 이전부터 위치를 굳히고 있던 거상이나 금융가가 있었지만, 세기말을 통해서 새롭게 기업을 일으켜 성공한 실업가, 은행가 등이 상층부 부르주아에 속해져 갔다. 자본의 축적 외의 방법으로 재능과 근면, 노력에 의해서 성공하여 부르주아 계급에 속하기도 하였다.

19세기 상층 부르주아 계급이 지위를 유지할 수 있었던 수단은 자본의 힘을 나타내는 경제적인 힘, 엘리트 교육에 따른 관직의 확보 등을 말해 주는 정치적인 힘, 지적 네트워크를 유지하는 문화적인 힘이라고 말할 수 있다. 아울러 힘에 의한 언론과 출판에 의한 간접적 지배를 통한 사회 지배도 그들의 몫이었다.

오늘날 한국사회도 다를 바 없지 않은가. 상층 부르주아 계급은 호화로운 건축의 저택에서 화려한 사교생활을 하며 우아한 문화생활과 사교생활을 영위한다. 철저한 이익추구의 경영 자세는 엄격하고,

자제의 교육으로부터 결혼이나 가정 내 질서에 이르기까지 그리고 노동자에 대한 규율의 요구 등도 19세기 말에만 있었던 현상이 아닌 오늘날까지도 존재하고 있다.

노동계급

19세기의 공업화는 어느 나라에나 대량의 노동자를 낳았다.

인구가 급증하는 가운데 노동시장은 자연히 구매자시장이 되었으므로 노동자의 입장은 엄격한 조건 아래에 있어야 했다. 더구나 법적 규약이 전혀 마련되지 않았던 상황에서 노동자에게 있어서는 불안정한 고용이나 저임금, 장시간 노동이나 열악한 노동 조건에도 인내를 강요당하지 않을 수 없었다.

초기의 공업화는 사실 노동수탈형의 경영이었다. 규율을 마련하는 입법 조치가 만들어질 때까지 아동이나 여성은 불평등 조건 아래에서 일해야만 하였다. 경영자들은 조금이라도 값싼 노동력을 얻기 위해 아동이나 여성을 고용했던 것이다. 이러한 현상은 세기말까지 유지되고 개선 조짐은 보이지 않았다.

산업혁명기 시절로 돌아가 보자. 프랑스의 석학 알렉시스 드 토크빌Alexis de Tocqueville은 산업혁명의 중심지 중 하나였던 맨체스터를 방문한 적이 있는데 그는 이 도시의 노동자 거주 지역을 가로질러 흐르는, 공장 폐수로 오염된 시커먼 강물을 보면서 맨체스터와 산업혁명에 대한 자신의 인상을 다음과 같이 쓰고 있다.

'이 더러운 하수구로부터 전 세계를 비옥하게 만드는 인간의 땀의 강물이 흘러나오며 순수한 황금도 흘러나온다. 인간이 애써 이룩한

이 문명이 그 기적을 이루는 바로 이곳에서 인간은 야만인이 되어 버렸다.'

이는 노동자들의 비참한 노동환경을 말해 주고 있다. 즉, 자본가들의 무제한적인 이윤동기에 의해 큰 희생을 치를 수밖에 없었다.

그러나 시간이 지남에 따라 노동자들의 자각이 싹트게 되고 노동자와 자본가의 극한 대립이 온 사회를 지배하게 되는 20세기를 맞이하게 되었다.

충돌

 이러한 대립은 노동자계급이 조직화되는 움직임으로 나타났다.
 영국에서는 1848년 인민 헌장 운동, 노동에 관한 경제적 요구와 의회를 둘러싼 정치적 요구를 묶기 위해 전개한 운동이 일어났다. 또한 상호협조를 위한 조직으로 결성되고 숙련 노동자를 중심으로 조직되어 스스로의 요구를 실현하려고 하는 운동으로 대부분의 국가에서는 이러한 노동운동이 합법화되고 장려되었다. 그러나 노동조합 운동은 한편으로는 사회구조의 근본적인 전환을 요구하는 다양한 종류의 사회주의 운동과 미묘한 관계에 있었다.
 노동계층의 정치적 발언권이나 자유를 요구하는 운동은, 19세기 전반부터 각국에서 산발적으로 생겼지만, 모두가 지배체제에 의해 좌절되었다. 1848년 유럽 각지의 도시에서 거의 동시에 혁명같이 발발한 일련의 봉기는 역사적으로는 '48년 혁명' 정치변혁만이 아니라 사회적인 변혁까지 요구하는 움직임이 일어났다.
 그러한 움직임에 이어 자본주의 체제로부터의 전환을 요구하는 사회혁명은 국경을 넘어 일치단결하는 노동자에 의해서만 실현될 수 있다고 생각한 미하일 바쿠닌Mikhail Aleksandrovich Bakunin 등 무정부주의자와 그들과 대립한 마르크스Karl Marx 등 사회주의자 등이 나타났다. 무정부주의자는 낙관적으로 민중의 자생적인 힘에 신뢰를 기댔지만 결국 순조롭게 전개되지 않았고, 세기말에는 폭탄투척사건 등을 일으켜 그들의 운동은 고립되어 갔다. 마르크스 등이 취하고자 한 바는 사상적인 자각을 가진 선구자가 주도권을 잡아 운동을 선도해야 한다는 노선이었다. 처음에는 사회변혁을 꿈꾸는 극히 소수파의 이단적인 운동에 지나지 않았지만, 제국주의적인 국가 간 대립이 격화하고 각국 내의 노동자 문제나 사회문제가 복잡하게 되면서 세기말에는 상당한 힘을 발휘하게 되었다.

그들은 19세기 말에 조직된 이른바 제2인터내셔널 등의 사회주의를 주창하며 마르크스의 생각을 계승한다고 하는 사람들이었다. 그러나 그들의 방향은 계급투쟁에 의한 사회혁명을 주장하는 당초의 생각으로부터 크게 수정되어 각국 내의 의회 정치에 비집고 들어가는 형태로 발언권을 확보하고 의회 정당으로서의 사회당이나 사회민주당의 형성 발전으로 현실화해 갔다. 유럽 각국의 정치에서 좌우의 대립으로 존재했던 왕당파와 공화파, 황제파와 의회파라는 등식이 없어지고 자본주의 체제를 추진하는 파와 이를 부정하고 사회주의에의 길에 서고자 하는 파의 대립으로 전환되었다.

한편 마르크스의 이론을 추종하는 이들은 1864년 국제노동자협회인 '제1인터내셔널'을 창설하고 마르크스를 유럽 사회주의 혁명의 중추적 지도자로 삼았다. 러시안 아나키스트 미하일 바쿠닌과의 주도권 경쟁도 있었지만, 이 운동의 영향으로 1871년 3월 세계 최초의 노동계급 투쟁인 '파리 코뮌Paris Commune' 혁명이 일어났다. 혁명은 두 달 만에 실패했으나 마르크스는 공산혁명 지도자로서의 위상을 굳혔다.

마르크스 사후 그의 추종자들은 각지에서 공산혁명을 추진했으나 모두 실패했다. 이에 마르크스는 공산혁명의 성공이 유럽에서는 시기상조임을 깨닫고 러시아를 혁명의 최적지로 삼았다. 그의 추종자인 블라디미르 레닌Vladimir Lenin과 레온 트로츠키Leon Trotsky 등에 의해 1917년 러시아의 차르Tsar 체제를 무너뜨리면서 최초의 공산혁명을 성공시켰다. 그 후 공산주의는 전 세계로 확산되어 세계는 반세기 동안 냉전기를 가졌다. 마르크스의 이론은 지역에 따라 변화했으며 스탈린주의, 마오주의, 수정사회주의 등으로 변질되어 피지배층을 공포로 몰아넣었다.

프롤레타리아 독재의 이름으로 피의 숙청과 동족상잔이 자행되었으며 공산주의는 종교를 대신했다. 80년대 초부터 공산주의는 체제의 한계를 드러내면서 미하일 고르바초프Mikhail Gorbachyev에 의해 공산권이 무너져 시장경제 체제로 전환되면서 마르크스의 혁명론은 종말을 맞았다. 마르크스는 유럽을 과학적 사회주의 혁명으로 개조한다는 급진적 이론을 내놓아 러시아 공산혁명으로 계승되었지만 공산 체제는 인간의 기본권을 충족시켜 주지 못해 결국 자멸했다.

심지어 마오쩌둥조차 타도 대상이었던 자본가들을 대륙혁명 시 '자본가들을 보호하라'고 지시했으며, '자본가들과 단결해야 하고 자본가가 없으면 되는 일이 없다'라고 했던 것에서 공산주의의 모순을 읽을 수 있다.

그러나 공산주의의 종말과 더불어 자본주의가 승리한 것처럼 판단한 자유진영은 민주주의와 시장경제 체제야말로 최고의 가치라고 주장하고 있지만 자본주의 역시 새로운 문제에 직면하고 있다. 소득 분배 문제, 사회의 양극화, 자본가의 거대자본 등이 문제이다.

국민국가

1776년의 미국 독립선언에는 인민주권의 주장이 있었다. 1789년의 프랑스 혁명으로 나온 인권 선언에는 국민주권에 대한 언급이 있었다.

역사적 연속성을 가진 프랑스에서 국가주권의 담당자는 '국왕이 아니고 국민이다'라고 하는 주장은 18세기 말 발생한 커다란 역사적 선언이었다. 다만, 국민이라고 하는 이념을 기반으로 한 정치나 사회의 시스템 변경, 혹은 국민이 우선이라는 인식을 일반화시키는 의식개혁은 19세기 말까지 남아 있었다.

혁명 하에 추구되기 시작한 국민국가 개념은 세기말에 들어서야 비로소 변화된 사회를 설명해 주었다. 공업화에 따른 경제패권 상태는 부국강병 노선을 취해야만 했고 군대유지를 위해서 국가는 국민으로서 동원하는 징병제를 시행하게 되었다. 또한 국민경제의 확립을 위해 노동자의 존재를 필요로 하고 있었다.

임금은 거래 총액 계산보다 시간 계산이 주류가 되어 가면서 주급제나 월급제 같은 오늘의 시스템으로 이행되었다. 국가 정치에 의해서 국내는 통일적인 법 체계 아래에서 국민 생활을 보장하고 다스리게 되었다. 국민 교육을 위한 제도적인 확립 또한 중요한 세기말의 변화였다. 결국 국민을 보편적으로 동일하게 가르치고 육성하여 국민으로서의 자기 인식을 재촉함으로써 국가 체제를 구축하고자 하였다. 이 점이 19세기 유럽을 국민국가의 시대라고 부르는 것이다.

19세기 말은 페스탈로치Pestalozzi, Johann Heinrich나 프뢰벨Friedrich Wilhelm August Frobel이 등장한 시대였으며 사회 요구에 따라 공교육이 실시되었다. 19세기 중반까지는 일반적으로 민간 스스로 혹은 교회에 맡겨지고 있던 초등교육이 세기말에 들어서면서 바뀌게 되었다. 1870년대의 영국, 1880년대의 프랑스를 시작으로 국가가 간여해 무상 의무 초등공교육 체제가 구축되어 갔다.

국민국가Nation state라고 하는 것은, 하나의 네이션Nation이 하나의 스테이트State를 구성한다고 하는 국가 형성에 관한 정치 원리이다.

독일의 경우, 1871년 제국 성립 후 초대 수상이 된 비스마르크Otto Eduard Leopold von Bismarck는 원래 제국에 분리 소속되어 있던 주민의 일체화와 동질화를 꾀하여 제국의 국민의식 육성을 도모하기 위해 국내에 있던 폴란드계 주민이나 남독일의 가톨릭교도 주민 등을 제국의 적이라고 간주하였다. 이것이 바로 1870년대에 비스마르크가 전개한 문화투쟁이라고 하는 정치활동이었다.

국가에 대한 개념은 18세기 후반이 되어 부상한 개념이었다. 국가란 영원한 것이 아니라, 어떤 시점에서 시작하면서 어떤 시점에 이르면 끝도 온다는 것이다. 그러나 국가라는 개념은 또 다른 내셔널리즘Nationalism을 불러일으켰고 그리고 세계에 확산되었다.

내셔널리즘은 자결권을 불러일으켰으며 역사적, 문화적인 공동체로서의 국가 개념은 피지배 상태로부터의 해방의 논리 즉, 독립의 요구를 뒷받침하는 논리로 커져갔다. 이러한 내셔널리즘이라는 국가 개념은 자결권이나 독립을 요구하는 형태로 20세기 들어 아시아와 아프리카에 퍼지게 되었다. 서유럽에 있어서의 내셔널리즘은 국민 형성이나 국가 구축을 위한 것이었던데 반하여 민족주의라고 알려진 내셔널리즘은 피지배 국가들에서 도입된 개념이었다.

경제 제국주의

시대는 항상 변한다.

19세기를 지배했던 영국은 어떠했는가. 영국도 19세기부터 20세기 전환기에는 공업 생산 부분에서 미국에 뒤져 수출입의 수지 적자가 계속되고 있었다. 석탄 이외에는 자원도 부족하였다. 그럼에도 불구하고 영국이 세계경제의 중심에 서서 영국 파운드가 기준 통화로 계속되어 갔던 것은 대외자본수출이나 해운 그리고 보험업 등에서의 수익이 있었기 때문이었다. 이러한 세계경제의 전개는 물론 국제정치와 밀접하게 관계되어 있었다.

수에즈 운하는 이집트가 프랑스의 기술원조를 받아 건설한 것이었지만 운영자금난 때문에 그 경영권을 영국에 매각한 것이었다. 이는 곧 영국에 의한 이집트 지배와 밀접하게 연관된다. 20세기 중반을 지나면서 국민국가로서 자기주장을 하게 된 이집트는 운하의 국영화를 선언하였고 이 때문에 제2차 중동전쟁이 일어났다. 결국 자금의 힘이었다.

유럽인에게 문명화의 책임과 의무라는 점에 대해 질문한다면 어떤 반응을 보일까 하는 궁금증이 있다. 압도적으로 물질적 우위에 섰던 19세기가 과연 그들에게 어떤 결과를 안겨 주고 있는지도 궁금하다. 인류 역사상 처음으로 유럽 제국에 의한 식민지 제국 형성에 따른 이익추구가 산업혁명을 가져왔고 그러한 산업혁명의 연장선상에서 21세기를 맞이했지만 사실 아직도 세계는 유럽의 영향 아래 지식, 기술, 사상을 지배받고 있다고 봐야 한다. 경제적 이해와 타산적 사고가 지배하는 경제 제국주의라고 말할 수 있다.

결국 제국주의는 세기말 문명화를 가져왔으며 무가치했던 노동자까지 사회의 중앙에 등장시킴으로써 21세기를 맞게 된 것이다.

에필로그

　불과 20년 전 대한민국이 올림픽을 개최할 때, 20년 후 스마트폰이라는 기기가 생기게 되고 SNS라는 괴물 때문에 정치인과 기업인이 망가질 것이라는 이야기를 했었더라면 반응이 어땠을까. 아마도 70년대의 마샬 맥루한과 같은 취급을 받았을 터이다. 세상은 빠르게 변해 간다. 변해 갔다. 그리고 사회는 무척 자유로워졌다. 또한 그러면서 그만큼 통제되지 않는 사회는 또 다른 면에서 사회를 구속하고 있다.
　돌아가는 사회가 너무나 복잡다단하다. 20년 전 아침에 배달되는 신문이 8면일 때가 그립기도 하다. 신문 세 가지를 아침마다 읽으려니 줄창 100페이지가 넘는 지면을 뒤적여야 하는 세상이 되었다.
　역사는 늘 유혹한다. 과거를 비추어 볼 때 한 팩트의 원인을 찾아낼 수가 있고 이를 찾아냈을 때 우리를 놀라게 하기 때문이다. 지나감을 살펴보면서 미래를 그릴 수 있는 자원을 찾는다는 것은 크나큰 매력이다. 경제의 힘에 의해서 정치의 힘에 의해서 역사는 진전도 하고 후퇴도 한다. 역사 비전공자인 필자가 상업패권의 흐름이라는 주제로 집필했다. 아니, 만들고 조합해 냈다는 표현이 편하다.
　자본주의 사회에서는 가진 자가 시간이 흐르면 더 가지게 되고, 서민은 한 달을 버티기 위해 고민 속에 살아간다. 부의 원천은 어디인가. 물론 자수성가해서 성공하는 예외도 있지만 세습되는 부의 대

물림 속에 서민은 여간 해선 이루기 어렵다. 누군가 그랬다. 비 피하려고 뛰는 것이나 천천히 걸어가는 것이나 비 맞는 것은 같다고. 계단을 두 계단씩 건너 뛰어올라간들, 올라가면 숨이 차서 말을 못한다고, 큰 우산을 쓰거나 엘리베이터를 타면 편한데, 누가 그걸 모르나. 큰 우산이나 엘리베이터나 돈이 있어야 사고 설치를 할 수 있으니 말이다.

글을 쓰기 위해 자료를 수집하면서 원전을 기록해 두지 않아 출처를 찾는데 애를 먹기도 했다. 저술 과정의 오류와 자세한 부연설명을 하지 못한 부분에 대해서 송구스럽다는 말씀을 드린다. 학문도, 사람도 시간이 지남에 따라 어른이 되고 노년을 맞이하고 사라진다. 쓴 글도 마찬가지다. 언젠가 잊히는 값어치 없는 글이 되기도 한다. 그럼에도 한 가지 바람이 있다. 과거를 돌아보며 미래를 그리자는 희망. 다 아는 역사 이야기일 수도 있다. 대한민국을 포함한 아시아는 500년간 유럽의 표적이 되어 왔고, 수탈의 대상이 되어 왔고 지금도 그들의 표적이 되고 있다. 그나마 다른 아시아 국가보다 한 발 앞섰던 일본이 그래도 나은 축에 속하며 '예예' 했으므로 아시아 인종 중에서 유일한 황색 앵글로색슨이라는 별칭을 얻었다. 자랑할 일은 아니건만….

유럽에서 만들어진 상업의 패권, 이에 따른 산업혁명과 자본주의가 우리와 어떤 상관이 있는가. 본서에 나열한 서유럽 상업의 역사가 인종 간 대립을 조장하는 편견이 되어서는 안 될 것이다. 뒤늦게나마 유럽과 백인 때문에 이만큼 살게 된 것을 인정해야 하므로. 자본주의가 존속하는 한 서구와 우리는 함께 존재해야만 한다. 그 점이 자유대한민국의 존재 이유가 된다. 아시아인만의 독립된 경제영역이란 존립할 수 없기 때문이다.

본서는 상업화 패권의 전이과정을 서술했다. 상업화는 결국 자본의 집적화를 만들어내게 되었고 이를 토대로 자본주의의 길을 걸어가면서 발전했다. 이 과정에서 많은 노동자들의 희생 또한 있어온 것이 인류사의 한 부분이다. 다만 유럽이 경험하고 걸었던 19세기의 문명화 과정을 우리는 그들보다 100년 뒤늦게 산업화를 통한 상업화 과정을 걷고 있다. 우리는 가장 편한 자세로 공부할 수 있다. 서구가 경험했던 공과를 가지고 미리 대비할 수 있으니 말이다. 원래 17세기 이후 19세기까지의 부르주아 계급 형성과정과 그들이 향유한 부분을 더 쓰고 싶었다. 바로 우리가 접해 있는 오늘의 한국 소비현상과 문화를 보는 것 같아서 말이다.

근대 유럽의 상업패권이 만들어낸 바는 근대 유럽의 합리성, 정치권리의 확립, 경제적 번영뿐만 아니라 과학 기술 및 학문과 예술의 발달, 역사와 문화의 풍부한 계승, 자원봉사 활동으로 대표되는 시민사회의 성숙 등 긍정적 측면이 많다. 이러한 측면에만 초점을 맞춘다면 근대 예찬, 즉 유럽에 넋을 잃은 일본이 꼭 100년 전 추구했던 탈아입구脫亞入歐의 이유를 이해할 수 있다. 그러나 이제는 그때의 19세기 말이 아니다.

유럽은 다른 대륙보다 과학과 지식에서 앞섰으므로 제국주의를 낳았고 두 세기를 넘도록 우월의식을 보였다. 다시 말해 기계문명의 발달 정도가 인종을 비교하는 척도가 된 것처럼 보인다. 16, 17세기의 과학문명은 서구와 비서구를 나누는 척도가 되어 버렸다. 포르투갈인들이 원거리항해에 나설 때만 해도 뛰어난 선박 건조기술과 항해술을 앞세워 탐험에 나섰던 유럽인들은 지리적 특성, 문화적 차이, 민족적 우월감 등은 우선이 아니었다. 다만 자연을 이해하고 통제하는 능력을 갖게 해준 과학적 사고와 기술혁신이었다. 과연 문화적, 물질적으로 존재하는 격차가 무엇이었을까 고민했을 때 그들이 스스로 내린 결론도 같았다. 서구보다 월등히 앞섰던 건륭제 이전 중국이 가졌던 문화와 기술은 역전되어 버렸던 것이다. 동양은 그렇게 문명의 파워를 서구에 넘겨주고 고통의 300년을 보내게 되었다.

세계사에서 말하는 유토피아는 존재하지 않는다. 인류의 어떠한 시대나 문명에도 빛과 그림자는 존재했다. 근대 유럽은 과연 어떤 이유로 그들의 존재를 나타낼 수 있었을까. 근대 유럽의 상업패권은 19세기에 돌연히 성립된 것이 아니고 그 이유는 단순했다. 공업의 발전과 국민국가의 구축이 그 이유였다.

19세기는 유럽의 세기이고 20세기는 미국의 세기라고 부른다. 시대도 변했고 국제정세도 변했다. 자본주의 첨단 최전방에 위치한 대한민국도 경제력을 가졌다고는 하나 세계적인 자본시장의 중추는 되지 못한다. 본서를 탈고하는 1월 28일 아침, 조선일보를 펼쳐 들었다. 다보스포럼에 참석한 로고프Kenneth Rogoff 하버드대 교수가 현재의 사회 상황들, 빈부의 격차 확대, 금융위기의 확산, 건강보험제도의 붕괴, 정치 시스템의 마비 등 문제가 지속되면 자본주의는 폭발할 것이라고 경고했다. 지난 500년을 이끌어 온 유럽식 자본주의도 지속 불가능할 것으로 내다보고 있다.

역사는 전혀 다른 21세기의 지정학적 환경을 맞은 우리가 어느 방향으로 나가야 할 것인지에 대한 답을 말해 줄 것이다.

2012년 3월 31일 홍문관에서

상업사

History of commerce

초판 1쇄 인쇄 2012년 5월 17일
초판 1쇄 발행 2012년 5월 22일

지은이 | 조명계
펴낸이 | 金泰奉
펴낸곳 | 한솜미디어
등   록 | 제5-213호

편   집 | 김주영, 김수정, 이혜정
마케팅 | 김영길, 김명준
홍   보 | 김태일

주   소 | (우143-200) 서울시 광진구 구의동 243-22
전   화 | (02)454-0492(代)
팩   스 | (02)454-0493
이메일 hansom@hansom.co.kr
홈페이지 www.hansom.co.kr

값 15,000원
ISBN 978-89-5959-313-2 (13900)

*잘못 만들어진 책은 구입하신 서점에서 친절하게 바꿔드립니다.